龙州红色边关治贫要略

凌经球 ◎等著

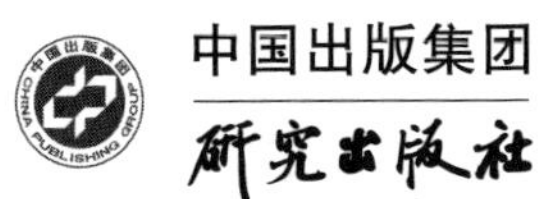

图书在版编目 (CIP) 数据

龙州 : 红色边关治贫要略 / 国务院扶贫办
组织编写 . -- 北京 : 研究出版社 , 2020.11
ISBN 978-7-5199-0755-6

Ⅰ . ①龙… Ⅱ . ①国… Ⅲ . ①扶贫 - 研究 - 龙州县
Ⅳ . ① F127.674

中国版本图书馆 CIP 数据核字 (2019) 第 184511 号

龙州：红色边关治贫要略
LONGZHOU：HONGSE BIANGUAN ZHIPIN YAOLüE

国务院扶贫办　组织编写

责任编辑：张立明

研究出版社 出版发行
（100011　北京市朝阳区安华里 504 号 A 座）

河北赛文印刷有限公司　　新华书店经销

2020 年 12 月第 1 版　2020 年 12 月北京第 1 次印刷
开本：710 毫米 ×1000 毫米　1/16　印张：21.75
字数：269 千字

ISBN 978 - 7 - 5199 - 0755 - 6　定价：48.00 元

邮购地址 100011　北京市朝阳区安华里 504 号 A 座
电话（010）64217619　64217612（发行中心）

“中国扶贫书系”编审指导委员会

《龙州：红色边关治贫要略》编写组

主　　编：凌经球

副 主 编：黄启学　陆　鹏　农辉锋

编写人员：王造兰　覃志敏　邓莉莉　何玲玲　刘东燕
　　　　　覃海珊　朱秋婷　黄丽珠

目 录

概　要

龙州县地处广西壮族自治区西南边陲，与越南两省四县接壤，边境线长 184 千米，是中国面向东盟的重要门户和最便捷的陆路大通道之一。龙州县属革命老区、边境地区、民族地区，是红八军创建地、中国天琴艺术之乡、中国长寿之乡、世界花山岩画文化遗产地，也是国家扶贫开发工作重点县和国家滇桂黔石漠化片区县。截至 2017 年末，全县辖 12 个乡镇 127 个行政村（社区），总人口 27.15 万，其中壮族人口占 95%。

昔日的龙州县，简直就是贫困的代名词。1986 年，龙州县被列为第一批国家级贫困县。当年全县国民生产总值仅为 9859 万元，财政收入 778 万元，农民人均年纯收入仅 246 元。其贫困状况呈现出五个突出特征：一是贫困面广，贫困人口多。全县 13 个乡镇，除龙州镇外全部是贫困乡镇，全县农业人口 21.35 万，贫困人口达 18.44 万，贫困发生率为 86.37%。二是缺粮缺钱严重。全县有 12.37 万人年人均收入在 200 元以下，90% 以上人口缺粮。三是无支柱产业。群众主要靠种植水稻、玉米、木薯等农作物维持生活，产业结构单一，收入来源少。四是生产生活条件极其落后。全县除了龙州镇 8 个社区外，其余 109 个村没有通硬化路，有 91 个行政村不通车，56 个村不通电，353 个自然屯 10.69 万人 4.06 万头牲畜饮水困难。五是贫困人口素质偏低，小农意识普遍存在，“等、靠、要”思想严重。

2002 年 2 月，龙州县被列入国家扶贫开发工作重点县，是广西壮族自治区 28 个扶贫开发工作重点县之一。当年全县农业人口为 21.65 万，贫困人口达 12.36 万，贫困发生率 57.09%，农民年人均纯收入 1741 元。

“十二五”期间，龙州县贫困人口从 2010 年的 3.1 万户 11.13 万人，降至 2015 年底的 1.4 万户 5.08 万人，但贫困发生率仍高达 23.9%。

“十三五”时期脱贫攻坚任务艰巨繁重。脱贫攻坚战号角吹响以来，龙州县委、县政府带领全县人民弘扬龙州起义的光荣传统和革命精神，深入学习贯彻习近平总书记关于扶贫工作的重要论述，围绕全面建成小康社会目标，精心谋划具有龙州县特色的脱贫摘帽“施工图”，把党中央打赢脱贫攻坚战的重大决策部署变为龙州县的具体行动，举全县之力尽锐出战，以超常规的举措和求真务实的精神，细化实化各项工作措施，一举成为广西壮族自治区第一个甩掉“贫困帽子”的国家扶贫开发重点县，兑现了党中央关于“全面建成小康社会，一个不能少；共同富裕路上，一个也不能掉队”的庄严承诺。龙州县成功脱贫摘帽，是当前中国决战脱贫攻坚、摆脱绝对贫困的时代缩影。因此，研究龙州县脱贫摘帽的成功经验，不仅具有重要的理论价值，而且对老少边山穷地区的脱贫攻坚无疑具有可资借鉴的实践价值。为此，课题组于 2018 年 11 月至 2019 年 4 月多次深入龙州县，与龙州县四家班子成员及有关部门负责同志、扶贫一线干部以及农村基层干部、群众进行了广泛深入交流，收集了丰富的第一手研究资料。

一、龙州县推进脱贫摘帽的实践创新

脱贫攻坚以来，龙州县委、县政府以习近平总书记关于扶贫工作的重要论述为指导，围绕“两不愁三保障”要求及“十一有一低于”“八有一超”的脱贫摘帽标准，从大局着眼、从小事入手，扎实推进精准扶贫的实践创新，全县在产业扶贫、边贸扶贫、抓党建促脱贫等方面呈现不少亮点。

（一）形成清晰的脱贫攻坚总体思路

龙州县脱贫攻坚按照“1254”总体工作思路推进，即瞄准“一个目标”，弘扬“两种精神”，建立“五支队伍”，做到“两个四清”。

瞄准“一个目标”，即按照自治区、崇左市要求，确保2017年底实现贫困县脱贫摘帽，到2020年贫困人口、贫困村全部实现脱贫摘帽的目标。

弘扬“两种精神”，即弘扬“百折不挠、奉献拼搏、团结务实、争先创新”的龙州起义精神和“从胜利走向胜利”的红八军精神，激励广大党员干部不断增强斗志，坚定信心，迎难而上，大胆探索，勇于创新，走出了一条独具龙州县特色的脱贫之路。教育广大群众，尤其是贫困群众克服“等、靠、要”思想，牢固树立“幸福都是奋斗出来”的思想，强化依靠自己双手，创造美好生活的理念。

建立“五支队伍”。第一支是驻村第一书记队伍。选派思想好、作风实、能力强、愿意为群众服务的优秀机关党员干部担任驻村第一书记，为贫困群众找好“领路人”。全县共派出一百多名优秀干部到村党组织担任第一书记，实现所有行政村全覆盖。第二支是驻村工作队员队伍。全县累计选派768名驻村工作队员，并实行“五个统一、两个保障”的激励办法，“五个统一”就是为驻村工作队员“统一配发电动自行车、统一安排安家费、统一购买人身意外伤害保险、统一安排健康体检、统一工作马甲”，“两个保障”就是为每个工作分队保障“工作经费4万元，贫困村第一书记帮扶经费5万元、工作经费1.5万元”，激励驻村队员用心用情，真正把扶贫工作做到贫困群众的心坎里。第三支是结对帮扶队伍。实施联系贫困户“5543帮扶模式”，即处级、科级领导职务干部各帮扶贫困户 5 户、科级非领导职务干部帮扶贫困户 4 户、机关事业单位一般干部职工帮扶贫困户 3 户。全县 7000 多名党员干部与贫困户结对帮扶，实现结对帮扶全覆盖。帮扶干部每月入户一次以上，及时了解贫困户的生产生活困难问题，特别对照“两不愁三保障”脱贫摘帽标准，针对贫困户的短板缺项，制定“一户一策”精准帮扶措施，加强政策宣传，引导贫困户转变思想观念，帮扶贫困户积极发展生产经营，促进增收脱贫。第四支是粤桂协作队伍。与广东省鹤山市结成帮扶协作关系，建立联席会议推进工作机制，加强人才交流，推动资金支持、产业开发、劳务合作等方面的全方位协作。第五支是社会力量帮扶队伍。充分利用每年“扶贫日”契机，启动脱贫摘帽帮扶广场系列活动，开展扶贫捐赠、政策宣传、务工帮扶、成果展示等活动，营造全社会共同关心、共同参与精准帮扶的良好氛围。

做到“两个四清”。各乡镇、村紧紧围绕贫困户脱贫摘帽“八有一超”、贫困村脱贫摘帽“十一有一低于”和贫困县脱贫摘帽“九有一低于”的标准，精准开展脱贫攻坚工作，做到“底数清、短板清、需求清、目标清”；常态化开展帮扶干部进村入户活动，坚持全县帮扶干部每周深入贫困村、贫困户一线开展调研，做到“帮扶对象清、贫困情况清、帮扶方法清、脱贫时间清”，把精准扶贫、精准脱贫落到实处。

（二）推行压实责任的三项制度

一是实行领导驻村夜访制度。坚持由县四大班子领导、县直单位主要领导带头拿出 90% 的精力深入挂点乡镇、村屯，亲自调查研究、亲自协调推动、亲自检查问效，特别是每周要到挂点联系村住 1 个晚上以上，着力攻坚贫困户缺项，宣传脱贫攻坚政策，推进重难点工作，提升群众满意度。自脱贫攻坚开展以来至 2018 年末，崇左市委常委、龙州县委书记秦昆率先垂范，驻村夜访 32 次，参加脱贫励志电视夜校 29 期。

二是实行脱贫攻坚半月汇报会制度。每半个月由县委书记主持，以视频会形式召开垂直覆盖到村的脱贫攻坚汇报会，及时传达各级脱贫攻坚精神，通报各项工作进展情况，研究讨论存在的问题，明确目标方向，狠抓工作落实。

三是坚持脱贫攻坚每周例会制度。每周日晚，由县委、县政府分管扶贫的领导组织有关部门分析部署脱贫攻坚工作，并就议定事项形成“龙州县脱贫攻坚一周工作要点”印发实施，相关部门每周就推进事项形成书面汇报，确保工作推进周周有目标、天天有进度、时时见成效。

（三）做足“边”的文章

龙州县充分利用区位优势，以“九个一批”的方式进行边贸脱贫，主要通过推行边民互助组，创建边贸运输队，组建装卸队、加工厂等，拓展边民靠边吃边、增收致富的新路子，并配套推广政府边民小额贷款“三无优惠”政策，“以奖代补”解决边民参与互市贸易资金缺乏的难题，实施边贸扶贫工程，努力促进边民增收致富。

（四）做实“易地搬迁 + 边贸扶贫 + 驻边守疆”的模式

结合与越南接壤的实际，鼓励 0—3 公里外的贫困户搬至边境安置点，并给予每人 1000 元搬家补贴。搬迁户除享受边民每人每月 130 元补助外，还可申请边贸小额信贷，从事边贸服务增加收入。这种“易地搬迁 + 边贸扶贫 + 驻边守疆”的模式，以建设边贸新城、建立边民互助机制、发展进口产品落地加工、创建边境经济合作区等为抓手，用足用好边贸政策，把易地扶贫搬迁帮扶一批、边贸政策帮扶一批、产业带动帮扶一批、转移就业帮扶一批融合成一条扶贫产业链，促进边民走上致富路。

（五）实施党建促脱贫系列措施

一是建立“第一书记产业联盟”。龙州县利用驻村“第一书记”来自不同行业领域的资源，充分发挥各自专长优势，引导农民成立合作社发展特色产业；并将“第一书记”挂点帮扶的产业统一起来组建“第一书记产业联盟”。推行“联盟成员（第一书记）+ 农民专业合作社 + 党支部”的模式，实现资源、信息、技术共享，抱团发展、互助共进；共同促进扶贫产业发展，构建了产业化扶贫新格局，变“输血”为“造血”。逐步走出了一条具有龙州县特色的、可持续发展的产业化扶贫之路。

二是为驻村队员制作马甲衫，亮明身份，方便联系群众。为打赢打好脱贫摘帽攻坚战，龙州县充分发挥驻村“第一书记”和扶贫工作队员主力军作用。做到驻村队员“照片上墙、马甲上身”，并亮明身份，走村串户，消除障碍；时刻办实事解民忧，主动融入基层，拉近党群干群关系，提升了群众的认可度、满意度。

三是组织开展“一月一评选”创先争优活动。在农村党组织中评选表彰“基层党建红旗村”“脱贫攻坚红旗村”“产业发展红旗村”“美丽村庄红旗村”等四面红旗村以及扶贫工作先进集体、扶贫工作标兵，先后表彰四面红旗村 86 个，基层党组织先进个人、扶贫工作标兵 333 人次。

（六）践行“绿水青山就是金山银山”的理念

龙州县依托“红色边关、天琴古韵、岩画瑰宝、秀美龙州”资源禀赋，以创建广西壮族自治区特色旅游名县和全域旅游示范区为抓手，深入推进景区创 A 和乡村旅游建设、生态旅游系列扶贫工程。小连城、龙州左江景区获评 4A 级景区，板谭壮营农家乐等 5 家农家乐获评广西四星级乡村旅游区，全县旅游扶贫覆盖率排全区前列。建设观鸟基地，推广“观鸟经济”生态扶贫。发挥弄岗国家级自然保护区“弄岗穗鹛”等“明星”珍稀鸟类聚集优势，连续举办两届中国·龙州“秘境弄岗”国际观鸟节。

（七）突出产业促进可持续脱贫的做法

依托自身的资源和区位优势，龙州县着力发展“种、养、贸、游、工”五大扶贫产业，强化产业对稳定脱贫、持续脱贫的有力支撑。“种”的方面，重点巩固提升原料蔗种植业，推动原料蔗“双高基地”建设，全县甘蔗种植面积达 50 万亩，年产原料蔗 230 多万吨。“养”的方面，除了继续发展养牛、养羊等传统养殖业外，还积极发展特色养殖业，如蜜蜂、竹鼠、鸽子等。“贸”的方面，龙州县以“边民参股、集体经营、贸工结合、规范管理”的模式，创新推进边贸扶贫。“游”的方面，重点发展生态旅游，组建了 30 多家旅游公司（合作社），建成 200 多个乡村旅游点，带动贫困户人口就业近 7000 人，人均年增收 2000 多元。“工”的方面，重点抓坚果加工、食用菌加工等，带动贫困户就地转移就业。

二、龙州县推进脱贫摘帽的突出成效

（一）最显著的成就：成为广西壮族自治区第一个脱贫摘帽的国家扶贫开发工作重点县

作为革命老区、少数民族地区、边境地区、滇桂黔石漠化片区的国家级扶贫开发重点县的广西壮族自治区龙州县，在 2017 年申请脱贫摘帽的中西部 20 个省区市 125 个贫困县中，是第一批实现脱贫摘帽的 40 个贫困县之一，也成为广西壮族自治区第一个“脱贫摘帽”的国家扶贫开发重点县。2017 年末，全县贫困人口由 2011 年的 113306 人减至

3715 人；贫困发生率由 2013 年的 31.79% 降至 1.91%（见图 0–1）；群众认可度达 96.34%，实现漏评率、错退率为零。龙州县所有脱贫户实现吃穿两不愁；义务教育巩固率达 95.30%，没有因经济困难而辍学的学生；农村居民医疗保险（含大病保险）参保率达 100%，贫困户因病致（返）贫问题基本解决；贫困农户住房保障率达 100%，为全县如期全面建成小康社会打下了坚实的基础。

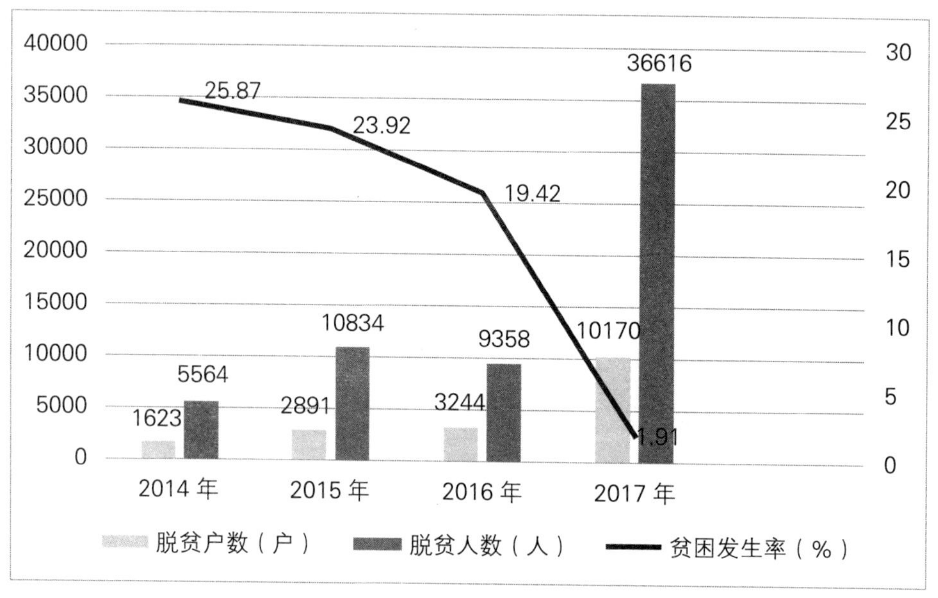

图 0–1　2014—2017 年龙州县减贫情况

（二）最明显的变化：农民生活水平大幅提升

一是农民人均可支配收入持续提高。龙州县农村居民人均可支配收入由 2013 年的 6148 元，增长到 2017 年的 9799 元，增长率达 59.38%，扣除物价上涨因素，年均增长率达 16.32%（见图 0–2）。

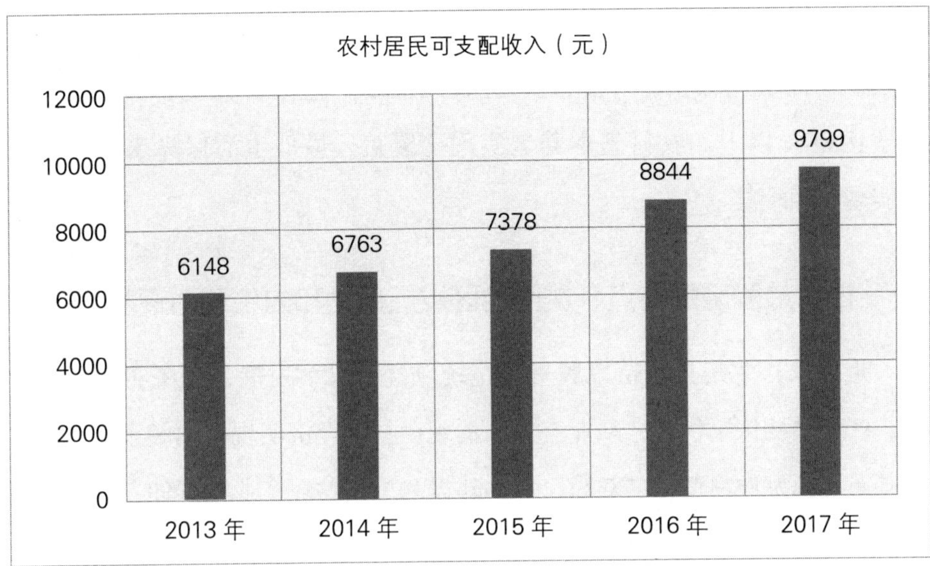

图 0-2　2013—2017 年龙州县农民人均可支配收入变化情况

二是农户家庭财产拥有率较高。农村家庭家用电器等现代化设备的拥有量不断增加，在对家庭财产数据统计中，手机、彩电、电冰箱或冰柜、联网的智能手机的占比率超过 90%。随着经济社会的发展，不少家庭还购买农用机械，其中 33% 的家庭拥有拖拉机，18% 的家庭拥有播种机，有效提升了农务劳动的效率。

（三）最突出的标志：农村基础设施及公共服务明显改善

脱贫攻坚以来，龙州县基础设施及公共服务水平得到显著改善。交通基础设施方面，127 个行政村通村道路全部实现硬化，20 户以上的自然屯也全部实现了道路硬化，“四好农村路”管养总里程达 642 千米。安全饮用水方面，建成并投入使用的农村饮水安全工程 103 个，农村安全饮用水百分之百全覆盖。村级公共服务方面，127 个村委会新建或改扩建全面完成，实现村村有卫生室、文化科技活动中心。100% 的村屯有太阳能路灯，

60% 以上自然屯有灯光球场。社会保障方面，农村居民医疗保险（含大病保险）参保率达 100%，贫困户医疗费用报销率达 90% 以上，一般农户报销率达 80% 以上。农村基本养老实现全覆盖，最低生活保障水平与贫困线实现有效衔接。

（四）最鲜明的特点：贫困地区发展后劲和内生动力逐步增强

近年来，龙州县坚持以脱贫攻坚统领经济社会发展，经济实力不断增强，产业结构持续优化，新业态不断涌现，县域经济实现持续健康发展。龙州县重点抓好原料蔗糖“双高”基地建设和蔗糖循环产业链延伸、生态铝产业发展等 6 项产业发展的重点攻坚工作。全县产业转型提质升级呈现新局面，带动贫困群众脱贫增收。2017 年龙州县地区生产总值由 2013 年的 70.56 亿元跃升至 122.2 亿元，年均增长 8.76%，增速高于广西全区 0.96 个百分点。在推进脱贫攻坚的过程中，龙州县注重扶贫与扶智、扶志相结合，通过创办脱贫致富奔小康电视夜校、推进产业扶贫等措施，努力改变贫困人口的思想状态和精神面貌，着力提高他们的能力和素质，贫困群众“等、靠、要”现象大大减少。调查数据显示，对于“当前农村是否存在‘等、靠、要’思想”的问题，有 44.44% 的农户认为没有，其中，有 30.30% 的农户认为基本没有，14.14% 的农户认为完全没有。整个脱贫过程中，龙州县使贫困人口转变成为能够依靠自己的双手自力更生、勤劳致富的人，内生动力逐步增强。

（五）最卓越的贡献：为“守边固边兴边富边”贡献“龙州经验”

龙州县地处中越边界，边境线长 184 千米。党的十八大以来，龙州县坚持脱贫攻坚与巩固边关相结合，通过开展边贸扶贫、易地扶贫搬迁等工程，有效加快边民脱贫致富进程，使边民更加安心驻边守疆。为了做实

“靠边吃边”，龙州县以“九个一批”的方式进行边贸脱贫，主要通过推行边民互助组、创建边贸运输队、组建装卸队和加工厂等作为边民靠边吃边、增收致富的新方式，努力实现边民增收致富目标。创新“易地搬迁 + 边贸扶贫 + 驻边守疆”的模式，将边境一线安置点搬迁安置与后续扶持同步谋划、同步推进作为整个易地搬迁工作的重中之重来抓，真正起到借边发展、靠边吃边、稳边固边、兴边富民的积极作用。因此，整个龙州县脱贫攻坚实践经历，为中国其他边境地区脱贫攻坚提供了经验借鉴。

三、龙州县率先脱贫摘帽的成功秘诀

龙州县为什么能率先甩掉“穷帽子”？研究发现，“高、拼、实、精、创、严”六个字是成功的“秘诀”。一是“高”，就是高点站位、高位推进。县委、县政府领导班子，尤其是党政“一把手”不断增强“四个意识”，以习近平新时代中国特色社会主义思想为引领，深刻学习领会习近平总书记关于扶贫工作的重要论述，认真贯彻党中央、自治区党委关于打赢脱贫攻坚战的重大决策部署，切实把脱贫攻坚扛在肩上，把脱贫攻坚作为龙州县最大的政治任务、最大的民生工程、最大的发展机遇；以脱贫攻坚统领经济社会发展全局，以“精准扶贫、不落一人”为总要求，坚持实施精准扶贫、精准脱贫基本方略；坚持全党动员、全民参与，举全县之力、集全民之智，坚决打赢脱贫攻坚战，确保全县贫困村贫困户全面脱贫，确保与全国全区同步迈向全面小康社会。二是“拼”，就是顽强奋斗、敢于拼搏。面对脱贫攻坚“压力山大”的艰巨任务，龙州县委、县政府带领全县广大干部群众大力弘扬“百折不挠、奉献拼搏、团结务实、争先创新”的龙州起义精神和“从胜利走向胜利”的红八军精神，不畏惧、不退缩、不气馁，拿出“敢教日月换新天”“不破楼兰终不还”的精气神，以“苦干实干、克难攻坚”的拼搏精神，一鼓作气在两年内啃下了这块“最硬的骨头”。三是“实”，就是实打实干、务求实效。按照习近平总书记“扶贫工作必须务实，脱贫过程必须扎实，脱贫结果必须真实”的要求，龙州县聚焦“两不愁、三保障、一高于、一接近”和“五有四通”的目标，坚持问题导向，以“三找”（找穷户、找穷根、找富方）和“三真”（真扶贫、扶真贫、真富民）为抓手，从大局着眼、从小事入手，以钉钉子的精神抓细抓实，一件事情接着一件事情地干，一村一屯、一户一人地帮扶，真正让贫困群众得实惠、见实效，致富有路子、住上好房子、过上好日子，安居乐业奔小康。四是“精”，就是“精准扶贫、不落一人”，以精准识别为起始点，以精准脱贫为落脚点，在扣好精准扶贫“第一颗扣子”的基础上，精准推进扶心扶志扶智、基础设施建设、特色产业扶持、转移就业增收、易地搬迁安置、住房安全保障、医疗健康保障、社保兜底保障、基本公共服务提升等帮扶工程，把各项扶贫政策“精准滴灌”到村、到户、到人，确保脱贫成效精准。五是“创”，大胆探索、创新推进。龙州县紧密结合“老少边山穷”的县域特点，大胆探索具有龙州特色的扶贫创新举措，比如，创新推进“小块并大块”耕地整治模式，“易地搬迁＋边贸扶贫＋驻边守疆”模式，“第一书记”马甲亮身份，易地搬迁安置点“党建＋社区化管理”，脱贫攻坚励志夜校，绿色生态旅游扶贫，激励扶贫干部争先创优，等等。六是“严”，就是从严监督考核，严肃执纪问责。把从严治党贯穿于脱贫摘帽全过程和各个环节，以严密的组织纪律、严格的执纪监督、动真格的问责、硬碰硬的考核，来保障脱贫攻坚各项政策举措落地生根、取得实效。正是狠抓了这六个关键之举，脱贫攻坚战的各项政策才得以在龙州县落地生根，才有龙州县接受国务院扶贫办组织的第三方验收中，取得“群众认可度达96.34%，漏评率、错退率为零”的亮丽成绩单，龙州县才能摘下广西壮族自治区国家扶贫重点县“脱贫摘帽”第一县的桂冠。

第一章　龙州县的历史变迁及基本县情

龙州县位于祖国西南边陲，与越南接壤，是红八军创建地、中国天琴艺术之乡、中国长寿之乡。全县辖12个乡镇127个行政村（社区），截至2017年末总人口为27.15万，其中壮族人口占95%。龙州县是国家扶贫开发工作重点县和滇桂黔石漠化片区县，贫困人口多，贫困覆盖面广，贫困程度深。“十二五”期间，全县贫困人口从2010年的3.1万户11.13万人，降至2015年底的1.4万户5.08万人，但贫困发生率仍高达23.9%，脱贫攻坚任务艰巨。

一、龙州县的历史变迁

（一）建置沿革

龙州县历史悠久，境内自然风光秀丽，地质景观独特，名胜古迹众多，文化底蕴深厚。相传上龙乡水陇屯后山脚有“龙泉”，为县得名之始。[①] 龙州古代是骆越民族狩猎、耕耘、栖息繁衍之地。秦始皇统一岭南后，龙州为象郡辖地。唐先天二年（713年）置羁縻龙州。宋皇祐五年（1053年），实行土司制度。元、明、清期间，曾置龙州万户府、龙州厅、

① 龙州县地方志编纂委员会：《龙州县志》，广西人民出版社1993年版。

龙州军政分府。民国二年（1913 年），改为龙州县及上龙司，1928 年上龙土司、金龙峒并置上金县，隶镇南督察区（区治设于龙州）。民国二十六年（1937 年）4 月，龙州县易名为龙津县。1949 年中华人民共和国成立初期，龙津、上金两县县名不变，属龙州专员公署管辖。1951 年 5 月 5 日，两县合并为龙津、上金联合县，县治设于龙州城，1952 年 8 月，改县名为丽江县，属崇左专区管辖。因县名与云南省丽江县同名，1953 年 4 月 23 日经政务院批准丽江县名复称龙津县，并于 1958 年与宁明、凭祥合并成立睦南县。1959 年 5 月裁撤恢复龙津县建置，1962 年 1 月复改名为龙州县。[①] 2002 年 12 月 28 日，撤销南宁地区，设立崇左市，龙州县划归崇左市至今。

（二）边关重镇

近代以来，随着以龙州县为中心的水陆交通体系的逐渐完善，龙州的地位不断提升，成为中越边境地区的交通枢纽。龙州县作为入越干道和中越边境重要互市地点，在广西沿边地区一直占有重要地位，中法战争以后，龙州成为广西边疆军事重镇、重要商埠和太平归（思）顺道的治所，使其在近代广西历史上扮演着重要角色。[②] 中法战争期间，外省的武器弹药、银粮物资等运至龙州，然后又通过在龙州转运，分几路把物资运往边防前线，龙州成为广西边防前线的一个交通枢纽。由于龙州处于中越边境的特殊位置，光绪年间中法两国筹建龙州铁路，两国约定越南已有或日后添建铁路，可以接至中国界内。光绪二十二年（1896 年）中法签订《龙州至镇南关铁路合同》，按照约定，龙州至镇南关铁路全长 60 千米，三年完工，以期与越南境内的铁路连接。但在筹办过程中双方反复争辩，直到

① 龙州县地方志编纂委员会：《龙州县志》，广西人民出版社 1993 年版。
② 郑维宽：《论龙州在近代广西历史上的重要地位》，《广西地方志》2014 年第 6 期。

清朝灭亡，龙州铁路都没修成。[①] 在近代广西边疆出现严重危机的时代背景下，龙州以其居中的边防地理位置，较为便利的水陆交通条件，以及维系镇南关、平而关、水口关三关的锁钥，成为近代广西边防线上的重镇。中法战争以后，越南沦为法国的殖民地，广西边防形势空前严峻。在打造广西较为坚固的沿边防线上，龙州具有重要的作用。[②] 中法战争时，著名的抗法将领冯子材、苏元春在龙州屯兵戍边。民国年间，政府也派兵在龙州驻防保疆。龙州也曾是旧桂系军阀头目陆荣廷的发迹之地。[③]

（三）百年商埠与边务管理中心

中法战争结束后，法国为了进一步从中国牟取利益，1889 年，强迫清政府将龙州开辟为通商口岸。从此，龙州就成为广西最早对外开放的通商口岸，也是我国与东南亚各国进行文化、贸易交往的重要门户，故有“边陲重镇”“小香港”之称。龙州开埠前，还只是普通的边境小城，开埠以后，龙州进出口贸易逐渐兴旺，商业愈加繁荣。清末光绪年间，清政府批准在龙州设立太平归顺道，是管理广西边境的行政机构，其职能主要是管理通商事务、办理中外交涉、勘界立碑和管理边防事务等，也具有一定的军事指挥权。太平归顺道驻扎龙州城，使龙州又成为清末广西边务管理中心。[④] 由于龙州特殊的地理位置及历史、政治原因，龙州开发较早，有许多堪称“广西之最”，在全国也享有盛名。诸如广西最早对外国开放的通商口岸，广西最早设置的海关，广西最早设置的领事馆，广西最早的军官学校，广西最早的火车站、铁路局等。

---

①④　郑维宽：《论龙州在近代广西历史上的重要地位》，《广西地方志》2014 年第 6 期。

②③　龙州县地方志编纂委员会：《龙州县志》，广西人民出版社 1993 年版。

（四）国家级贫困县

龙州的近代化进程因日本侵华战争的破坏而停滞甚至中断。龙州在抗战前被誉为“边塞不夜城”，抗日战争爆发后，日本侵略军先后三次进犯龙州，对龙州的社会经济造成巨大破坏，龙州昔日的繁荣已成往事，从此龙州的商业逐渐衰落。[①]新中国成立后，龙州由于处在中越边境的特殊位置，经历了20世纪50年代援越抗法、60年代援越抗美和七八十年代的对越自卫反击战，龙州成为战争前线，同时连年的战争对龙州的社会经济发展造成了很大的创伤，龙州逐渐被边缘化。在扶贫开发的历程中，它曾与原同属于南宁地区的马山、上林、天等一起被确定为国家级贫困县，当地群众戏称为“龙马上天”。

二、龙州县的资源禀赋

（一）水资源

龙州县总面积2317.8平方千米。县内地表水水域面积共69524亩。其中江河36347亩，山塘2941亩，水库7956亩，池塘7653亩，沟渠14627亩。主要河流有水口河、平而河、左江、明江、黑水河5条，属珠江流域；西江水系县内总长178.5千米，总集雨面积35977平方千米，多年平均总径流量735.5亿立方米。水口河、平而河是中国桂越水上通道之一，越南木料常年放筏入境，为广西壮族自治区与越南谅山等省地方对外贸易货物运输主要通道。[②]

---

① 郑维宽：《论龙州在近代广西历史上的重要地位》，《广西地方志》2014年第6期。

② 龙州县地方志编纂委员会：《龙州县志》，广西人民出版社1993年版。

（二）气候资源

龙州县地处北回归线以南，是典型的南亚热带季风气候。县域内雨量充沛，日照充足，冬春微寒，夏炎多雨，秋季温凉，干湿季分明，湿热、干冷同季；年无霜期为350天，有霜期13天。地形以龙州盆地著称，一般海拔约200米，最高峰大青山海拔1046米。县内受此地形环境影响，形成降雨特点：山地雨量多于丘陵河谷地区；雨量分布自西北向东南递减，与我国热带、亚热带自南向北、自东向西递减相反；夏季雨量占全年雨量一半以上，易发生冬干、春旱；雨季从4月中下旬开始，天气多变，农民把这种气候形容为“孩儿面，一天三变”。由于县域气候环境的影响，龙州县的农业气象灾害主要有低温阴雨、寒露风、干旱、洪涝、大风、冰雹、霜冻等。[①]

（三）动物资源

龙州县石灰岩山地多，山峰林立，常绿阔叶林分布及植被覆盖面较广，为动物提供较好的生存条件。据不完全统计，县内最为珍贵的有国家级保护动物白头叶猴、黑叶猴、猕猴、华南虎、大灵猫、果子狸、冠斑犀鸟等，属国家二级保护动物的有红腹角雉、林麝、穿山甲、冠斑犀鸟，属国家三级保护动物的有猫头鹰、灰鹊、红腹锦鸡、猕猴、蟒（南蛇）、白鹇、大灵猫、小灵猫、苏门羚等。

（四）植物资源

龙州县地处热带，日照充足，热量丰富，雨量充沛，属于热带岩溶峰

---

① 龙州县政府门户网站：《自然地理》，http://www.longzhou.gov.cn/zjlz/lzgk。

从洼地季雨林区域，适宜的气候为植物生长提供了良好的环境。各类植物生长繁茂，县内有国家级弄岗自然保护区，总面积 15163 亩，长期以来，相关动植物得到了很好的保护。据调查，县内有用材植物、药用植物、芳香植物等，在广西壮族自治区同类植物中所占比重较大，另外，还有蜜源植物 21 种、蔬菜类植物 26 种、农药植物 35 种、绿肥植物 33 种、染料植物 22 种、树脂糊料植物 10 种。其中，属国家一级保护植物的有“花族皇后”凹脉金花茶、擎天树，属国家二级保护植物的有蚬木（砚木）、金丝李、叉叶苏铁、格木、紫荆木等 21 种，属国家三级保护植物的有香梓楠、云南苏铁、见血封喉、肥牛树等。列为珍稀濒危保护植物的有 51 种。[①]

（五）矿产资源

经初步勘查，县内主要金属矿产有铜、铁、锰、铅、锌、钛，还有钇、钆、[illegible]、镧等稀有矿物；非金属矿产有煤、硫黄、大理石、辰砂、石膏、水晶、磷矿、石灰石和陶土等，其中大理石藏量较为丰富。

三、龙州县的经济社会发展

（一）龙州县的经济发展

“十三五”时期，龙州县着力抓好蔗糖产业“二次创业”、特色农副产品加工拓展工程、边境加工业提升工程、生态铝工程、碳酸钙工程、贸易加工业工程等六大工程建设，着力打造蔗糖循环产业、生态铝循环产业、碳酸钙循环产业、特色农副产品及食品循环产业、红木加工业五大优势产

① 龙州县地方志编纂委员会：《龙州县志》，广西人民出版社 1993 年版。

业。同时，打造“一带四区”的旅游发展新格局；大力发展现代物流、电子商务、金融服务、会展服务、信息服务等现代服务业。全县经济结构进一步优化，三次产业结构由2015年的24.6：39.5：35.9优化到2017年的22.8：40.5：36.7。随着经济结构的优化，龙州县经济综合实力显著增强，与2015年相比，2017年全年完成GDP从92.6亿元增加到122.2亿元，年均增长14.78%；2018年上半年完成GDP 47.98亿元，同比增长10.8%；全社会固定资产投资从2015年的88.78亿元增加到2017年的119.4亿元，年均增长15.97%，2018年上半年固定资产投资同比增长42.7%；社会消费品零售总额从2015年的17.42亿元增加到2017年的20.9亿元，年均增长9.53%，2018年上半年社会消费品零售总额同比增长10.5%。截至2017年末，龙州县获评2016年度“广西科学发展进步县”，获批全区33个国家扶贫开发重点县、滇桂黔石漠化片区；县委、县政府扶贫开发工作成效获上级考核一等奖、全市绩效考评一等奖。

（二）龙州县的人民生活水平

“十三五”时期，龙州县人民生活水平和人均收入得到较快提高。城镇居民人均可支配收入从2015年的22583元提升到2017年的26950元，年均增长率高于全市平均水平1.16个百分点；农村居民人均纯收入从2015年的7379元提高到2017年的9730元，年均增长率高于全市平均增长速度0.51个百分点。加大民生投入，人民福祉持续增进。“十三五”时期，龙州县民生支出占一般公共预算支出比例接近80%。九年义务教育巩固率93.16%。中越友好医院、龙州镇卫生院整体搬迁项目开工建设，完成12个乡镇卫生院、117个行政村卫生室标准化建设。城乡居民社会养老保险参保率97.8%，其中建档立卡贫困人口参保率达100%。投入400万元为19.2万农村人口购买小额人身保险，基本实现全覆盖，龙州县成为全国首个小额人身保险整县推进的县份。强化平安建设，加强打击走私、边境毒品等违法犯罪，全县群众安全感、社会稳定动态八项工作综合评分排全区前列，蝉联自治区“平安县”称号。安全生产形势持续向好，食品药品监管深入开展，公共安全防控扎实有效。荣获全国信访工作“三无县”等荣誉。

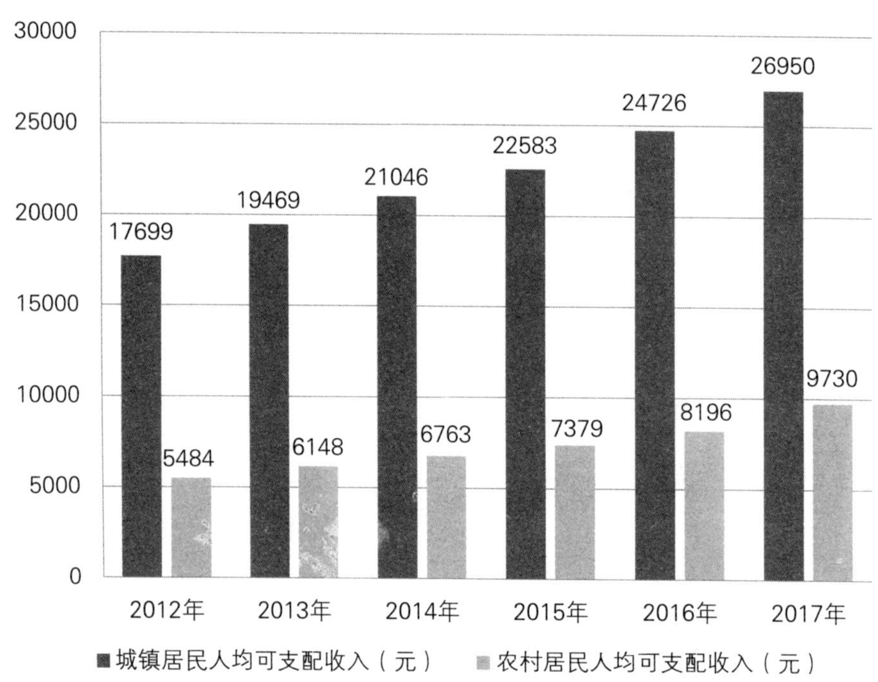

图 1–1 2012—2017 年龙州县城镇居民和农村居民人均可支配收入对比情况

数据来源：龙州 2012—2016 年统计年鉴，2018 年龙州县政府工作报告。

（三）龙州县的生态环境

“十三五”以来，龙州县牢固树立“绿水青山就是金山银山”的理念，坚持绿色循环发展，推进宜居乡村、乡土村屯建设。大力实施村屯绿化工程，推进生态乡村建设。73 个示范村屯和 875 个一般村屯，完成率 100%，全面完成苗木发放及种植工作。着力改善生态环境质量，加快推进龙州左江国家级湿地公园建设，继续加大培育珍贵树种，完成造林6500亩。不断加强节能减排工作，狠抓以环境质量改善为导向的倒逼机制推动产业转型升级攻坚战。深入开展企业排查，督促企业及时整改；污染减排工作扎实推进，生态环境进一步优化。建成18个乡镇、行政村垃圾处理中心，圆满完成县城污水管网建设任务。处理农村垃圾、污水能力提高。2017年，崇左市美丽乡村综合示范村建设现场会等在龙州县召开。龙州县利用良好的生态优势，大力发展生态旅游。依托“红色边关、天琴古韵、岩画瑰宝、秀美龙州”的资源禀赋，深入实施景区创A和发展乡村旅游等生态旅游扶贫系列工程。

（四）龙州县的治理体系

“十三五”时期，龙州县重要领域和关键环节改革取得决定性成果。乡镇机构改革全面完成，85项审批服务事项下放到乡镇级，“三证合一”全面实施。挂牌成立广西壮族自治区边境市县第一家综合性农村产权交易所，完成土地确权登记颁证试点3.2万亩。蔗农“甜蜜贷”累计发放2700余万元；创新实施“边民爱心保险”和农村小额人身保险，惠及全县21万余名农村人口。龙州县成为全国首个农村小额人身保险整县推进、全区首个与银行合作实施政府风险补偿基金贷款业务、全区首个与自治区信用联社签订战略合作备忘录的县份。深化行政审批制度改革，取消和调整行政许可240项。农村改革深入推进，在全区率先试点成立贫困村村民合作社；完成土地确权测量面积54.92万亩，可发证率95.58%。供销社综合改革、国有林场改革稳步推进，建立县乡村三级河长体系。完成城乡医疗保险制度改革。推进教育综合改革，初步实行“管、办、评”分离。政府机构改革加快，新设置县城乡综合执法管理局获市层面批准，整合组建县市场监督管理局，完成乡镇“四所合一”改革和村（社区）“两委”换届工作。财政审计监督持续加强。全力支持纪检监察体制改革，完成12个县级机关纪检机构派驻（出）工作。

（五）龙州县的教育发展

学前教育方面，龙州县已实现乡镇中心幼儿园全覆盖。新建成龙州镇中心幼儿园等4所公办幼儿园。学前三年毛入园率达86.62%，普惠幼儿园覆盖率达66.62%。九年义务教育方面，2016至2018年，每年完成崇左市下达的义务教育巩固率指标任务。其中，2017年县九年义务教育巩固率93.16%，比2015年的86.1%提高7.06个百分点；2018年九年义务教育巩固率达95.3%，完成崇左市下达的93%指标任务。普通高中方面，2016年初至2018年6月，龙州县高中在校生由2618人增加到3100人（含补习班）以上，教职工由162人增加到178人，高中毛入学率达87.1%。职业教育稳步发展，与广西交通职业技术学院等高职院校开展“2+3”形式联合办学。通过实施教师队伍保障工程，加强基础设施建设，改善办学条件，全县教育发展保障水平得到提高。2016年以来，新建、改建义务教育校舍建筑面积13308平方米及附属设施，新建龙州县高中校舍建筑面积4950平方米及附属设施。

四、龙州县的区域特色

龙州是中越边境上历史悠久的古城，是中越两国的重要通商口岸之一，两岸商贸来往频繁。每到人工不足的时节，越南人工还会早上乘船到中国打工。而且当地建筑风格受到越南法式建筑的影响，外观雕花颇具欧洲风格。由于两国边民贸易来往频繁，在龙州县市场里可以发现不少越南人，两国边民不仅贸易往来频繁，而且龙州人民与越南人民也相互通婚，不少越南人嫁来龙州县。由于越南原属法国殖民地，且龙州县与越南边民素有来往，所以当地的建筑、风俗、饮食与越南相互融合。[①] 独特的地理环境、大量的历史文化遗迹、绚丽多姿的少数民族民俗风情、特有的中越两国民俗融合，造就了龙州县别具一格的地方特色。

（一）革命老区

龙州县是著名的革命根据地之一。早在 1926 年，这里就爆发了中国共产党领导的农民运动。1929 年冬和 1930 年春，邓小平同志两次亲临龙州组织和领导举世闻名的龙州起义，创建红八军和苏维埃政权，建立左江革命根据地，唤醒广大工农群众，播下了红色的革命火种。1944 年，中国共产党广西省委又派党员干部到龙州开展革命活动。1947 年发动了大青山起义。左江地区解放战争的烈火，也是从龙州首先燃起的。[②] 作为革命老区的龙州县，拥有丰富的红色旅游资源，并且拥有悠久的历史，具有非凡的民族特色，红色旅游具有很大的发展空间优势。2015 年，国务院批复《左右江革命老区振兴规划》，龙州县位列其中。此外，龙州县还享有国家西部大开发、沿边开放开发、北部湾经济区、珠江 - 西江经济带等多个国家区域规划发展战略的叠加优惠政策。

（二）边境地区

龙州县地处广西壮族自治区西南边陲，毗邻越南，与越南高平省、谅山省接壤，边境线长 180 千米，龙州县口岸资源富集，有 1 个国家一类口岸——水口口岸、1 个二类口岸——科甲口岸，以及那花、布局、水口、科甲 4 个边民互市贸易点，是广西壮族自治区边境线较长、口岸

---

① 黄丹:《龙州文化特色及其在广西文化建设中的地位分析》,《大众文艺》2014 年第 11 期。

② 龙州县地方志编纂委员会:《龙州县志》，广西人民出版社 1993 年版。

较多的县之一，具有“打开门就是越南，走两步就进东盟”的区位优势，是中国通往东盟国家重要门户和最便捷的陆路大通道之一和“一带一路”的重要节点之一。[①] 国家海关总署批准建设中国 – 东盟边境贸易龙州（水口）国检试验区，批复水口口岸为坚果、冰鲜水产品、粮食、水果进口指定口岸。

（三）少数民族聚集区

龙州县是一个少数民族地区，有壮、汉、瑶、苗、回、侗等民族，其中壮族人口占总人口 95%。龙州县风景秀丽，境内有神奇的自然景观；其历史胜迹集战争特点、民族特色、南国风情和异国风情于一身。历史沉淀和文化底蕴深厚，旅游资源丰富。境内有两千多年前壮族的古代文化艺术遗产——左江崖壁画，共 21 个点、39 处、63 组；龙州县有两种传统的山歌，一是汉族白话山歌，二是壮语山歌。壮语山歌主要有两大类，即龙州山歌和金龙山歌，龙州县处处有“歌坡”，青年男女通过在歌场上交流，借山歌倾吐爱情是龙州县传统娱乐形式。人们根据各个时期的中心工作，身边发生的趣事，创作和编写了不少新的山歌，为山歌注入了新的内容和新的活力。

龙州县壮族天琴文化，具有鲜明的地方特色和浓郁的民族性，蕴含着浓厚的壮族文化迥异的风情。它凭借古朴的风情和现代的气息相融合，展现出魅力四射的艺术风格。2007 年 12 月，龙州县被中国文学艺术界联合会、中国民间文艺家协会授予“中国天琴艺术之乡”称号，2008 年 4 月被授予全国第二批“中国民间文化遗产旅游示范区”。天琴文化已成为龙州县一张特色鲜明的亮丽名片。

---

① 崇左新闻网：《龙州加快建设口岸经济大县和特色旅游名县》，http://dy.163.com/v2/article/detail/DS2FT4200530VUCI.html。

（四）滇桂黔石漠化片区县

龙州县1986年被确定为国家级贫困县，是典型的“老少边山穷”地区，也处于我国滇黔桂石漠化片区。龙州县是自然条件恶劣、交通闭塞、资源要素缺乏、生态环境脆弱等资源约束性贫困；也是单一的传统农业模式，以及生产方式落后、生产效率低下导致的生产性贫困。由于龙州县的基础设施条件差、科技教育水平低和社会发展落后，且在改革开放后，随着城镇化、工业化进程加快，农村青壮年劳动力持续向外转移，部分农村出现空心化，更制约着龙州县的发展。

第二章 龙州县扶贫开发的历史回顾与贫困状况

1986 年，龙州县被列为第一批国定贫困县。从那时起，龙州县的扶贫工作就全面展开，其间经历了救济式扶贫、开发式扶贫、“八七”扶贫攻坚、综合性扶贫、精准扶贫脱贫等五个阶段。每个阶段的扶贫进展都体现着党和国家的战略部署、英明决策及对贫困农民的亲切关怀，体现着龙州县委、县政府领导下扶贫工作的拓展和深入，体现着贫困农民生产生活的改善和脱贫致富的逐步实现。特别是党的十八大以来，龙州县经济社会发展进入快车道，县委、县政府带领全县各族人民，紧密团结在以习近平同志为核心的党中央周围，高举习近平新时代中国特色社会主义思想伟大旗帜，坚决履行“三大定位”新使命，深入贯彻“五个扎实”新要求，立足贫困面大、贫困程度深、脱贫难度大的县情实际，坚持把打赢打好脱贫攻坚战作为首要政治任务、首要民生工程、县域经济发展头等大事来抓，把实施乡村振兴战略同打赢打好脱贫攻坚战有机衔接起来，以深度贫困村屯为重点，突出到村到屯到户精准帮扶，对症下药、精准滴灌、靶向治疗，集各方之智谋脱贫，举全县之力促攻坚，切实把扶贫扶到点上、扶到根上，使脱贫攻坚取得了决定性的胜利，成为广西壮族自治区首个脱贫摘帽的国定贫困县。同时，龙州县以脱贫攻坚战为契机，充分发挥革命老区、生态良好这一优势，激活改革创新这一动力，盘活开放发展这一盘棋，落实协调发展这一要求，抓好党的建设这一根本保障，努力加快经济发展，促进社会和谐，使龙州县经济社会实现跨越式发展，努力构建富裕文明和谐美丽新龙州。

一、龙州县扶贫开发主要历程

龙州县于1986年列入第一批国定贫困县。1986年全县国民生产总值9859万元，全县财政收入778万元；农民人均纯收入仅246元，贫困人口18.44万；全县117个行政村中有91个村不通车，除了龙州镇8个社区外，全县109个村都没有通硬化路，有56个村不通电，有353个自然屯10.69万人4.06万头牲畜饮水困难。龙州县被列为国定贫困县，确实名副其实。

1986年，国家发起大规模扶贫开发的时候，龙州县紧跟国家扶贫开发的部署，统筹安排人、财、物，集中全社会的力量，投入扶贫开发的伟大事业中去，不断取得扶贫开发、脱贫攻坚的新胜利。

三十多年来，龙州县从扶贫开发到精准扶贫，经历了以下几个阶段：

1. 1986—1993年，大规模扶贫开发阶段

1986年，当时龙州县的贫困人口18.44万、贫困发生率86.37%；到1993年贫困人口67583人、贫困发生率31.34%，7年减少贫困人口11.68万人，扶贫开发取得显著的效果。

1986至1993年，国家实施有计划有组织的大规模扶贫开发，全国进入了严格意义上的扶贫开发工作阶段。这一阶段，龙州县上下齐心协力，开展了声势浩大的以解决农村贫困人口温饱为主要目标、以改善贫困地区生产生活条件为重点、以项目开发为主要方式的扶贫开发行动，取得了明显的成效，为之后的“八七”扶贫攻坚打下了坚实的基础。

在大规模扶贫开发进程中，为了做到有组织有计划地开展扶贫工作，龙州县认真贯彻国家的扶贫新举措。1986年，国家采取了一系列扶贫重大措施，其中一个重要措施是成立专门扶贫工作机构，安排专项扶贫资

金。1986年5月16日，国务院成立贫困地区经济开发领导小组，作为国务院议事协调机构，专门负责组织、领导、协调和监督检查贫困地区的扶贫开发工作。1993年9月，根据新形势，国务院贫困地区经济开发领导小组更名为国务院扶贫开发领导小组。据此，龙州县也于1986年相应成立了扶贫开发领导小组办公室，作为县扶贫开发领导小组常设办事机构，属县政府常设机构，乡科级行政部门。扶贫开发领导小组办公室的职能是在扶贫开发领导小组的领导下，负责全县扶贫开发的具体工作，组织实施异地安置、农村基础设施建设、世界银行项目、老区建设项目、小额信贷扶贫、扶贫贷款项目、农村实用技术培训以及社会扶贫等工作。

这个阶段龙州县的扶贫开发，主要是加大投入基础设施建设，改善贫困地区的生产生活条件；大力发展甘蔗产业，使贫困农民通过种甘蔗增加收入；鼓励农村劳动力尤其是贫困农民外出务工，增加农民劳务收入。改善乡镇医疗卫生条件和办学条件。

这个阶段扶贫的主要任务是以解决贫困人口温饱为目的，其特征是采取大水漫灌、救济式的扶贫模式。

2. 1994—2000年，“八七”扶贫攻坚阶段

1994年，龙州县也和全国一道，进入“八七”扶贫攻坚阶段。当年龙州县贫困人口62119人、贫困发生率28.81%；到1999年，全县农村贫困人口总数为9208人，其中属民政救济对象329人，无生产能力的残疾人135人，居住生产生活条件恶劣、需异地安置的2975人，可通过扶持解决温饱的有5769人。2000年贫困人口9208人、贫困发生率4.27%。“八七”扶贫攻坚7年减少贫困人口52911人，又取得新的成效。

“八七”扶贫攻坚期间，龙州县以继续开展基础设施建设为主。基本完成村村通道路（沙石路）建设，通电、通水、通电话、通广播电视等。期末，通过三大会战（屯级道路、人畜饮水地头水柜和造林种竹），基

本实现自然屯通泥沙路，基本解决人畜饮水、生活用电等问题。仅1999年，一是实施了村级道路大会战，龙州县完成村级道路20条，76.7千米，投资980万元，解决21个村250个屯6856户34214人的交通难问题，顺利通过了上级部门的全面工作验收；二是实施通电行政村的广播电视建设，投资84.456万元，完成65个村通广播电视，通过了自治区的验收；三是建设行政村卫生室15个，完成投资24万元；四是实施人畜饮水扫尾工程，完成投资27.2万元，解决了2138人以及608头牲畜的饮水难问题。

这个阶段主要还是以解决贫困人口温饱为目的，采取救济式的扶贫模式。

3. 2001—2010年，开发式扶贫阶段

2001年，按当时标准，龙州县贫困人口12.36万、贫困发生率55.85%；2004年贫困人口11.628万、贫困发生率50.62%，3年减少贫困人口7320人。

该阶段开始尝试开发式扶贫，主要利用边境建设大会战契机大力推进基础设施建设、茅草房改造、产业扶贫开发，同时探索易地安置扶贫模式。

龙州县立足结构调整，大力推进产业扶贫。首先把乌龙茶种植和牛品改良项目培植成为龙州县贫困村的新的支柱产业，成为贫困村农户稳定的经济收入重要来源。从2003到2005年，全县新种植乌龙茶1578亩，牛品改良完成冻配牛6679头，产杂交牛犊2347头，配套种草5150亩。新种植的乌龙茶已开始收获茶青，达丰产期后，茶青亩产1000—2000公斤，亩产值3000—6000元，亩纯收入2000—4500元，经济效益十分可观。采用“公司+基地+农户+小额信贷”的模式运作，3年时间共投放小额信贷扶贫资金3710万元，对全县12个乡镇74个贫困村

7628户贫困农户甘蔗进行品种改良，改良后甘蔗亩均增加0.8吨，亩均新增产值160元，农户人均增收65元，地方增加财税96万元，银行资金回收率100%，取得了显著的经济效益和社会效益。实行产业化扶贫开发工作以来，全县参与产业开发的贫困户人口占全县贫困人口的90%以上。2005年全县农民人均纯收入为2097万元，比2003年增长5.76%，贫困村农民人均收入为1739元，比2003年增长8.12%。产业化扶贫不仅增加了农民收入，而且带动了贫困乡村面貌的改善，推进了全县经济社会的发展进步。

2005年，龙州县贫困人口11.3351万、贫困发生率49.3%。2009年贫困人口人均纯收入2993元，比全县的人均3683元低690元；仍有188个屯3.8万人及1.66万头牲畜未解决饮水难问题，孤老、孤残、孤幼或因灾、因病等特困家庭需要救济对象达868户2778人。2010年贫困人口8.3316万、贫困发生率38.34%。5年减少贫困人口30035人。贫困村74个，占全县127个村的58%。全县共有11517贫困户40329贫困人口居住破旧危房，占全县总户数7.63万户的14.6%。

这一阶段，龙州县以开发式扶贫为主导，以贫困村为主战场，整村推进扶贫开发，继续开展水、电、路等基础设施建设。同时大力发展产业，增加农民收入。国家免除农业税，激励农民发展生产。2007年，开始探索新型农村医疗保障政策，九年制义务教育也开始推行。2009年，完成了第二批21个“整村推进”和全面启动第三批21个整村推进贫困村扶贫开发工作任务。第一批以优异成绩通过了自治区、崇左市的全面工作验收。第二批21个整村推进贫困村扶贫开发工作全部达到优秀。同时，全面启动实施第三批21个贫困村的整村推进工作，认真制定工作计划，周密部署、落实措施，确保第三批21个整村推进贫困村扶贫开发工作到2009年底实现“时间过半，任务过半”的目标。切实抓好贫困村基础设施建设，改善贫困地区生产生活条件。仅2009年就新建屯级道路25条，投入资金415万元；新建人畜饮水工程1处，投入资金10万元；完成新建贫困村沼气池230座，投入资金34.5万元。抓好重点产业开发，增加农民收入。投入资金250万元，在下冻镇、彬桥乡、武德乡和八角乡共新种乌龙茶1420亩；在下冻镇两庄村扶持农户种植高糖品种甘蔗150亩；在龙州镇河屯村示范养龟350只，种乌龙茶900亩。实施贫困村社区主导参与式扶贫创新试点工作，选定在金龙镇武联村和光满村，每个试点投放资金40万元，共80万元。

积极开展扶贫开发整村推进试点工作。以彬桥乡俸村为扶贫开发整村推进试点，工作进展顺利。2009年完成建设那法屯道路、陇远屯道路、陇远屯人饮工程，那新屯种植乌龙茶120亩，备耕250亩，新建沼气池2座，俸村农户危房改造63户，其中那新屯新村农户危房改造34户，村委会至那新屯道路2010年春完工。另外，俸村屯农田水利渠道工程，建成三面光渠道1200米，有效灌溉农田2500亩。

积极开展贫困村劳动力转移就业培训和贫困村农民实用技术培训工作。仅2009年就举办了三期劳动力转移就业培训班，完成了350人的贫困村劳动力转移就业培训任务，完成转移就业350人，就业率达100%。在抓好贫困村劳动力转移就业培训的同时，还对贫困村农民实施实用技术培训，全县举办各种实用技术培训班87期4280人次，其中试点村实用技术培训12期760人次，其他贫困村培训75期3520人次。

4. 2011—2015年，综合性扶贫阶段

2011年，龙州县贫困人口11.0939万、贫困发生率51.86%（2011年国家再次大幅度提高贫困标准，贫困线从2010年的1274元提高到2011年的2300元，龙州县贫困人口上升到110939人，贫困发生率从2010年的38.34%上升到2011年的51.86%）。2015年，33个贫困村农民人均

纯收入由2010年的2380元增至2015年的5275元，全县农民人均纯收入由2010年的4093元增至2015年的7378元，贫困人口减少27141户52478人。

从2011年起，龙州县扶贫开发工作进入新时期。按照农村居民人均2300元的标准，龙州县2011年初开始探索通过建档立卡确定贫困人口，实时动态掌握县域贫困情况，统计全县有贫困村33个，贫困人口31159户113306人。

“十二五”期间，龙州县认真贯彻落实《中国农村扶贫开发纲要（2011—2020年）》，紧扣贫困村整村推进工作，以增加贫困农民收入为核心，以完善贫困村基础设施、发展社会公益事业、改善群众生产生活条件为重点，加大资金投入，强化资源整合，实施综合性扶贫开发。

一是加大基础设施建设力度。共投入扶贫资金1.6亿元，完善贫困村基础设施。逐步开展农村危房改造，33个贫困村13247户全部实现有稳固住房；硬化四级路12条52公里，村屯级道路硬化68条98公里，20户以上221个贫困自然屯全部通路；修建小型水利12处，新建人饮工程32处，解决2.87万人饮水难及饮水安全问题；通过募集社会资助修建道路12条，人饮工程6处，33个贫困村安全饮水和通电问题全部解决。

二是加快产业培育发展。首先把甘蔗支柱产业做大做强，对耕地实施“小块并大块”整治，改造中低产田6万亩；投入650万元改良甘蔗种植面积13万亩，受益7409户2.98万人；投入6230万元大力发展澳洲坚果、乌龙茶和牛、羊、猪、龟养殖等特色产业；实施边境互市贸易区扶贫工程，2013—2015年为全县8893户发放边贸小额贷款2.53亿元；发展坚果等边贸加工业，带动贫困边民就业3000多人；围绕提高职业技能和就业能力，开展多种形式的劳动力培训。

三是加速民生事业发展。全面落实义务教育“两免一补”和中高等教育“雨露计划”政策，实施基础教育提升工程，九年义务教育均衡发展，于2015年提前5年通过自治区义务教育均衡发展评估验收，成为全区第一个通过评估验收的边境贫困县。通过开展“农家课堂”、现场培训、异地培训、骨干培训和劳动力转移就业培训，大批农民增强了科技意识，有文化、懂技术、会经营的新型农民越来越多了。贫困农户通过发展种植、养殖和加工业等，不仅增加了收入，而且增强了自我管理和自我发展能力。2011—2014年在33个贫困村共举办各种实用技术培训班142期，完成培训12580人次。33个贫困村掌握1—2门实用致富技术的劳动力人数为27325人，占劳动力总数的81%。同时，加大劳务输出工作力度，增加贫困村农民收入，2014年33个贫困村共实现劳务输出6258人，占全部剩余劳动力总数的50%。贫困农民自我发展能力有较大增强，为今后的持续发展增添了后劲。新建县人民医院综合大楼，建成117个标准化村级卫生室，新型农村合作医疗全面推广，参保费用逐步由政府出资替农户支付，并上涨至2015年的每人每年150元，参保率达100%，农户享受医保报销，看得起病，住得起院。加强社会养老保险缴纳，2015年末参加新型农村社会养老保险人数37750人，参保率95.5%，特殊贫困农户全部纳入低保范围。

5. 2015—2020年，精准扶贫脱贫阶段

2013年，习近平总书记首次提出了“精准扶贫”的构想，随后不断地完善这一基本方略。在国务院扶贫办的统一部署下，龙州县在2014年开始进行精准识别，在2015年11月中央扶贫工作会议之后，开始实施“精准扶贫”方略。

二、龙州县贫困的基本状况及主要表征

1986 年，龙州县被列为国家级贫困县，是广西壮族自治区 28 个国家级贫困县之一。进入“十二五”时期，《中国农村扶贫开发纲要（2011—2020 年）》颁布实施，提出了“提高扶贫标准，加大投入力度，把连片特困地区作为主战场，把稳定解决扶贫对象温饱、尽快实现脱贫致富作为首要任务”[①] 的新要求。2011 年，龙州县被列入广西的石漠化片区县。

“十二五”期间，龙州县扶贫开发工作虽取得了较好的成绩，但到 2015 年末，通过精准识别，龙州全县还有贫困村 47 个，贫困人口为 14018 户 50828 人，贫困发生率 23.92%。这些贫困人口大多分布在地理环境相对恶劣、产业基础薄弱、交通条件差的区域，到“十三五”末要实现与全国全区同步实现小康社会，任务十分艰巨。

龙州县的贫困分布如表 2–1 和图 2–1 所示。

表 2–1　2015 年龙州县贫困村基本概况

序号	所属乡镇	行政村名	总户数（户）	总人口（人）	贫困户数（户）	贫困人口（人）	贫困发生率（%）
1	龙州镇	镇秀村	388	1716	127	528	30.77
2		贯明村	210	910	67	287	31.54
3	八角乡	陇均村	379	1757	124	434	24.70
4		龙边村	359	1469	65	225	15.32
5		菊埂村	544	2565	193	764	29.79
6		屏案村	324	1432	74	278	19.41

① 中共中央、国务院：《中国农村扶贫开发纲要（2011—2020 年）》，http://www.gov.cn/jrzg/2011-12/01/content_2008462.htm。

续表

序号	所属乡镇	行政村名	总户数（户）	总人口（人）	贫困户数（户）	贫困人口（人）	贫困发生率（%）
7	上降乡	上降村	592	2541	158	573	22.55
8		梓丛村	338	1350	99	324	24.00
9		江村村	290	1292	114	451	34.91
10		鸭水村	366	1536	101	350	22.79
11	彬桥乡	安民村	218	850	61	212	24.94
12		安镇村	337	1331	116	415	31.18
13		绕秀村	295	1155	176	683	59.13
14		青山村	411	1644	119	427	25.97
15	下冻镇	洞埠村	956	3707	337	1248	33.67
16		驮江村	669	2723	242	851	31.25
17		峡岗村	556	2141	201	724	33.82
18		扶伦村	610	2446	215	812	33.20
19	水口镇	康宁村	1168	6968	47	172	2.47
20		思奇村	268	1192	130	441	37.00
21		北胜村	587	2270	251	853	37.58
22		罗回村	889	3587	304	1093	30.47
23		独山村	606	2257	217	732	32.43
24	上龙乡	新联村	449	1844	111	385	20.88
25		武权村	455	1885	169	607	32.20

续表

序号	所属乡镇	行政村名	总户数（户）	总人口（人）	贫困户数（户）	贫困人口（人）	贫困发生率（%）
26	武德乡	三联村	316	1109	49	179	16.14
27		保卫村	491	2238	249	900	40.21
28		农干村	673	2786	225	780	28.00
29		群合村	409	1857	167	638	34.36
30		近梅村	214	874	86	322	36.84
31		武德村	736	3212	186	674	20.98
32	金龙镇	双蒙村	718	2984	317	1173	39.31
33		武联村	601	2526	232	877	34.72
34		高山村	396	1576	115	467	29.63
35		光满村	542	2313	229	895	38.69
36		板梯村	228	853	99	375	43.96
37		民建村	948	3904	389	1482	37.96
38		侵笔村	419	1783	134	491	27.54
39		敢赛村	406	1924	60	202	10.50
40	逐卜乡	崇德村	369	1815	76	271	14.93
41		三叉村	350	1608	47	157	9.76
42	响水镇	高峰村	287	815	26	75	9.20
43		红阳村	418	1543	72	213	13.80
44	上金乡	中山村	426	1815	137	497	27.38
45		新旺村	575	2397	228	875	36.50
46		两岸村	572	2302	263	958	41.62
47		卷逢村	327	1366	99	372	27.23
合计	12	47	22685	96168	7303	26742	27.81

资料来源：龙州县扶贫办提供。

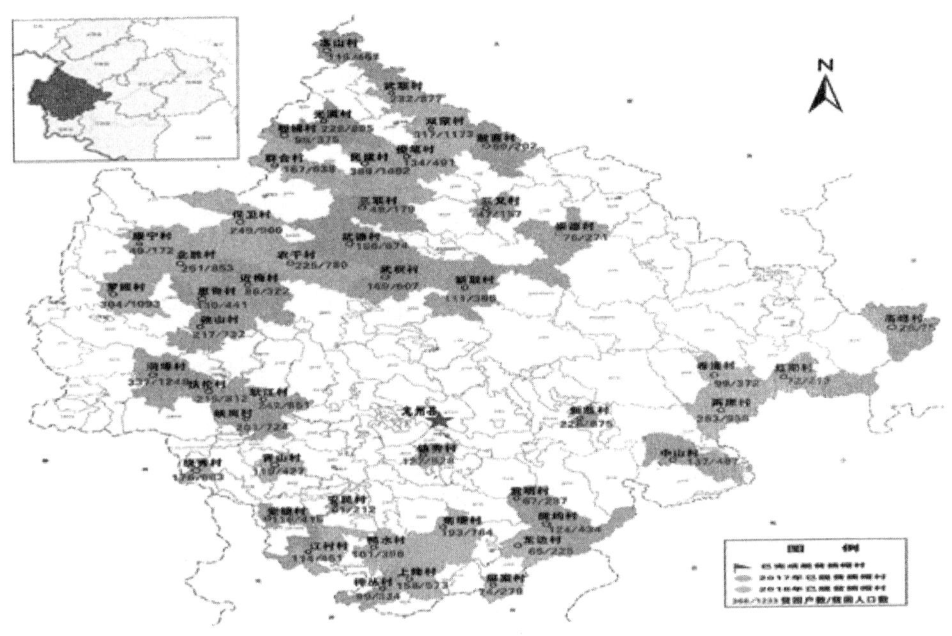

图 2-1　2015 年龙州县贫困村分布情况

从表 2-1 和图 2-1 来看，龙州县贫困人口分布“大分散、小集中”的特征明显。龙州县贫困人口虽然分布在全县 12 个乡镇，但与越南接壤的金龙镇、武德乡、水口镇、下冻镇和彬桥乡 5 个边境乡（镇）共有贫困村 27 个，占全县贫困村的 57.44%，是贫困人口最集中的区域，贫困人口分布的区域整体性较为突出。从县域内部来看，各个乡镇的贫困状况不一，有的乡镇贫困程度更深。地处边境一线的金龙镇，其贫困程度更是如此。金龙镇地处龙州县北部，距县城 55 公里，与越南接壤的边境线长达 35 公里。全镇下辖 15 个行政村 128 个自然屯、154 个村民小组，总人口为 6771 户 29514 人。2015 年，经过精准识别，全镇有武联村、高山村、双蒙村、板梯村、光满村、敢赛村、民建村、侵笔村等 8 个贫困村，占行政村总数的 53.33%，有贫困户 2144 户，占全镇总户数的 31.66%，有贫困人口 8019 人，贫困发生率高达 27.85%。其中，贴边（与越南直接接壤）的板梯村贫困发生率高达44%。彬桥乡的绕秀村也是一个贴边村，其贫困发生率更是高达59%。此外，全县47个贫困村中，25个村贫困发生率在30%。

三、龙州县致贫原因的综合分析

正如俗话所说的“贫有百样，困有千种”，龙州县农村贫困的致贫因素也是极其复杂多样的。归纳起来，主要有以下几个方面：

一是地处边境一线，投资环境先天不足。龙州县与越南接壤的边境线长达180千米，从20世纪50年代开始，历经了援越抗法、援越抗美、对越自卫反击战等，长期处于战争或备战的前沿。“内地搞开放，边境在打仗；内地奔小康，边境在站岗”，这句民谣反映出龙州县的县域特征。改革开放之初的20世纪80年代，按当时的贫困标准，龙州全县24万人中贫困人口就有18万。可见，长期以来县域投资环境不佳，缺少能撬动县域发展的大投资项目，是龙州县贫困的历史原因。

二是财政收入水平低，保民生投入的外部依赖性强。龙州县是集革命老区、民族地区、边疆地区、贫困地区、石漠化片区于一体的国家扶贫开发工作重点县，由于经济总量总体较小，加之产业结构不合理，财政收入少，基本上就是“吃饭财政”，能用于脱贫攻坚的资金十分有限，要脱贫致富还得靠国家财力的大力支持，民生投入的外部依赖性是导致龙州县贫困的主要原因之一。从图2-2来看，2015年龙州县人均地区生产总值虽然高于广西壮族自治区平均水平，为全国平均水平的83.75%，但从人均财政收入来看，龙州县仅是广西壮族自治区平均水平的58.18%、全国平均水平的22.21%，这是由龙州县产业结构的不合理导致的。2015年，龙州县的三次产业结构为24.6：39.5：35.9，农业占比过大，工业和服务业不发达，财政收入来源渠道狭窄。由此来看，龙州县的财政收入水平不高，也就不难理解了。

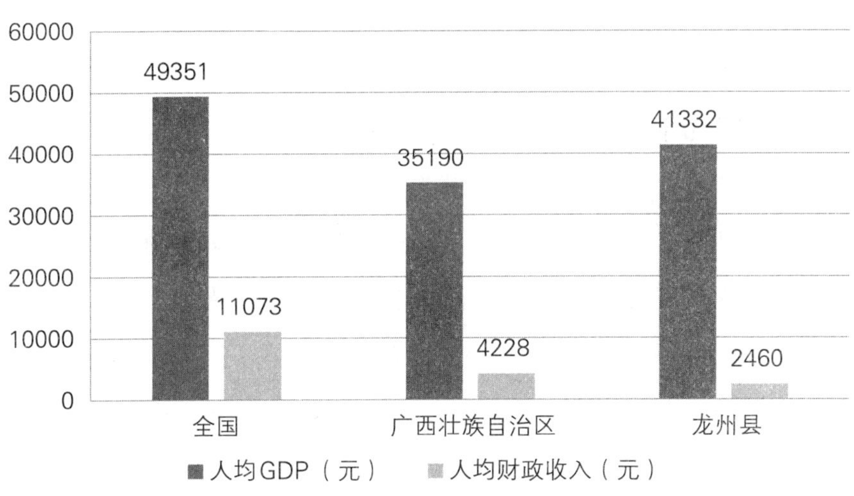

图 2-2　2015 年龙州县人均 GDP、财政收入与全国及广西的比较

三是部分村屯自然环境恶劣，“一方水土养不活一方人”。龙州县地处石漠化山区，村屯不仅耕地面积少，而且常常干旱缺水，无法满足农业发展的需求；农业底子薄，农产品结构比较单一，基本上以种植玉米、黄豆等传统作物为主，群众发展生产困难，农业发展后劲不足，严重制约了贫困村屯的生产发展。对生活在“不宜人居住”地方的人口，不得不采取易地搬迁的扶贫举措，按照“十三五”脱贫攻坚规划，需实施易地扶贫搬迁的就达 3498 户 11881 人（包括 2014—2015 年度易地扶贫搬迁安置 606 户 2140 人），其中，建档立卡贫困户 3184 户 10781 人，同步搬迁的其他农户 314 户 1100 人。

四是农村基础设施薄弱，制约乡村的发展。据统计，2015 年龙州县农村中，尚有 1008 个自然村屯（其中 20 户以上自然屯 938 个）未通硬化路，大多数村屯基本上是“晴天通、雨天阻”的泥巴路。同时，在 5 万多贫困人口中，饮水困难的有 4715 户 17475 人；生活用电困难的有 4861 户

17993 人。脆弱的基础设施，严重影响了脱贫攻坚。

五是生计资本不足，贫困的内生性较强。如果说上述四个方面是导致贫困人口致贫的外部原因，生计资本不足则是导致其致贫的内部因素。据2015 年龙州县精准识别时的调查统计，龙州县贫困人口致贫因素可以概括为“四缺两因”，这实际上反映出贫困人口生计资本的不足。从图 2–3 可知，有 66.70% 的农户认为，资金不足是其致贫的主要因素，位居致贫因素的第一位。从发展经济学理论来看，“一个家庭为什么穷？就是因为他穷”，收入水平不高、储蓄率低下是其主要特征，但这应是各种因素共同作用的结果。人力资本不足位居第二，其中认为缺技术的占到 43.5%，劳动力不足和因病分别占 28.40% 和 26.70%；认为自然资本不足（缺土地）的，也占到 33.10%。应该看到，因病致贫占到 26.70%，也就是四分之一以上，这一比例是较高的。贫困户中一旦有长期生病或重大疾病患者，不仅不能通过劳动获得收入，而且会因支付高昂的医疗费用，导致债台高筑，有的虽然脱了贫也会因此而返贫，可见人力资本在导致农村贫困人口致贫的因素中，占据重要的位置。

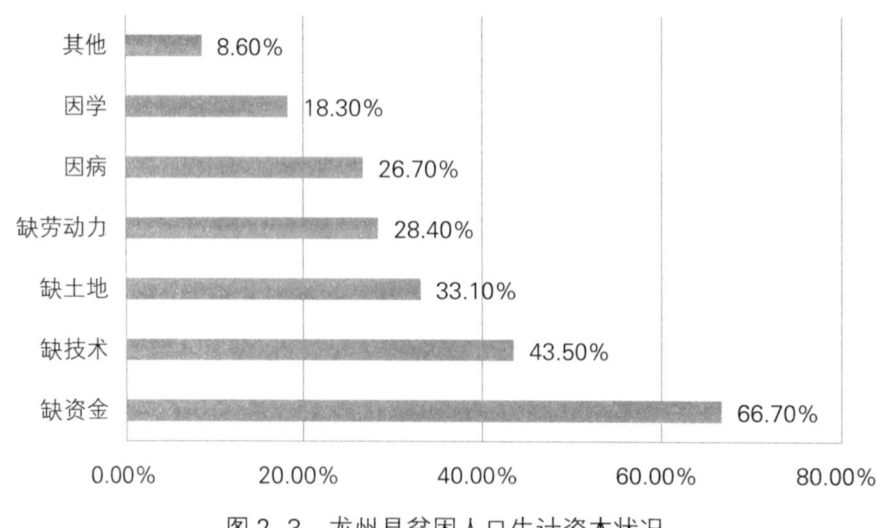

图 2–3 龙州县贫困人口生计资本状况

第三章 龙州县脱贫摘帽的总体谋划

党的十八大以来，以习近平同志为核心的党中央站在全面建成小康社会、实现中华民族伟大复兴中国梦的战略高度，把脱贫攻坚摆到治国理政的突出位置，把脱贫攻坚纳入“五位一体”总体布局和“四个全面”战略布局，作为实现第一个百年奋斗目标的底线性任务、标志性指标，作出了一系列重大部署和安排，脱贫攻坚意志之坚、力度之大、规模之广、影响之深前所未有。习近平总书记亲自谋划、亲自部署、亲自推动脱贫攻坚，对扶贫工作发表了一系列重要论述，深刻阐述了扶贫工作的一系列重大理论和实践问题，充分体现了中国特色扶贫开发道路的理论创新和实践创新，是马克思主义反贫困理论中国化的最新成果，是习近平新时代中国特色社会主义思想的重要组成部分，为做好脱贫攻坚工作提供了根本遵循、精神动力和行动指南，推动脱贫攻坚取得了决定性进展。

作为革命老区、少数民族地区、边境地区、滇桂黔石漠化片区的国家级扶贫开发重点县的广西壮族自治区龙州县，始终以习近平新时代中国特色社会主义思想，尤其是习近平总书记关于扶贫工作的重要论述为根本遵循，以脱贫攻坚统领经济社会发展全局为根本指针，围绕实现脱贫摘帽的目标，坚持以人民为中心的发展思想谋划脱贫摘帽，以探索脱贫攻坚、乡村振兴、全面现代化有效衔接机制为发展主线，形成了近期打赢脱贫攻坚战，中期蹚出乡村振兴之路，远期实现全面现代化的老、少、边、山、穷县域发展振兴的“龙州经验”。

一、以习近平总书记关于扶贫工作的重要论述武装头脑，落实脱贫攻坚这一最大政治任务

脱贫攻坚战能否打赢打好，关键在于对习近平总书记关于扶贫工作重要论述学习领悟的深度和贯彻落实的力度。贫困地区的党员领导干部要在全面学习领会习近平新时代中国特色社会主义思想的基础上，更加突出对习近平总书记关于扶贫工作重要论述的系统学习、深入思考，完整、准确、深入地把握其深邃的理论内涵及其精神实质，才能在脱贫攻坚的具体实践中融会贯通，学用结合。

（一）用理论武装凝聚全县上下脱贫攻坚共识

思想是行动的指南。习近平总书记指出："反贫困是古今中外治国理政的一件大事。消除贫困、改善民生、逐步实现共同富裕，是社会主义的本质要求，是我们党的重要使命。"① 同时还指出："全面建成小康社会、实现第一个百年奋斗目标，农村人口全部脱贫是一个标志性指标。……小康不小康，关键看老乡，关键看贫困老乡能不能脱贫。全面建成小康社会，是我们对全国人民的承诺，必须实现，而且必须全面实现，没有任何讨价还价的余地。"② 习近平总书记的这些重要论述，深刻揭示了打赢脱贫攻坚战的极端重要性。打赢脱贫攻坚战事关全面建成小康社会能否如期实现，事关共同富裕的社会主义本质能否真正体现，更事关中国共产党的初心使命能否一以贯之地坚守。因此，对脱贫攻坚认识的深度决定政治站位的高度，政治站位的高度决定脱贫攻坚工作的力度，脱贫攻坚工作的力度决定

① 中共中央党史和文献研究院：《习近平扶贫论述摘编》，中央文献出版社 2018 年版。
② 同上。

其工作的效度，脱贫攻坚的效度决定着群众的满意度。

在推进脱贫摘帽过程中，龙州县委、县政府始终把提高思想认识摆在首位，不断强化脱贫攻坚的政治引领和思想引导，深入学习领会习近平新时代中国特色社会主义思想和习近平总书记关于扶贫工作的重要论述，对习近平总书记关于脱贫攻坚的重要讲话、重要指示和批示，坚持个人自觉学、集体组织学、办班深入学、联系实际学，力求学深悟透习近平总书记关于扶贫工作的重要论述的丰富内涵、核心要义、实践要求。2015 年以来，龙州县委召开县委常委会、县四大班子（扩大）会、县委中心组学习会等 42 次，研究脱贫攻坚议题 74 个。同时，龙州县还注重把学习贯彻习近平总书记关于扶贫工作的重要论述和中央重大决策部署向基层延伸，推动脱贫攻坚学习培训工作实现乡镇党政领导干部、行业部门干部、扶贫系统干部、帮扶干部、贫困村干部全覆盖。比如，脱贫攻坚战打响之初的 2015 年 12 月，龙州县委、县政府就及时召开各部门、各乡镇、贫困村党组织第一书记、工作队长脱贫攻坚工作培训会和动员会，重点组织学习习近平总书记关于脱贫攻坚的重要论述和党中央、国务院关于打赢脱贫攻坚战的决定。据不完全统计，自 2015 年至 2017 年底，全县举办脱贫攻坚精准识别、精准帮扶、“一帮一联”、“一户一册一卡”、脱贫摘帽攻坚、“四个一遍”等各类培训班 300 余期，累计培训脱贫攻坚干部 3.2 万人次。

龙州县通过用习近平总书记关于扶贫工作的重要论述武装头脑，让全体参与脱贫攻坚战的“参战人员”都全面了解“指挥长”的“战略思想、战术方针和战斗要求”，使得“参战人员”进一步明确方向和思路，增加工作的底气，以思想上的高度统一、认识上的全面深化、行动上的步调一致，激发全县上下坚决打赢脱贫攻坚战的强大精神动力。党的十八大以来，龙州县委团结带领全县干部群众，切实把脱贫攻坚作为最大的政治任务，最大的民生工程，最大的发展机遇，坚持全党动员、全民参与，举全县之力、集全民之智，创新脱贫攻坚的理念和思路，采取超常规举措，加快推进“两年脱贫攻坚行动”，坚决打赢脱贫攻坚战，确保全县贫困村户全面脱贫，与全国全区同步建成全面小康社会。

（二）用精准方略谋划脱贫摘帽的“施工图”

习近平总书记指出：“推进扶贫开发、推动经济社会发展，首先要有一个好思路、好路子。要坚持从实际出发，因地制宜，厘清思路、完善规划、找准突破口。”[①]统一认识、凝聚共识是打赢打好脱贫攻坚战的思想基础，而制定出“上接天线、下接地气”的实施方案，则是落实好脱贫攻坚中“市县抓落实”的工作体制安排，扎实有效推进脱贫摘帽的关键环节。为此，在脱贫攻坚战号角吹响伊始，龙州县委、县政府就十分注重谋划好脱贫摘帽的“施工图”。龙州县把科学、精准制定脱贫摘帽实施方案的过程，作为摸清县情贫情，明确任务目标、总体思路、政策支持和工作措施的过程，同时也是进一步统一思想认识、形成推进合力的过程。为了摸清“家底”，找准突破口，在县委书记、县长的带领下，县四大班子领导成员分别率领一个调研组进村入户，围绕实现“两不愁三保障”的脱贫标准，开展解剖麻雀式的调查研究，不但摸清了“贫情”、找到了“贫根”，还通过问计于民找准了解决问题的“突破口”。在此基础上，经过几上几下广泛深入的征求意见，2015 年 12 月 17 日，中国共产党龙州县第十二届委员会第十次全体会议通过了《中共龙州县委员会关于贯彻落实中央、自治区、崇左市扶贫开发工作重大决策部署，坚决打赢“十三五”脱贫攻坚战，实现 2018 年全县脱贫摘帽的决定》[②]（以下

① 中共中央党史和文献研究院：《习近平扶贫论述摘编》，中央文献出版社 2018 年版。

② 龙州县原计划 2018 年实现脱贫摘帽。但 2017 年初，自治区扶贫开发领导小组通过分析全区 53 个贫困县的情况，决定龙州县可以有条件争取在 2017 年实现脱贫。

简称《决定》)。《决定》明确了龙州县打赢脱贫攻坚战的总体要求、基本思路和目标任务。

总体要求是：全面贯彻落实党的十八大和十八届三中、四中、五中全会精神，以邓小平理论、“三个代表”重要思想、科学发展观为指导，深入贯彻习近平总书记系列重要讲话精神，紧紧围绕“四个全面”战略布局，以“精准扶贫、不落一人”为总要求，坚持精准扶贫、精准脱贫基本方略，切实把脱贫攻坚作为最大的政治责任、最大的民生工程、最大的发展机遇，坚持全党动员、全民参与，举全县之力、集全民之智，加快推进“三年扶贫攻坚行动”，坚决打赢脱贫攻坚战，确保全县贫困村贫困户全面脱贫，与全国全区同步建成全面小康社会。

基本思路是：按照“精准扶贫、不落一人”的总要求，坚持找穷户、找穷根、找富方“三找”和真扶贫、扶真贫、真富民“三真”的工作思路，找准贫困对象解决好“扶持谁”的问题。找准致贫根源，解决好“帮什么、扶什么”的问题。找准致富良方，解决好“怎样帮、怎样扶”的问题。切实做到精准到户、到项目、到资金、到产业、到举措、到效果。坚持扶贫开发与发展新业态新模式，新的组织化程度和新的经济增长点结合起来，与民生保障“两轮驱动”、区域攻坚与精准扶贫同步推进、政府市场社会“三位一体”、资源开发与绿色发展统筹兼顾、外源输血带动内生造血、扶贫开发与基层组织建设有机结合，因人因地施策，精准滴灌、靶向帮扶。

目标任务是：按照“363”(2016年底实现上龙乡、逐卜乡、响水镇3个乡镇贫困村全部出列，贫困人口大幅下降；2017年底实现龙州镇、彬桥乡、下冻镇、水口镇、武德乡、上金乡6个乡镇贫困村全部出列，贫困人口大幅下降；2018年底实现金龙镇、上降乡、八角乡3个乡镇贫困村全部出列，全县贫困人口全部脱贫）工作计划，扎实推进脱贫攻坚三年行动，鼓励有条件的贫困村通过努力，提前出列，确保到2018年底全县实现贫困乡镇、贫困村全部摘帽，全县5.1万贫困人口全部脱贫，提前两年在全区率先实现脱贫目标。

围绕实现上述总体目标任务，《决定》还对年度的具体任务进行了分解，提出了“扶持生产脱贫一批、边贸政策扶助脱贫一批、转移就业扶持脱贫一批、移民搬迁安置脱贫一批、生态补偿脱贫一批、教育扶智帮助一批、医疗救助解困一批、低保政策兜底一批”的具体要求。此外，还提出了“突出精准识别，完善建档立卡”、大力推进“十大工程”两项重大举措和加强组织领导的举措。

龙州县制定的这一“施工图”，思路清晰、目标明确、任务具体、举措有力，不仅体现了中央、自治区关于打赢脱贫攻坚战的战略意图，也符合龙州县情实际，为龙州县如期实现脱贫摘帽奠定了坚实基础。

（三）用担当实干落实脱贫攻坚主体责任

在脱贫攻坚战中，龙州县坚决落实党政“一把手”脱贫攻坚责任制，党政主要领导担任扶贫开发领导小组“双组长”，领导小组下设9个专责小组。充分发挥各乡镇各部门各单位的主体作用，形成了齐心协力促脱贫的强大合力，实现了脱贫攻坚由扶贫部门单打独斗向多个部门合力共推的转变。同时，层层签订责任状，落实结对帮扶机制，8000多名党员干部与贫困户结对帮扶。打造了一支敢于担当、勇挑重担、冲锋在前的扶贫队伍，把“谁来扶”的制度安排真正落到实处。

2017年初，自治区党委、政府确定龙州县为2017年广西唯一一个脱贫摘帽的国家扶贫开发工作重点县后，龙州县上下深感肩上的责任重大，使命光荣。为顺利完成这项重大的政治任务，县委、县政府制定了脱贫攻坚半月汇报会制度，每半个月以视频会议形式及时组织学习党中央、国务院及自治区党委、政府关于扶贫工作的重大决策部署，同时还适时了解和掌握各乡镇脱贫攻坚战的进展，及时解决好脱贫攻坚中的困难问题，确保脱贫攻坚摘帽能够按时按质完成任务。

二、以脱贫攻坚统领经济社会发展全局，抢抓脱贫攻坚这一最大发展机遇

在贫困地区，脱贫攻坚和经济社会发展是相辅相成的。民穷县难强，家穷无财富，脱贫攻坚是解决富民强县的基础和保证。同时，世界反贫困经验表明，当贫困人口占总人口的10%以上时，除专项、特殊扶贫外，必须通过经济社会的加快发展、城乡统筹协同推进才能有效解决贫困问题。为此，习近平总书记指出，脱贫攻坚任务重的地区党委和政府要把脱贫攻坚作为“十三五”期间头等大事和第一民生工程来抓，坚持以脱贫攻坚统揽经济社会发展全局。他强调深度贫困地区的区域发展是精准扶贫的基础，是精准扶贫的重要组成部分。集中连片的贫困区要着力解决健全公共服务、建设基础设施、发展产业等问题，但必须明确，这样做是为了给贫困人口脱贫提供有利的发展环境，在深度贫困地区促进区域发展的措施必须围绕如何减贫来进行，真正为实施精准扶贫奠定良好基础。作为一线总指挥的县委班子敏锐地意识到，脱贫攻坚对于集“老、少、边、山、穷”于一身的龙州县而言，不仅是任务艰巨的沉重压力，也是推动发展的强大动力，同时还是千载难逢的最大发展机遇，必须紧紧抓住而不可丧失机遇。

紧紧抓住基础设施建设的重大机遇。农村基础设施是打赢脱贫攻坚战、实现全县脱贫摘帽的前提条件，路通财通，才能保障生产要素和物产流通顺畅。习近平总书记指出，在老区“要把基础设施建设放在重要位

置，加快道路和交通设施建设，加快水利、能源、通信、市场等建设，从根本上改变交通落后状况，改善生产生活条件”。龙州县紧紧抓住国家对贫困地区、革命老区加大支持力度的重大机遇，按照大纵深改善脱贫攻坚环境的思路，着力推进以道路为重点的农村基础设施工程建设。一是加快县域主干公路和贫困村道路建设。着力抓紧崇左至水口高速公路建设，推动龙州县迈入“高速时代”；加快乡村道路基础提级改造，疏通县通乡、乡通村屯的“毛细血管”，改善农村道路通行条件。同时，围绕扶贫产业开发，有计划推进产业基地道路建设。二是水利建设稳步推进，实施农村饮水巩固提升工程，提高贫困地区自来水普及率，抓好病险水库出险加固工程、排灌排水泵站更新改造，推进甘蔗“双高”基地水利化。三是加快推进贫困村的电力、通信、环境治理、公共服务设施建设，改变贫困人口的生产生活方式，为经济社会转型发展提供基础条件。

紧紧抓住产业脱贫的重大机遇。发展特色产业是实现脱贫摘帽、致富奔小康的物质基础，是打赢脱贫攻坚战的核心关键，是彻底消除贫困现象的根本保证。习近平总书记强调，要加快推进产业扶贫，为贫困地区和贫困户培育持久增收致富的产业发展长效机制。面对传统产业层次低、结构差、缺效益的突出问题，龙州县把产业转型升级作为决战脱贫、决胜小康的战略引擎，立足区位、交通、资源和自然条件，依据各乡村不同情况和市场需求，推进特色产业富民工程。一是大力发展特色种养业，推进全县甘蔗“双高”基地建设，积极发展食用菌、澳洲坚果等特色种植业及“蔗海鸡”、山羊、“蔗香牛”等特色养殖业。二是依托工业发展促进农民转移创业就业，抓好夏石－龙州－水口经济带建设，加强经济带沿线的祥龙产业区、龙州工业区、水口国际经济合作区建设和产业发展，重点打造蔗糖、特色农副产品及食品、生态铝、碳酸钙四大循环产业园；利用国家和自治区的产业扶贫政策，加大工业招商引资力度，吸引一批外地企业参与龙州县扶贫开发和创业发展。三是加快乡村旅游业发展，推动全域旅游发展与扶贫的深度融合，形成长效发展机制。四是推动口岸经济转型发展。坚持做大贸易总量与做优结构“两手抓”，着力做好“口岸+产业加工”“口岸+商贸物流”“口岸+边境旅游”“口岸+特色小镇”，推进龙州县口岸功能升级，带动了龙州县的对外贸易快速增长，培育县域经济发展和脱贫攻坚的新动能。

紧紧抓住易地扶贫搬迁对推动新型城镇化建设的重大机遇。加快贫困地区特别是集中连片贫困地区的新型城镇化进程，既是推动区域协调发展的有力举措，也是贫困地区换新貌、贫困人口挪穷窝的有效保障。易地扶贫搬迁作为一项行之有效的扶贫措施，是解决“一方水土养不起一方人”地区建档立卡贫困群众脱贫问题的根本途径。龙州县坚持易地扶贫搬迁与新型城镇化统筹推进，按照习近平总书记反复强调的“搬得出、稳得住，可发展、能致富”的工作要求，充分发挥紧邻边境和口岸优势，谋划实施“易地搬迁+驻边守疆+边贸致富”、“易地搬迁+扶贫产业园”和“易地搬迁+进城创业”等多种安置模式，既扩大了城镇人口规模，又依托县城、中心集镇产业园区以及边境口岸和互市点形成的产业基础提供的就业机会，有效解决了易地搬迁安置人口就近就业的问题，促进易地移民搬迁与城镇化发展良性互动。

三、坚持以人民为中心的发展思想，把脱贫攻坚作为最大民生工程扎实推进

“坚持以人民为中心的发展思想”作为新时代坚持和发展中国特色社会主义的基本方略之一，意味着不仅在经济社会发展方面要坚持以人民为中心的发展思想，而且在中国特色社会主义事业诸领域、各方面与全过程

都必须坚持以人民为中心。精准扶贫、精准脱贫，是对以人民为中心发展思想深刻、集中、生动地体现和阐释，彰显了鲜明的人民本位意识。

习近平总书记指出，要改善贫困地区居民基本生产生活条件，切实解决因病致贫返贫等问题。脱贫攻坚不仅要解决好贫困地区长远发展问题，也要解决好关系贫困群众基本生活最迫切的现实困难。龙州县贫困群众有不少生活在偏远山区，交通不便、居住条件恶劣，教育医疗设施落后，控辍保学、地方病防治等任务比较繁重，民生领域存在很多短板。为此，在推进脱贫攻坚中，龙州县践行以人民为中心的发展思想，把脱贫攻坚作为最大的民生工程，千方百计不断加大民生投入。围绕"两不愁三保障"的标准，织密兜牢住房、教育、健康、社会保障四张民生保障网，把住房安全、健康扶贫、教育扶贫放在重要位置，切实提高贫困地区的基本公共服务水平，加快补齐短板中的短板。

打好教育脱贫攻坚战，阻止贫困代际传递。以推动城乡教育资源配置均衡为抓手，着力改善贫困乡村的幼儿园、中小学校的办学条件；全面落实教育资助和培训补助政策，务实抓好控辍保学，确保贫困家庭子女不因贫辍学失学，切实提高义务教育巩固率。

扎实推进健康扶贫，防止因病致贫返贫。推进乡镇卫生院和行政村卫生室完成标准化建设，着力改善医疗条件。构建新农合、大病统筹、民政救助、小额人身保险四重医疗保障，实施健康扶贫疾病分类救治，为贫困户开设就诊绿色通道，对因病致贫的贫困患者进行救治干预，有效解决因病致贫返贫问题。

坚持"先搬迁、再危改、后修缮，给群众利益最大化"工作思路推进住房保障。除务实推进易地移民搬迁安置外，把实施危房改造和旧房修缮作为解决安全住房问题的重要措施，确保贫困群众的住房安全。

强化保障性扶贫，兜住民生底线。全面落实贫困人口各项参保优惠及代缴补贴政策，实现贫困人口基本养老保险全覆盖。推进贫困人口应保尽保，切实兜好民生底线，实现扶贫与低保两项制度的有效衔接，切实增强综合保障性扶贫效应。

第四章 龙州县脱贫摘帽的基本方略

精准扶贫、精准脱贫，关键在准，重在实效。习近平总书记指出，“扶贫开发推进到今天这样的程度，贵在精准，重在精准，成败之举在于精准”；坚持精准扶贫、精准脱贫“关键是要找准路子、构建好的体制机制，在精准施策上出实招、在精准推进上下实功、在精准落地上见实效”，解决好“扶持谁”“谁来扶”“怎么扶”“如何退”的问题。2015 年 11 月，《中共中央、国务院关于打赢脱贫攻坚战的决定》（以下简称《决定》）进一步对精准扶贫的基本内容进行了丰富和拓展。《决定》指出，要健全精准扶贫工作机制，在抓好精准识别，建档立卡的基础上，按照“六个精准”[①] 的基本要求，实施“五个一批”[②] 工程，做到扶真贫、真扶贫、真脱贫、脱真贫，切实提高扶贫成果可持续性，让贫困人口有更多的获得感。龙州县作为国家扶贫开发工作重点县、滇桂黔石漠化连片扶贫开发重点县，一直坚决贯彻落实中央、自治区、崇左市关于脱贫攻坚的决策部署，坚持精准扶贫、精准脱贫基本方略，把脱贫攻坚作为最大的政治任务、民生工程和发展机遇，进一步提高脱贫攻坚的精准度和实效性，脱贫摘帽工作取得了显著成效。

---

① “六个精准”：扶持对象精准、项目安排精准、资金使用精准、措施到户精准、因村派人精准、脱贫成效精准。

② “五个一批”：发展生产脱贫一批、易地扶贫搬迁脱贫一批、生态补偿脱贫一批、发展教育脱贫一批、社会保障兜底一批。

一、推进精准识别，扣好精准脱贫的“第一颗扣子”

精准识别贫困对象是精准扶贫、精准脱贫的重要前提和基础。习近平总书记指出，要解决好“扶持谁”的问题，确保把真正的贫困人口弄清楚，把贫困人口、贫困程度、致贫原因等搞清楚，以便做到因户施策、因人施策。心中有数才能工作有方，扶贫工作要到村到户，关键是要把扶贫对象摸清搞准、把家底盘清。因此，摸清底数、建档立卡，被称为精准扶贫的“第一战役”。2015 年 10 月以来，按照国家建档立卡“回头看”活动部署，龙州县全面开展精准识别贫困户贫困村工作，完成了全县 39227 户 149117 人入户评估。同时，围绕“六个精准”开展标准化档案建设，实现了一户一个编号、一户一个档案，为精准施策奠定坚实基础。

（一）加大人力投入，扎实推进精准识别工作

龙州县通过抽调精干人员，组织强有力的领导力量和工作队伍，在村级党组织和村干部的参与配合下，把精准识别工作作为精准扶贫的一项基础工程抓紧抓好。2015 年 7 月中旬，龙州县在原来开展的扶贫对象精准识别核实工作的基础上，根据《广西壮族自治区党委办公厅、广西壮族自治区人民政府办公厅关于印发〈精准识别贫困户贫困村实施方案〉的通知》要求，结合本县实际，制定出台《龙州县关于进一步做好精准识别贫困户贫困村工作实施方案》，明确县委、乡镇党委书记，村屯第一书记各个层级扶贫工作责任，将任务细化落实到个人，并纳入年度工作目标管理绩效考核。根据要求，龙州县成立精准识别贫困户贫困村工作领导小组，负责组织实施精准识别贫困户贫困村工作；各乡镇成立相应组织机构，县直及中央、自治区、市直驻龙州县各单位等所有机关企事业单位实行包村

工作负责制，具体负责所联系村屯贫困户贫困村精准识别工作。2015年10月，按照自治区统一部署，龙州县组织县、乡（镇）、村2200多名干部全面铺开精准识别工作。11月底，组织开展入户识别“回头看”，严格对照评分标准进行全面排查核实。自广西壮族自治区全面铺开脱贫攻坚工作以来，龙州县结合扶贫开发建档立卡“回头看”，组织全县73个单位近400人组成核实小组，深入村屯开展入户识别核实工作。在完成精准识别的基础上，于12月全面铺开贫困村、贫困户建档立卡工作。经过5个多月的努力，龙州县累计投入2万多人次进村入户开展精准识别工作，扎扎实实迈出了精准扶贫的第一步。

（二）严格识别标准，逐村逐户建档立卡

扶贫必先识贫，通过科学有效的程序把贫困村、贫困人口识别出来，并逐村逐户建档立卡，才能做到扶真贫、真扶贫。在自治区出台《精准识别贫困户贫困村实施方案》基础上，龙州县制定符合本地实际、操作性强的识别工作方案，通过采用统一识别程序、方法、步骤和评估标准，自下而上对贫困人口（包括各年度因灾、因病、因学返贫人口）进行精准识别。龙州县组织乡镇干部、贫困村党组织第一书记、驻村工作队员等，在村级组织和村干部的参与配合下，严格标准，运用“一进二看三算四比五议”[①]的工作方法，按照“两入户、两评议、两审核、两公示、一公告”程序，把好群众申请关、入户调查关、民主评议关、公示监督关、审核确认关，将扶贫对象精准识别到户到人，做到符合标准的一户不漏，不符合标

① “一进二看三算四比五议”：一进：工作队员入户与户主及其他家庭成员进行交流，了解家庭情况、生活质量状况、子女读书情况、家庭成员健康情况等。二看：看住房、家电、农机、交通工具、水电路等生产生活设施，看农田、山林、种养等发展基础和状况。三算：算农户收入、支出、债务等情况。四比：与本村（屯）农户比住房、比收入、比资产、比外出务工等情况。五议：议评分是否合理，是否漏户，是否弄虚作假，是否拆户、分户、空挂户，家庭人口是否真实等情况。

准的一户不进。对识别出来的贫困户，龙州县按照“一个绝不，两个关键，三个原则，四个坚决，五个必须”的工作要求，即“一个绝不”，绝不允许弄虚作假。“两个关键”，关键在入户走访评估，在屯级代表评议。“三个原则”，坚持入户走访原则，坚持实事求是原则，坚持民主评议原则。“四个坚决”，坚决按照既定时间要求完成所有程序；坚决按照自治区《精准识别贫困户贫困村实施方案》中的走访对象逐户评估，逐户评议；坚决按照自治区《精准识别贫困户贫困村实施方案》程序逐步完成，不能省略跳跃、糊弄走过场；坚决客观、公正、公平、公开。“五个必须”，必须精准、精细、精确；必须走完所有对象，走完每一个程序；必须做到区别对待；必须负责到底；必须经得起考验。在上述原则的指导之下，龙州县狠抓逐村逐户建档立卡，做到一村一册、一屯一档、一户一卡，按时按质按量完成了 47 个贫困村、14018 个贫困户、50828 名贫困人口的精准识别建档立卡工作。此外，龙州县建立完善精准识别纠错机制和责任追究机制，通过接受社会各方面监督，确保识别工作全过程公开透明，切实把真正的贫困对象纳入帮扶范围。

（三）构建网络平台，实施动态信息管理

龙州县对识别出来的贫困村、自然村（屯）、贫困户，充分运用大数据等现代科技手段，逐村（屯）逐户进行数据录入，构建了数据集中、服务下延、互联互通、信息共享的扶贫大数据管理平台。为了确保对象精准、数据精确、管理精细，2016 年 4 月，龙州县全面完成建档立卡信息数据平台的数据录入、清洗等工作，确保完成扶贫对象再识别、再核实，促进精准识别工作做到真正的“精准”。龙州县还进一步加强扶贫信息化建设，发挥扶贫信息管理中心作用，通过组织相关人员负责全程跟踪管理精准识别、脱贫认定评估、脱贫动态信息采集、信息共享等相关工作，实

行“有进有出”的动态管理，定期或不定期进行核查和信息更新，全面掌握贫困村、贫困户的基本情况和帮扶成效。同时，科学管理精准识别成果，及时向党委、政府提供准确的数据信息，向社会提供帮扶信息。

（四）找准致贫原因，制定差异化扶持措施

对识别出来的贫困户，龙州县在建档立卡的基础上，对贫困人口进行逐户逐人的细化分析，真正弄清贫困群众致贫的原因、贫困的程度等，为下一步开准治贫脱贫“方子”打好基础。龙州县以自然村（屯）作为实施精准识别的基本单元，对纳入脱贫攻坚的47个贫困村中的389个自然村（屯）进行全面识别，做到明确扶贫对象，查明致贫原因，找准脱贫需求，实行差异化扶持。同时，充分依据扶贫大数据平台信息，实行精准识别结果与精准帮扶挂钩，贫困村（屯）、贫困户建档立卡与扶持政策相衔接，扶贫措施与脱贫需求相对应，对贫困村（屯）、贫困户进行分类落实帮扶。如针对生态脆弱、不具备基本生存条件和居住过于分散、基础设施、公共服务设施配套难等需要移民搬迁的自然村（屯），进行精准识别、评估并制定分批实施移民搬迁方案。按照习近平总书记关于“四个切实”“六个精准”“四个一批”的要求，龙州县科学谋划脱贫攻坚的具体办法和措施，制定干部结对帮扶贫困户制度，落实联系责任人，实行定户、定人和差异化、精细化、“滴灌式”精准帮扶，确保扶贫资金、扶贫资源和扶贫力量精准配置到户到人。

二、建强“四支队伍”，拧成聚力攻坚“一股绳”

习近平总书记强调，脱贫攻坚，各方参与是合力。打好精准扶贫攻坚战，必须坚持以人为本，把上下、内外、直接和间接的一切力量、一切积

极因素全部调动起来，着力打造多点发力、各方出力、共同给力的扶贫攻坚新格局，为打赢精准扶贫攻坚战凝聚强大合力。龙州县通过建强贫困村第一书记、驻村工作队、对口帮扶、结对帮扶“四支队伍”，形成全社会广泛参与脱贫攻坚格局。

（一）配强贫困村第一书记队伍

推进脱贫攻坚，要更好地发挥政府作用，尤其在选派村党组织第一书记上下功夫，确保“因村派人精准”。2015 年 4 月印发的《关于做好选派机关优秀干部到村任第一书记工作的通知》指出，选派优秀机关干部到村任第一书记，是加强农村基层组织建设、解决一些村“软、散、乱、穷”等突出问题的重要举措；要求第一书记建强基层组织，协助配齐“村两委”班子，将村党支部建设成为坚强战斗堡垒。龙州县将向贫困村选派驻村干部作为精准扶贫工作的有力推手，结合 47 个贫困村民情社情、致贫原因、主导产业等因素，选派思想好、作风实、能力强、了解村情实际并愿意为群众服务的第一书记 47 名，进贫困村常驻扎根，实现 47 个贫困村全覆盖。在第一书记人选上，龙州县不仅结合贫困村的致贫原因针对性地选派干部，还充分考虑驻村干部的个人特点和自身优势有针对性地选派。如针对党组织软弱涣散村，注重选派熟悉党务工作的干部；对扶贫产业不明确，群众种养知识缺乏的村，注重选派熟悉产业发展的技术干部；对基础设施落后，交通不便达的村，注重选派熟悉基建申报流程的职能干部，通过有针对性的选派，确保选派干部下得去、待得住、干得好，解决扶贫“最后一公里”难题。

（二）强化驻村干部队伍

干部驻村是脱贫攻坚的重要工作机制，依靠下派机关和事业单位干部到乡村指导帮扶，可以发挥党政机关和企事业单位的政策、资金、项目、人才、信息等优势。为充分发挥帮扶效力，落实“4321”帮扶机制①，龙州县共向12个乡镇累计选派127个驻村工作队450名工作队员，配齐127个行政村驻村第一书记，以及47个贫困村第一主任。原则上，1名干部帮扶贫困户不超过5户；1个贫困户不能同时有2个或2个以上帮扶联系人，确保每个贫困户都有结对帮扶干部，做到“一户一策一干部”，实现帮扶对象的全覆盖。同时，领导挂点工作立足“三抓”，即抓指导推动、抓典型示范、抓机制创新；帮扶干部做到“五帮”，实现“五落实”，即帮转变观念、帮摸清村情、帮项目设计、帮产业发展、帮发动群众；落实规划实施、落实政策宣传、落实增收脱贫、落实村貌改造、落实组织建设。

专栏4-1　扶贫副书记+第一主任出征脱贫攻坚战

龙州县在脱贫摘帽各项指标任务推进过程中凸显乡镇工作繁重、驻村力量不足、脱贫攻坚项目进度缓慢等问题。为解决问题，创新“从县直单位选派贫困村扶贫副书记+第一主任”的模式，协助驻村第一书记、村支书主任推进产业扶贫，发展壮大村集体经济，推动政策落地见效，促进贫困户贫困村脱贫摘帽。

坚持精准定人，确保任者素质过硬。严把选派人员政治关、品行关、廉洁关、能力关，采取个人报名和单位推荐相结合的方法，经县委组织部审核，以政治素质好、政策水平高、农村工作经验丰富、具备涉农专业技术特长为要求，优中选优提出拟选派的人选，提交县委常委会研究决定后，统一行文下派到贫困村任职。选派的47名第一主任中24名为县直单位主要领导，在千头

① “4321”帮扶机制：厅级干部帮扶4户、处级领导帮扶3户、科级帮扶2户、其他干部帮扶1户，鼓励干部多帮扶、帮扶户数不限。

万绪的部门职能工作中，坚持把脱贫攻坚作为最大的民生工程，每周到贫困村开展工作 2 天以上，而 13 名扶贫副书记则为全脱产驻村。

坚持精准定责，确保任者担当作为。扶贫副书记、第一主任与驻村第一书记、村支书、村主任共同搭台、互相配合、协同推进脱贫攻坚，帮扶不包揽、配合不替代、到位不越位。扶贫副书记重点推进易地扶贫搬迁、村集体经济发展、贫困户增收等重难点工作。第一主任重点推进落实产业扶持政策，协调服务产业项目、培育发展产业带头人，促进贫困户增收；引导贫困村成立村民合作社，参与村集体经济项目建设、经营、管理，并争取各方支持援助，引进企业，引入资金、技术、信息等，帮助原有村集体经济项目（合作社）可持续健康发展。

坚持精准管理，确保任者履职尽责。挂职扶贫副书记按照乡镇班子进行管理考核。第一主任由县委组织部、乡镇党委、派出单位共同管理，县委组织部负责对第一主任工作开展情况进行定期不定期的监督检查；乡镇党委全面负责第一主任的日常管理，包括工作指导、教育培训、考勤考核等日常情况；派出单位负责对第一主任跟踪管理。此外，对第一主任实行召回撤换制度，确保脱贫攻坚攻城拔寨的关键阶段，选派的第一主任都发挥主动性、积极性和创造性，与各方力量形成合力，攻坚贫中之贫、困中之困、难中之难的工作，如期实现全县脱贫摘帽。

资料来源：《龙州县精准脱贫攻坚简报》2017 年第 6 期。

（三）充实对口帮扶队伍

当前，粤桂扶贫协作已成为推进贫困地区脱贫攻坚和加快经济快速发展的有效途径。自 2017 年 9 月鹤山市与龙州县确定对口帮扶合作以来，两地党政领导对接交流 42 人次，领导互访 4 次，共召开联席会议 3 次，切实加强粤桂扶贫协作的工作领导。按照《江门鹤山对口崇左龙州扶贫协作规划（2017—2020 年）》及年度协作计划，龙州县不断充实对口帮扶队伍，全力推进硬件建设、产业协作、劳务输出、技能培训、人才培养、教育医疗、社会帮扶等协作项目落地见效。据统计，鹤山市派出人才支援 9 人次，其中，党政干部 3 人，医生 4 人，教师 2 人。如鹤山市派出优秀教师到龙州县开展教学技术“传、帮、带”活动；选派医疗专家指导龙州县人民医院成功开展经皮穿刺气管切开术和纤支镜下异物取出术，激活“休眠”医疗项目，提高当地医疗保障服务能力。促成社会热心人士与一户贫困家庭结对；引导 4 家广东企业到龙州县投资，实际投资 241.2 万元，建立扶贫车间 5 个，吸纳 100 多名贫困户就业。完成 25 名致富带头人旅游人才培训，4 人成功带动 90 户贫困户脱贫；东部志愿者服务人员 3 人。

（四）突出抓好结对帮扶队伍

龙州县突出抓好结对帮扶这支队伍，在确保稳定的基础上，及时调整“一帮一联”结对帮扶力量，7000 多名党员干部与 1.4 万个贫困户结对帮扶。为了提升扶贫工作效率和满意度，龙州县把帮扶干部培养成脱贫攻坚研究员、宣传员、指导员，确保帮扶责任人在脱贫攻坚第一线发挥实效。一是成为民情研究员。要求每一个帮扶责任人深入贫困户家中，与贫困户共同分析致贫的主要原因，列出缺项清单，研究制定短期、中期、长期帮扶计划，落实帮扶措施，确保扶贫精准到位。二是成为扶贫政策宣传员。根据工作实际，及时召开培训会，要求每个帮扶责任人全面了解掌握扶贫小额信贷、“雨露计划”、低保兜底等政策，在此基础上，结合“一户一册一卡”工作，向贫困户面对面宣传讲解，协助办理，确保贫困户应享尽享，应保尽保。三是成为产业发展的指导员。耐心指导贫困户发展产业，宣传扶贫产业项目以奖代补，激发贫困户脱贫内生动力。此外，龙州县以“党旗领航 + 村企共建”活动为载体，鼓励企业在增强“造血”功能上求实效，采取“一帮一”“一帮多”“多帮一”的方式，组织全县 47 家企业定点帮扶 47 个贫困村，通过产业带村、项目兴村等方式推动扶贫产业发展，实现“带动一村，致富一方”。

在脱贫攻坚关键时期，龙州县还通过一系列举措创新帮扶机制、激励机制、管理机制，增强了脱贫攻坚的活力，提振了扶贫干部的精气神。如实行领导驻村夜访制度、每周例会和半月汇报会、每周日晚召开脱贫攻坚例会制度，实行驻村“五天四夜”、“一月三督查”和“红黑榜通报”等工作制度，充分发挥帮扶主体的帮扶效力。

三、落实精准帮扶，下足精准扶贫“绣花功夫”

习近平总书记指出：“要解决好‘怎么扶’的问题，按照贫困地区和贫困人口的具体情况，实施‘五个一批工程’”；“要提高扶贫措施有效性，核心是因地制宜、因人因户因村施策，突出产业扶贫，提高组织化程度，培育带动贫困人口脱贫的经济实体。”根据自治区党委《关于贯彻落实中央扶贫开发工作重大决策部署，坚决打赢“十三五”脱贫攻坚战的决定》，贯彻“扶持生产发展一批、转移就业扶持一批、移民搬迁安置一批、生态补偿脱贫一批、教育扶智帮扶一批、医疗救助解困一批、低保政策兜底一批、边贸政策扶助一批”等“八个一批”和推进脱贫攻坚“特色产业富民行动、扶贫移民搬迁行动、农村电商扶贫行动、农民工培训创业行动、贫困户产权收益行动、基础设施建设行动、科技文化扶贫行动、金融扶贫行动、社会扶贫行动、农村‘三留守’人员和残疾人关爱服务行动”等“十大行动”的要求，龙州县结合本地实际情况，围绕“两不愁三保障”持续发力，脱贫攻坚实现新提升。

（一）发展壮大特色扶贫产业，打造脱贫发展新引擎

龙州县紧紧围绕“十三五”时期47个贫困村14018户50828人脱贫目标，立足本地资源禀赋和特色优势，坚持把产业扶贫作为脱贫攻坚的根本性举措来抓，探索创新“五种模式”促脱贫，大力促进“输血式”扶贫向“造血式”扶贫转变，让贫困村贫困户享受到更好、更多、更实的产业发展“红利”，让扶贫产业得到可持续健康发展，打造脱贫发展新引擎。

1. 狠抓特色产业发展，确保群众稳收增收

龙州县围绕“种、养、贸、游、工”五大扶贫产业，坚持物质帮扶“输血”和精神激励“造血”一起抓，确保贫困户通过产业发展实现稳收增收。“种”方面，一是狠抓甘蔗支柱产业。全县种植甘蔗50万亩，其中1.05万户贫困户种植8.4万亩，累计完成甘蔗“双高”基地建设超过28万亩。2017—2018年榨季，全县入厂原料蔗共232.6万吨，比2016—2017年榨季增产18.9%，蔗农收入11.63亿元，人均增收870多元。二是狠抓澳洲坚果种植。全县累计共种植澳洲坚果6.5万亩，其中3189户贫困户种植1.5万亩，占贫困户22.75%。三是大力发展食用菌种植。截至2018年底，全县食用菌种植面积60万平方米，产量0.48万吨，总产值4320万元，食用菌生产取得显著的成效。“养”方面，继续实施扶持奖励办法，强化企业、合作社、党支部和致富能人带动，发展蜜蜂、鸽

子、牛、羊等特色养殖业。其中家禽养殖162万羽，受益贫困户8000多户；牲畜养殖13.57万头，受益贫困户6000多户。“贸”方面，用好国家边民互市贸易扶持政策，按照“边民参股、集体经营、贸工结合、规范管理”的模式，成立边民互市专业互助组，边民通过边贸运输、装卸货物等途径获得多重收入。截至2018年底，全县共组建边贸互助组231个，引导带动边民2.4万多人（其中贫困农户8152人）通过边贸运输、货物装卸、跨境电商、入企务工、申报代理等，实现就业增收。“游”方面，依托丰富的旅游资源，发展生态旅游、生态扶贫产业，目前全县共建成31家乡村旅游区200多个旅游点，带动贫困户人口近7000人，人均年增收2000多元；发展“观鸟经济”，带动166户每户年均增收15000多元。“工”方面，重抓坚果加工业和转移就业，坚果加工业带动贫困户就业1200多人，人均月增收1500多元；2018年，全县新增转移就业5017人，其中贫困人口2882人。除此之外，发挥驻村第一书记核心引领作用，创新“第一书记产业联盟”抓党建促脱贫模式，组建扶贫产业合作社151家，发展食用菌、火龙果、澳洲坚果种植和牛羊养殖等产业项目35个，带动5700多户3.2万人增收脱贫。

2. 探索龙州县特色产业扶贫模式，共享产业发展“红利”

龙州县积极探索产业扶贫“五种模式”，帮助贫困户获得稳定收益，实现脱贫致富。一是集约式规模经营促脱贫。为破解贫困户在产业发展中规模较小和实力有限的问题，大胆探索出“政府帮助、企业组织、集约经营、农户务工”及“农户入股、企业经营、利益共享”的集约式规模经营。如引进广西龙州旭超农业发展有限公司等10多家企业，建设食用菌综合产业基地，发展食用菌种植、研发、收购、加工全链条式循环经济，贫困户到基地务工获得稳定收入增收脱贫。二是大户带动合作发展促脱贫。充分发挥种养殖大户经验丰富、技术水平高、能力强的优势，鼓励、支持、引导种养殖大户带领贫困户闯富路，通过大户集中带领、传授技术等方式，帮助贫困户克服种养殖产业的技术难点，提速增收，逐渐走出了一条大户带动贫困户长效脱贫的扶贫路子。如武德乡农干村山多、林密、气候适宜，多年来将山羊养殖发展成为骨干产业，村内有多名大户养羊经验丰富、技术水平高。为此，充分发挥山羊养殖大户的带动作用，组建陇严山羊养殖专业合作社、盎然生态养殖专业合作社，吸纳贫困户以 800 元 / 股入社，由养殖大户来经营管理产业项目，而贫困户则通过牧草种植、劳务工资和利润分红增收。三是鼓励散种散养促脱贫。针对劳动力不多、自养兴致高且有种养技术的贫困户，鼓励其利用房前屋后散种蔬菜、散养家禽，发展短、平、快项目增加收入。2016 年，全县共投入专项资金 288 万元，扶持 508 户贫困户发展果蔬和猪、牛、鸡等种养产业，见效快、收益好。四是资产性收益促脱贫。贫困户通过土地出租、资金入股等方式参加合作社，资源变股权、资金变股金、农民变股民，贫困户从合作社的产业发展中获得分红收益。如下冻镇利用 10 万元扶贫资金，给予那宋屯 19 户贫困户每户 5263 元，作为股金入股那宋邑头休闲农庄，贫困户从中获得利润分红。五是以奖励形式激发动力促脱贫。对精准扶贫建档立卡中积极主动参与产业发展、边贸运输、转移就业的贫困户，给予资金奖励，坚定其自我发展的信心和决心，营造“我要脱贫”的社会氛围。贫困户为参与互市贸易合法购置运输车辆（以三轮摩托车为主）的，每辆车给予补助 2500 元。对外出务工（包括区外、区内及本县务工）满半年以上的贫困户，在工资收入清单、收入证明等材料齐全的情况下，每人每月给予 300 元就业及生活补贴。截至 2017 年末，已补贴边民购车奖补资金共 276 户 69 万元。

（二）稳步推进易地扶贫搬迁，确保搬迁户实现“搬得出、稳得住、有发展、能致富”

习近平总书记在2015年中央扶贫工作会议上指出，易地扶贫搬迁是打赢脱贫攻坚战采取的一项重要举措，是解决“一方水土养不起一方人”问题的根本之策。龙州县属于石漠化山区，自然环境恶劣，贫困人口耕地面积少，农产品结构比较单一，基本上是种植玉米等传统农作物，农业发展后劲严重不足。经过调查，龙州县“十三五”期间需易地扶贫搬迁2221户7292人，其中建档立卡贫困人口2147户7017人，同步搬迁人口74户275人。按照自治区关于易地扶贫搬迁工作的决策部署，龙州县规划建设9个易地扶贫搬迁安置点，现已全部竣工交房，搬迁入住率达100%。

1. 超前谋划稳步推进

一是规划先行，科学布局。龙州县通过选择区位优势好、无地质灾害、适宜生存发展、方便产业扶持的区域作为搬迁安置点，委托有资质的设计单位，编制2016—2020年度全县易地扶贫搬迁工作可行性报告，制定了《“十三五”易地扶贫搬迁工作规划》，为开展搬迁工作及后续发展提供科学指导。同时，扎实开展易地搬迁劳动力潜力调查，将搬迁群众的生产生活、可利用资源和就业意愿等情况摸排清楚、精准到人，结合安置点不同区位、产业特点实际，探索出独具本地特色模式的易地扶贫搬迁后续扶持和后续管理工作之路。龙州全县安置点及周边产业资源、就业资源、培训资源、就医就学资源得到有效利用。二是强化后续管理，构筑新型社区。完善物业管理，响水、上金、彬桥、逐卜等一户一宅安置点、科甲安置点和布局安置点由各属地乡镇政府聘请人员实施管理，城南、城北、水口三大安置点引入物业公司进行管理。每周五开展“电视夜校”“市民学校”活动，向搬迁户讲解电梯、消防、生活规范等知识，使他们尽快融入小区生活。按照建设新型社区要求，城南、城北、水口三个大安置点已完成社区委员会选举，选出了社区“两委”班子，各楼栋落实了楼栋长、单元长人选。三是推进拆旧复垦，盘活土地资源。易地扶贫搬迁对象退出原址后，政府加强原址资源管理指导，支持推动搬迁户通过打包开发、规模经营，盘活原址资源来参与发展农业种植、特色经济林种植、养殖、乡村旅游、电子商务等。截至2018年底，已完成易地扶贫搬迁可复垦宅基地及城乡用地增减挂钩潜力调查，正在八角乡、彬桥乡、下冻镇和响水镇等四个乡镇实施试点。

2. 做好易地扶贫搬迁可持续产业扶持

一是推进“易地搬迁 + 边贸扶贫 + 扶贫产业园 + 驻边守疆”。龙州县将边境一线安置点搬迁安置与后续扶持同步谋划、同步推进作为整个易地搬迁工作的重中之重来抓，真正起到借边发展、靠边吃边、稳边固边、兴边富民的积极作用。2018年，搬迁到水口共宜新村安置点、科甲新村安置点、布局安置点三个边境安置点的900户中已有608户安排就业。未安排的282户已落实扶贫产业园入园企业提供固定岗位。落实边民补助政策，对搬迁到3个边境安置点的搬迁户发放边民互市证，落实0—3公里范围内边民补助每人每月167元，引导依托口岸和边贸互市点，通过参与互市贸易及边贸运输、装卸、货物进出代理等边贸服务，增加收入。据统计，搬迁户通过边贸扶贫，人均每月可增加收入1600多元。二是推进“易地搬迁 + 粤桂扶贫协作”。龙州县利用粤桂扶贫协作契机，打通劳务输出通道，推进劳务输出扶贫，送岗位上门解决搬迁群众后顾之忧。通过举办粤桂扶贫协作龙州县 – 鹤山市2018年“春风行动”暨企业用工现场招聘会等大型招聘会，积极动员各易地搬迁群众参加，共有24家本地企业、20家广东企业提供区内外就业岗位5138个，现场签订就业意向的有 380 人，其中属于城南、城北安置点搬迁户的有 189 人。通过重点建设龙州县－鹤山市扶贫车间 5 个，引进企业 2 家，帮助 155 户搬迁群众实现了家门口就业目标。三是推进“易地搬迁＋生态乡村旅游”。龙州县紧密结合安置点的不同区位优势，努力发挥好旅游扶贫效果，精心打造精品农家乐旅游品牌、跨国旅游品牌，形成了“易地搬迁＋旅游扶贫”新模式。如上金乡卷逢村白雪屯依托毗邻全国首个岩画类世界文化遗产左江花山岩画的区位优势，通过整村搬迁，招商引进旅游公司开发建设传统古村落民宿区，村民以民房作为资产参股分红。据统计，全县各集镇中心安置点、中心村安置点等直接或间接从事旅游岗位 299 户，有效促进贫困户增收。2019 年 12 月，全县 9 个易地扶贫搬迁安置点共有 1947 人实现就业，其中县内务工 835 人、县外务工 1112 人，实现了挪穷窝与换穷业并举、安居与乐业并重、搬迁与脱贫同步的目标。

3. 加强易地扶贫搬迁后续管理工作

龙州县着眼于易地扶贫搬迁安置点后续扶持工作，强化经费、队伍、培训三大保障，努力把安置点基层组织建设打造成为巩固脱贫成果、提高脱贫质量的坚强战斗堡垒。

一是强化经费保障。社区“两委”干部报酬按照《县委组织部、县财政局关于加强村级组织运转经费保障工作的方案》执行，支书、主任“一肩挑”每月 1800 元，不属于“一肩挑”每月 1700 元，委员 1600 元。落实社区“两委”办公经费和办公场所，每年社区办公经费为 2.5 万元、党组织活动经费为 0.5 万元、党组织服务群众经费为 5 万元。

二是强化队伍保障。及时举办社区第一届“两委”成员集体廉政谈话暨履职能力业务技能培训班，安排乡镇党委书记、纪委书记对第一届“两委”成员进行集体廉政谈话，组织学习“农村基层党务工作基础知识”“社区管理与服务”等课程，增强社区新任“两委”班子履职尽责的责任感和使命感。

三是强化技能培训。龙州县通过做好搬迁群众农业技术、畜牧养殖技术、电子商务等实用技术培训，继续实施新型职业农民培育工程，提高搬迁群众自我发展能力。截至 2018 年底，已在易地安置点举办职业技能培训 10 期，共培训学员 497 人，另举办了 3 期短期培训，培训学员 150 人，培训及格率及获初级证书率均达 96% 以上。

（三）深入实施生态扶贫，把绿水青山建成金山银山

贫困地区往往也是生态脆弱地区，许多地区贫困就是因为过去掠夺开发、过度开发，破坏了生态环境。龙州县牢固树立“绿水青山就是金山银山”的理念，依托“红色边关、天琴古韵、岩画瑰宝、秀美龙州”的资源禀赋，深入实施生态扶贫系列工程，培育发展观鸟旅游经济、澳洲坚果种植、生态乡村旅游等生态扶贫产业，不断释放生态红利，走出了一条生态扶贫、生态旅游、美丽乡村建设的互促共进之路。

1. 发展特色观鸟旅游

龙州县充分发挥弄岗国家级自然保护区“弄岗穗鹛”等“明星”珍稀鸟类聚集优势，建设观鸟基地，投入 700 多万元，建设生态停车场、环山观鸟道路、美化村容村貌、升级民宿接待点，并投入 1000 多万元对进入观鸟基地的 17 公里长主干线公路进行提级改造。截至 2018 年底，龙州县已连续举办两届中国·龙州“秘境弄岗”国际观鸟节，观鸟基地已经辐射到陇亨、汪那、楞垒、坡那等村屯，共 166 户 730 人。其中贫困户 47 户。通过村民组织建设，现有观鸟点 20 多个，农家客栈 10 家，村民通过提供交通、民宿、向导等服务增加收入，每户年增收 15000 元左右。

2. 发展生态乡村旅游

龙州县紧抓乡村旅游发展新业态和新趋势，鼓励引导各乡镇按照“因

地制宜、彰显特色、突出生态”的原则，大力发展乡村旅游区、农家乐，以“旅游＋扶贫”模式助力脱贫攻坚。到2017年，龙州县乡村旅游区（农家乐）共31家，成功创建板谭壮营农家乐等四星级乡村旅游区6家，四星级农家乐1家，三星级农家乐1家，辐射10个乡镇5749户28745人。其中，吸纳贫困户参与入股合作社及务工的有682户3425人。如下冻镇扶伦村板端屯70户村民（其中20户贫困户），合股成立野望云端旅游开发有限公司。该公司利用扶伦村板端屯跑马洞景点奇特熔岩景观，配套建设溶洞观光、烧烤餐饮区和停车场，加快推进壮乡特色栈道等娱乐设施，发展成为旅游观光新亮点。

3. 发展澳洲坚果种植

龙州县积极发挥沿边优势、口岸优势及生态优势，打造全国最大的坚果加工交易基地，大力发展澳洲坚果种植，引导群众在房前屋后、荒山荒地种植澳洲坚果。截至2018年底，龙州全县累计种植澳洲坚果5万亩。其中贫困户户均种植1.5亩，非贫困户户均种植3.5亩，按照每亩种植25株，带皮鲜果每公斤16元计算，每亩收入将超过8000元。同时，大面积连片种植还可以发展澳洲坚果观光采摘体验，发展林下土鸡特色养殖，进一步增加农户收入。不仅如此，澳洲坚果作为涵养水源、保土保肥、净化大气的理想生态树种，有效提高了全县森林覆盖率。2018年底，全县森林覆盖率达58.1%。

4. 动员参与生态护林

龙州县积极推进资源管护精准扶贫，坚持精准、自愿、公开、公平、公正的原则，按照“印发方案、各屯公告、自愿报名、考核评分”的程序，将符合条件的贫困人口选聘为生态护林员，管护对象重点为天然林、人工林、公益林和退耕还林的生态林。生态护林员实行乡聘、乡管、村用的管理机制，并建立生态护林员培训制度，对新选聘的生态护林员实行岗前培训。通过聘用1753名建档立卡贫困人口作为生态护林员，每名护林员每月发放625元劳务补助，切实增加了贫困户务工收入，既保护好林、保护好生态，又助力脱贫攻坚，实现生态与扶贫双赢。

（四）狠抓三大基本保障，切实提升民生福祉

打赢脱贫攻坚战必须积极推进贫困地区基本公共服务均等化，保障和改善民生，确保到2020年，稳定实现农村贫困人口义务教育、基本医疗和住房安全有保障。

1. 狠抓教育保障，阻断贫困代际传递

实施教育扶贫开发，加快贫困地区教育发展和人力资源开发，有助于提高贫困地区群众的基础文化知识，更有助于提高贫困地区劳动者脱贫致富的动力。习近平总书记指出，治贫先治愚，把下一代的教育工作抓好，把贫困地区的孩子培养出来，是扶贫的根本之策。龙州县将脱贫攻坚与教育发展有机结合，精准对接教育最薄弱领域和最贫困群体，让贫困家庭子女都能接受公平的、有质量的教育，从源头上阻断贫困的代际传递。

一是全面完成学生资助各项工作。构建从学前教育到高等教育全覆盖的资助体系，全面落实中央、自治区、崇左市资助政策，做到“应补尽补”，不让一个学生因贫失学。强化义务教育免学杂费或资金补助、学生营养改善计划、农村初中学生乘车补助等政策。2018年春季学期，义务教育免学杂费或资金补助受益学生11690人（初中5515人，小学6175人），发放资金共653.4375万元；学生营养改善计划共投入资金369.88万元，受益学生9240人。截至2018年末，全县九年义务教育巩固率为95.30%，没有因经济困难而辍学的学生。

二是狠抓控辍保学工作。龙州县建立健全“双线四包”控辍工作目标责任制，进一步强化控辍保学工作领导责任，层层签订控辍目标责任状，

把工作落实到具体部门和个人，确保工作实效。全县共动员 7100 多名干部职工、教师、村屯干部深入各村屯参与控辍工作，共动员返校学生 521 名。实施初中渗透职业教育，针对不愿到普通初中学校就读的辍学生，由县财政投入 141 万元，通过与粤桂扶贫结对挂点帮扶江门市鹤山市协商和两后生培训学校广西商贸高级技工学校协商，委托广东鹤山职业技术学校、广西商贸高级技工学校开展初中渗透职业教育培训。其中，参加广东鹤山职业技术学校培训 57 人（建档立卡户 37 人），参加南宁广西商贸高级技工学校培训 235 人（建档立卡户 120 人）。

三是实施关爱教育。注重实施关爱教育，落实国家课程设置方案，开齐开足国家课程，增强校园吸引力。针对留守儿童，构建学校、家庭、社会“三位一体”的留守儿童关爱网络体系，完善 35 所家长学校，结对帮扶 2400 多人。针对不能到学校接受教育、具有一定接受教育能力的义务教育阶段 6—16 周岁重度残疾少年儿童，县教育局组织各校采取“送教上门”的方式，让他们享有接受义务教育的权利。2017 年以来，全县共有 151 名教师利用双休日或课余时间参与送教上门工作，仅 2018 年春季学期送教就达 3800 多人次。2018 年春、秋季学期，全县视残、听残、智残三类残疾适龄儿童入学率分别为 83.33%、83.64%、86.28% 和 100%、80.65%、96.00%。

专栏 4-2　“四个突出”做好控辍保学工作

龙州县把控辍保学作为教育工作的重中之重，通过依法控辍、责任控辍、分类控辍、提质控辍，不断提高义务教育巩固水平。

突出依法控辍。严格按照《义务教育法》和《未成年人保护法》关于保障适龄儿童、少年接受义务教育权利的规定，依法控辍，夯实两个法定责任。县委、县政府主动承担法定责任。制定

《龙州县脱贫摘帽义务教育控辍保学工作细化方案》，成立领导小组，实行“一把手”负责制，做到主要领导亲自抓，分管领导具体抓，确保教育扶贫工作有组织、有领导。

突出责任控辍。将驻村工作队逐村逐户逐人排查与教育部门逐校逐级逐班排查相结合，彻底核准辍学学生底数，分析学生失学辍学原因，做到精准控辍、精准劝返，确保一个都不能少。一是建立“八位一体”控辍保学责任制。实行包乡镇县领导、乡镇领导、教育部门领导、学校校长、班主任、驻村第一书记（工作队长）、村干部及帮扶责任人“八位一体”的控辍保学工作责任制，形成齐抓共管、协力落实的控辍保学工作网络。二是建立健全“周查周报”制度。每所义务教育学校坚持一周一核查、一周一汇报，每周星期五将控辍保学工作进展上报教育局，由教育局每周进行汇总通报，并进行抽查、核实，同时，对周查周报材料公示、存档，严防弄虚作假。

突出分类控辍。针对不同原因的失学辍学学生，采取针对性的帮助办法。一是关心关爱帮助返校学生进步。针对返校就读的学生，尽量安排跟上原班级完成学业，同时安排老师为辍学返校学生在学业方面进行辅导。二是因人施策帮助厌学学生掌握技术。针对厌学辍学学生，摸底职业技能培训意愿，组织其到龙州县职业教育中心、广西商贸高级技工学校、广东鹤山市职业技术学校等，参加实用性短期技能培训。三是送教上门帮助残疾学生受教育。加强对残疾儿童的义务教育，对特殊障碍儿童少年帮助联系特殊学校就读，对不能进校就读的重度残疾儿童少年，整合教育、卫生、社区等各方资源，提供送教上门或远程教育服务。

突出提质控辍。坚持问题导向，抓住学生辍学问题的根源，确保学生进得来、留得住、学得好。一是实施教育提升工程。累计投入教育资金 20.65 亿元，提前 5 年通过自治区义务教育均衡发展评估验收，并于 2017 年 1 月以 95 分的优异成绩通过国家级评估认定。二是推进教育惠民工程。实施农村义务教育学校营养改善计划，落实学生资助政策。三是丰富校园文化生活。积极创建龙州镇城西小学等 9 所乡村少年宫学校，开展天琴进校园、戏曲进校园等活动。四是深化教育教学改革。抓好特色学校建设与名校打造、名校长培养、名师培养、提升教师课堂教学能力、提升班主任能力和新派作文实验等六个培训项目。

资料来源：《龙州县精准脱贫攻坚简报》2018 年第 3 期。

2. 狠抓医疗保障，提高健康扶贫成效

因病致贫、因病返贫是建档立卡贫困家庭的主要致贫原因，让贫困地区贫困人口“看得起病、看得好病、看得上病、少生病”，保障贫困人口享有基本医疗卫生服务，是农村人口实现脱贫的重要保障。龙州县始终把实施健康扶贫作为决胜脱贫攻坚战的关键战役，抓住因病致贫、因病返贫这个“牛鼻子”，从政策保障、绿色便民、兜底惠民、延伸服务等方面着手，健康扶贫工作取得了优异成绩。贫困户患重大病救治率 100%，“因病致贫、因病返贫”贫困患者救治率 100%，回访率 100% 和实际报销比率 95%，得到群众认可和赞扬。

一是完善政策方案，健全工作机制。实行县级牵头、乡镇实施、村级配合的“三级联动”工作机制，及时妥善处理在工作中出现的新情况、新问题。制定《龙州县健康扶贫工作实施方案》《龙州县“因病致贫、因病返贫”农村贫困人口疾病分类救治分级诊疗工作方案》《农村贫困户患者

住院县域内先诊疗后付费工作方案》《龙州县贫困家庭、特色家庭就医服务“绿色通道”工作方案》《龙州县贫困人口患重大病专项救治工作方案》《龙州县建档立卡农村贫困参合人员住院起付线和个人自付费用补偿工作实施方案》等，建立健全健康扶贫工作长效机制。进一步完善动态管理，贫困患者门诊、住院、救治、签约、回访和实际报销等相关信息，及时更新上作战图，录入“全区健康扶贫动态管理系统平台”，强化健康扶贫信息动态管理，争取健康扶贫信息更新“零延误”。

二是实施三级联动，全力抓好救治。组建由县扶贫办、卫计局、人社局、民政局、残联等成员单位上下齐抓共管的格局，利用区、市、县医院“医联体”资源，在区卫计委的指导下，组织区、市、县医疗专家，形成三级联动。医疗专家组，深入村屯，主动上门到每一户筛选出来的“因病致贫，因病返贫”患者家中进行病种核查分类，确定救治医院，再由县级医院和乡镇卫生院派车上门接送病人到各定点医院进行救治。截至2017年末，患国家规定的9种大病的贫困户患者都得到一次以上住院治疗，救治率达到100%，其他慢病患者签约服务率也达到100%，患者在县域内救治率达到了95.64%，做到了贫困患者救治“零遗漏”。

三是开通绿色通道，提升便民效率。龙州县在县域范围内各定点医院开通了绿色通道，实施“先诊疗后付费”制度和“一站式”结算制度，给每一个贫困家庭发放龙州县“绿色通道”就诊服务手册，贫困户患者凭“绿色通道”就医服务手册，就可享受先诊疗后付费、导医引导、“一站式”结算等便捷就诊服务。2016—2017年，全县有8361名贫困户患者住院治疗得到了先诊疗后付费、导医引导就医服务和“一站式”结算。积极与自治区人民医院签订了就医服务合作协议，把就医绿色通道延伸到上一级医院，使龙州县贫困户患者到自治区人民医院住院治疗时也可享受优先预定病房、预约医生、先诊疗后付费、尽量使用目录内用药等优先服务。

优质的服务也减少了健康扶贫领域医疗纠纷的发生，做到了健康扶贫医疗领域“零纠纷”。

四是推进财政兜底，充分保障经费。龙州县从取消医疗机构住院基金起付线、提高新农合住院报销比例、落实待遇就高不就低政策、降低大病保险起付线等着手，从城乡基本医疗保险、大病保险、民政救助、商业补充保险、政府兜底等五个方面对医疗救治费用进行保障，确保贫困户患者住院自付费用控制在 10% 以内。截至 2018 年末，龙州县参保城乡居民基本医疗保险（含大病保险）人数为 224668 人，占应参保人数的 100%，其中建档立卡贫困人口 51020 人，覆盖率达 100%。根据《龙州县建档立卡农村贫困参合人员住院起付线和个人自付费用补偿工作实施方案》，县财政安排出 500 万元建立了医疗保障专项基金，用于住院实际报销比例达不到 90% 的贫困患者自付部分给予补偿。同时，还划拨 88 万元给全县居民缴纳小额人身意外伤害保险，划拨 33 万元帮助因病致贫患者缴纳了医疗救助商业补充保险，划拨 25 万元为低保户和“五保户”办理了小额人身意外伤害保险，使全县医疗救助的各种保障措施得到加强。实际报销比例达到了 90% 以上，实现了贫困患者医疗救治费用“微支付”或“零支付”。

3. 狠抓住房保障，确保群众住有所居

龙州县按照“科学规划、统筹发展，政府引导、群众自愿，经济适用、确保公正”的原则，认真贯彻执行自治区相关要求，坚持“先搬迁、再危改、后修缮，给群众利益最大化”的原则，逐村逐户开展攻坚。

一是完善责任机制。成立龙州县农村危房改造专职小组和精准扶贫农村危房改造攻坚办公室，从县直各个部门抽调强有力的干部充实办公室，实行每人包一个乡镇的工作机制，专职负责农村危房改造工作。全县 12 个乡镇均成立了以乡镇主要领导为组长的相应工作机构，以保证脱贫攻坚

住房保障任务的顺利完成。

二是深入村屯，全面核查。为准确掌握全县农村危房改造工作进度，组织全县住建系统在职在编全体干部职工，以局领导为组长，组成乡镇危房改造工作技术指导组，走村入户，全面掌握和了解各乡镇危房改造户开工、竣工、入住和拆旧房的实际情况，督促乡镇加快建设进度。

三是在确定危房改造对象上，实行阳光操作。始终把调查摸底和对象确定置于广大群众的监督之下，做到了“申报一户，公示一户，核准一户，审批一户，改造一户”，使群众危房得到及时改造。

四是实施政策倾斜。继续实施农村危房改造工程代建、农村危房改造工程遗留危房拆除等优惠政策。为了加快危房改造进度，各乡镇分别组织代建施工队，根据县住建局提供的房屋户型设计，为无能力建房但愿意接受政府代建的农户进行代建，以确保任务的完成。

五是加强资金管理。设立农村危房改造补助资金专户，对财政资金实行专户管理、统一使用、封闭运行。加强对项目资金的监管，确保危房改造资金安全高效安全运行。

六是完善信息资料。督促各乡镇严格按照农村危房改造工作规章制度，完善农户“一户一档”档案材料，做到审批一户，建档一户，由专人负责将申报危房改造的农户资料录入信息系统，以保证档案信息的及时性、全面性、真实性与准确性。通过实施农村危房改造工程，有效地改善龙州县贫困群众的居住安全问题，使其成为为民谋利、改善民生的“德政工程”。

（五）推进综合保障性扶贫，解除贫困群众后顾之忧

社会保障兜底扶贫作为一项重要的反贫困制度安排，是精准扶贫精准脱贫的主要路径之一。龙州县进一步健全农村社会保障体系，加快建立农

村低保制度与扶贫开发政策有效衔接，真正做到“应保尽保”，有效解决贫困人口的后顾之忧。

1. 做好农村低保与扶贫开发有效衔接工作

根据《民政部、国务院扶贫办关于进一步加强农村最低生活保障制度与扶贫开发政策有效衔接的通知》（民发〔2017〕152号）精神，龙州县深入开展农村低保与扶贫开发有效衔接工作，充分发挥农村低保在扶贫工作中的兜底保障作用。

一是建立“两项制度”实施保障机制。低保的政策目标是长期保障社会最困难人群的基本生活，而脱贫攻坚的目标是在一定的时间内完成上级部署的脱贫任务。龙州县通过实行县乡村联动机制，严格按照低保办理责任，明确县乡村工作职责，在充分考虑农村低保和扶贫开发在资格条件、认定标准、收入计算等方面存在的差异，坚持实事求是，认真仔细甄别对象情况，经“五关两公示”程序后，对符合低保政策的建档立卡贫困户及时纳入低保保障范围。根据“应保尽保，应退尽退”的原则，给予对象纳入或清退，不片面提高或降低两类对象重合比例。

二是探索“两线合一”。为确保“两项政策”衔接数据精准，及时加强与县扶贫办进行数据比对，分别在每年年初和年末将低保数据和扶贫数据开展比对，确保数据精准。2018年，龙州县扶贫标准线为3300元，农村低保保障标准由原来的年人均3200元提高至年人均3360元，超过扶贫标准线，扶贫标准与农村低保保障标准基本保持一致。

三是农村低保补助实行分类施保。为了提高建档立卡贫困户的经济收入，龙州县对建档立卡贫困户按A、B、C三档进行分类施保。把特别困难户纳入A类，每人每月补助230元，比较困难户纳入B类，每人每月补助190元，一般困难户纳入C类，每人每月补助160元。截至2018年底，纳入低保建档立卡贫困人口占全县农村低保的94.74%，真正实现了

“低保兜底脱贫一批”。

2. 推进城乡低保动态管理

龙州县通过打造阳光低保，实现动态管理下的分类施保，做到应保尽保、应退尽退。根据龙州县民政局领导包乡镇、乡镇领导包村、村干部包户的办法，严格按照“谁核查、谁签字、谁负责”的工作原则，对在册低保对象逐一入户核查。同时，成立督查组对核查情况进行督查，公开举报电话和举报信箱，随时接受群众监督。结合入户核查，大力宣传低保申请条件、办理程序、保障标准、补助标准及动态管理等规定，使低保对象知晓应保尽保、应退尽退的原则，自觉遵守低保政策法规，做到受理申请常态化，审核审批常态化，保障进退常态化，形成“低保对象有进有出、补助水平有升有降”的机制。

3. 完善“一门受理、协同办理”机制

全面建立统一的“社会救助服务窗口”。龙州县依托乡（镇）政务大厅、办事大厅、服务中心等，设立统一的救助申请受理窗口，在做好最低生活保障、特困人员供养、医疗救助、临时救助等申请受理的基础上，拓展窗口服务功能，对申请人难以确定社会救助管理部门的，敞开求助之门，积极帮助办理或者转介其他社会救助管理部门办理。进一步明确部门职责和分工，制定社会救助申请分办、转办流程，规范办理时限，加强结果跟踪，为解决困难群众“求助有门、受助及时”的问题打造“绿色通道”。全县 12 个乡镇已设立一门受理社会救助服务窗口。

4. 加强特殊困难群体的底线保障

一是做好特困（五保）供养工作，加强敬老院、五保村的管理，全县 11 个集中供养的敬老院、五保村都配备管理人员，确保日常管理工作正常有序开展。加大对敬老院、五保村的设施改造，2016 年以来共投入维修资金约 50 万元对相关设施进行修缮。突出加强对农村无劳动能力、无生活来源、无赡养人抚（扶）养人的特困人员逐步实行集中供养，提高供养水平。

二是完善残疾人社会保障体系。龙州县全面贯彻《国务院关于全面建立困难残疾人生活补贴和重度残疾人护理补贴制度的意见》(国发〔2015〕52号）和《广西壮族自治区困难残疾人生活补贴和重度残疾人护理补贴实施办法》(桂政办发〔2015〕120号)，不断提高补助标准，积极采取调档、增发低保金等多种措施提高救助水平。2018年，龙州县率先把重度残疾人护理补贴标准由50元提高到80元，将扶贫惠残提升到新高度切实改善残疾人基本生活。此外，将资助参合参保范围扩大到重度残疾人。

四、严把精准退出，推动脱真贫、真脱贫“落地生根”

习近平总书记指出，精准扶贫是为了精准脱贫。要设定时间表，实现有序退出，既要防止拖延病，又要防止急躁症。要留出缓冲期，在一定时间内实行摘帽不摘政策。要实行严格评估，按照摘帽标准验收。要实行逐户销号，做到脱贫到人，脱没脱贫要同群众一起算账，要群众认账。龙州县认真对照国家和自治区脱贫摘帽标准，严格按照程序应纳尽纳、应返尽返、应否尽否。截至2018年6月，龙州县所有脱贫户实现吃穿两不愁；义务教育巩固率达95.30%，没有因经济困难而辍学的学生；农村居民医疗保险（含大病保险）参保率达100%，贫困户因病致（返）贫问题基本解决；贫困农户住房保障率达100%。2017年末，全县贫困人口由2011年的113306人减至3715人；贫困发生率由2013年的31.79%降至1.76%；群众认可度达96.34%，基本实现漏评率、错退率为零。

（一）严格把握标准要求

针对脱贫标准，习近平总书记强调得很明确，就是稳定实现贫困人口“两不愁三保障”，贫困地区基本公共服务领域主要指标接近全国平均水平，不能盲目提高，也不能降低标准。龙州县紧紧围绕“两不愁三保障”的标准开展各项工作。一是按照贫困户脱贫、贫困村脱贫出列标准，龙州县建立健全建档立卡贫困户“两不愁三保障”和贫困村“十一有一低于”各项指标台账，根据年度贫困人口脱贫和贫困村摘帽计划，采取“缺什么补什么”的原则，进行细化实化分年度分措施脱贫计划，增强脱贫工作绩效和可信度。二是加强核查，龙州县组织各乡镇围绕国家“两不愁三保障”“三率一度”脱贫摘帽标准，全面排查以奖代补以及住房、医疗、教育“三大保障”政策的落实。全县各乡镇共对6709户贫困户的“一户一册一卡”进行复核，并检查明白卡上墙情况；对未享受以奖代补的贫困户进行再次核实。三是建立责任清单查缺补漏。对照“十一有一低于”和“八有一超”的脱贫标准，龙州县逐村逐户逐项对照检查落实，对工作任务逐项列表，建立横向到边的“任务清单”，逐级签订目标责任书，确定完成时限，形成纵向到底的“责任清单”。龙州县强化对各乡镇、各部门扶贫情况进行明察暗访、监督检查，采取随机抽查、查阅资料、实地查看、走访群众等方式，重点督查扶贫基础设施、产业等项目建设进展情况，形成可核可查的“进展清单”，并将督查结果制成“红黑榜”公开通报曝光，确保脱贫工作按时按质有序推进。

（二）严格认定脱贫对象

龙州县每年组织识别工作队对达到脱贫标准的农户进行动态管理，建立政府与贫困户脱贫“双认定”机制，防止发生“被脱贫”现象。一是核准错退率。龙州县重点检查2014年、2015年、2016年退出户和2017年列入预脱贫户是否符合退出条件，清零错退率。二是检查漏评率。重点走访精准识别时评分在74—78分的临界户、低保户、健康状况不好的农户等。重点关心非贫困户的身体健康问题，为他们解决慢性病、大病医保等问题，清零漏评率。三是提高群众满意度。各乡镇继续通过脱贫攻坚网格化管理模式，以屯为单位，对全屯所有贫困户和非贫困户开展入户走访行动，重点走访低保户、危房户、重病户、残疾人户、独居老人户、无劳动力户等群体，了解并帮助解决群众最直接最急切的实际困难和问题。2018年春节期间，全县各乡镇共走访22901户，其中重点家庭、重点人群1400多户，解决群众实际困难608个。

（三）严格按照程序退出

根据贫困户“两不愁三保障”和贫困村“十一有一低于”的指标达标情况，各乡镇对分年度分措施计划脱贫的农户进行分析研判，按实际情况核查符合脱贫条件的贫困户名单，逐一筛选，通过“二上二下一微调”工作，严格按照脱贫程序确定年度脱贫人员名单，确保脱贫质量和数量。为督促各乡镇按时按质按量完成工作，龙州县成立县扶贫开发领导小组统一领导督导小组，明确各个督导组负责的乡镇，各督导小组每5天通过听取汇报、查阅文件资料和实地检查指导等方式对所负责的区域开展督导工作。重点督导各乡镇工作部署情况，乡（镇）、村、村民小组是否严格按照流程开展，筛选对象是否精准，是否根据贫困户脱贫质量高低选取脱贫对象，认定脱贫户信息采集数据的准确性、可靠性，“双认定”验收表信息是否和帮扶手册存在差异或不实等内容。

2017年，龙州县按照程序完成贫困户脱贫“双认定”10170户37811人，贫困县脱贫摘帽“九有一低于”全部达标，27个预脱贫村“十一有一低于”全部达标并完成脱贫摘帽认定，顺利通过自治区组织的脱贫摘帽第三方评估和扶贫成效“四合一”核查，并作为国定贫困县退出县上报国务院。

（四）强化思想宣传教育

龙州县不断创新宣传形式、丰富宣传内容、拓宽宣传阵地，把加强宣传作为脱贫攻坚巩固提升工作的重要抓手，营造全社会共同关注、支持和参与脱贫攻坚的良好氛围。一是以开展电视夜校为载体，宣传好习近平新时代中国特色社会主义思想、习近平总书记关于扶贫工作的重要论述、党的十九大精神、国家扶贫政策、励志典型、种养技术和脱贫攻坚工作成效，发挥扶心、扶志、扶智作用，进一步激发群众自我发展的内生动力。二是以返乡农民工座谈会为契机，针对县、乡、村、屯外出务工创业人员宣讲脱贫攻坚相关政策，2017 年春节期间召开返乡座谈会共 422 场，收集意见建议 483 条，有效帮助返乡农民工创业就业出谋划策。三是以多形式宣传手段为把手，通过广播电视、微信微博、专栏简报、宣传标语等形式传播扶贫政策，提高了群众对脱贫攻坚政策的知晓率，激发了群众勤劳致富的积极性。

第五章　龙州县脱贫摘帽的支持保障体系

党的十八大以来，党中央站在全面建成小康社会的高度，把扶贫开发纳入中国特色社会主义事业的“五位一体”总体布局和“四个全面”战略布局，作出了一系列重大部署和安排，全面打响脱贫攻坚战。脱贫攻坚工作是一项涉及人力、物力、财力多方面投入的系统性工程。构建强有力的保障体系，是如期实现脱贫摘帽的重要基础。2018 年 1 月 12 日，习近平总书记在成都主持召开的打好精准扶贫攻坚战座谈会上指出，我们加强党对脱贫攻坚工作的全面领导，建立各负其责、各司其职的责任体系，精准识别、精准脱贫的工作体系，上下联动、统一协调的政策体系，保障资金、强化人力的投入体系，因地制宜、因村因户因人施策的帮扶体系，广泛参与、合力攻坚的社会动员体系，多渠道全方位的监督体系和最严格的考核评估体系，形成了中国特色脱贫攻坚制度体系，为脱贫攻坚提供了有力保障，为全球减贫事业贡献了中国智慧、中国方案。[①] 可见，建立起与打赢脱贫攻坚战相适应的责任分工体系、政策体系、投入体系、社会动员体系、监督考核体系等支持保障体系不仅体现了脱贫攻坚的“中国方案”，也能反映出各地脱贫攻坚的经验和特色。

① 习近平：《提高脱贫质量聚焦深度地区　扎扎实实把脱贫攻坚战推向前进》，新华网，http://www.xinhuanet.com/2018-02/14/c_1122418496.htm，2018 年 2 月 14 日。

一、建立各负其责、各司其职的责任分工体系

全面建成小康社会，最艰巨繁重的任务在农村，特别是在贫困地区。为此，党中央将扶贫工作摆在治国理政更加突出的位置，要求各级各部门做到真扶贫、扶真贫、真脱贫。习近平总书记指出："抓工作，要有雄心壮志，更要有科学态度。打赢脱贫攻坚战不是搞运动、一阵风，要真扶贫、扶真贫、真脱贫。要经得起历史检验。攻坚战就要用攻坚战的打法，关键在准、实两个字。只有打得准，发出的力才能到位；只有干得实，打得准才能有力有效。一是领导工作要实，做到谋划实、推进实、作风实，求真务实，真抓实干。二是任务责任要实，做到分工实、责任实，分工明确，责任明确，履责激励，失责追究。"① 习近平总书记强调："凡是有脱贫攻坚任务的党委和政府都必须倒排工期、落实责任，抓紧施工、强力推进。特别是脱贫攻坚任务重的地区党委和政府要把脱贫攻坚作为'十三五'时期头等大事和第一民生工程来抓，坚持以脱贫攻坚统揽经济社会发展全局。"②

强化脱贫攻坚责任，层层签订脱贫攻坚责任书、立下军令状，有助于在脱贫攻坚中充分发挥我国政治优势和制度优势，有助于发挥好各级党委统揽全局，协调各方的领导核心作用。在2015年下发的《中共中央、国务院关于打赢脱贫攻坚战的决定》中强调完善"中央统筹、省负总责、市县抓落实"的扶贫管理体制。随后，中央印发《脱贫攻坚责任制实施办法》等有关强化脱贫攻坚责任政策文件。这些政策文件，为全国各地强化脱贫攻坚责任，制定脱贫攻坚责任保障政策提供了依据。

---

① 中共中央党史和文献研究院编：《习近平扶贫论述摘编》，中央文献出版社2018年版。

② 同上。

（一）成立县级脱贫摘帽专责小组

强化脱贫攻坚责任既要将脱贫攻坚责任类型化、精细化，同时要将具体责任落实到具体的组织或个人。如中央在强化地方脱贫攻坚责任中，要求省级党委和政府主要负责人向中央签署脱贫责任书，同时强调县级党委和政府主要负责人是县级脱贫攻坚的第一责任人。从实践来看，将脱贫攻坚责任类型化和精细化，从各部门抽调人员组建各类型脱贫攻坚专责小组，是各地发挥党委统揽全局、协调各方的领导核心作用和强化脱贫攻坚责任的主要做法。广西壮族自治区在《关于印发〈自治区扶贫开发领导小组专责小组工作责任及人员安排〉的通知》中提出建立综合协调、资金政策、基础设施、产业开发、移民搬迁、公共服务、组织保障等脱贫攻坚专责小组。根据党中央、自治区党委的有关文件精神，龙州县结合本县实际，出台了《中共龙州县委办公室、龙州县人民政府办公室关于印发〈龙州县扶贫开发领导小组专责小组工作职责及人员安排〉的通知》，这一文件规定，在县扶贫开发领导小组统一领导下，设立综合协调组、资金政策组、基础设施组、产业开发组、移民搬迁组、公共服务组、边贸服务组、金融服务组、组织保障组等 9 个专责小组。

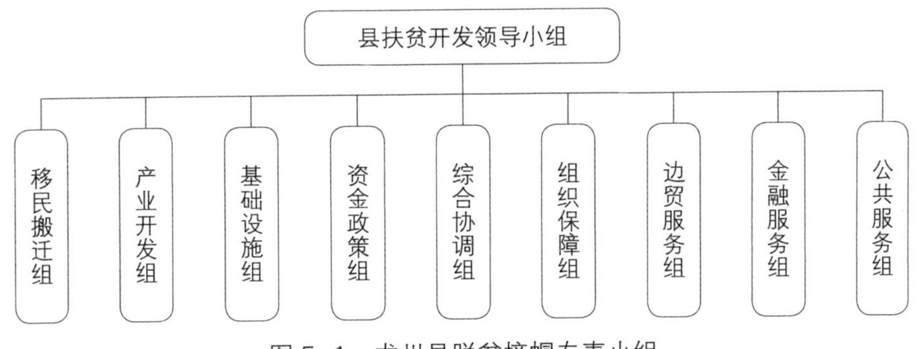

图 5-1　龙州县脱贫摘帽专责小组

专栏 5-1 龙州县脱贫摘帽专责小组职责

1. 综合协调专责小组：负责县扶贫开发领导小组办公室日常工作。负责文电处理、上传下达，拟定计划和方案，做好总结和汇报；筹备领导小组有关会议，做好宣传报道工作，督促领导小组安排部署工作的落实；做好扶贫开发工作中各专责小组、各成员单位的综合协调、联络沟通等工作；完成领导小组交办的其他任务。

2. 资金政策专责小组：负责提出支持实施精准扶贫资金筹措方案，会同有关部门争取国家资金，筹措落实县本级应承担的资金；负责拟定整合各部门支持精准扶贫相关财政资金方案并报领导小组审定；研究、利用国家有关支持扶贫开发财税政策，拟定撬动金融资本、吸收社会资金投入精准扶贫的财税政策措施并按程序报批；完成领导小组交办的其他任务。

3. 基础设施专责小组：确保到 2020 年，47 个贫困村和贫困人口聚居较多的行政村通硬化路；贫困村和贫困人口聚居较多的行政村村道到 20 户以上自然屯（村民小组）通道路，有条件的屯（村民小组）逐步通硬化路；修建扶贫产业开发必须配套的屯级道路；贫困村和贫困人口聚居较多的行政村，有水喝并逐步达到安全饮用水；建设贫困地区扶贫产业开发必须配套的“五小水利”工程；确保贫困村和贫困人口有电用，有稳固且人均居住面积达 13 平方米以上的住房；有文化体育设施，通广播电视、通宽带网络；完成领导小组交办的其他任务。

4. 产业开发专责小组：负责发展贫困村特色种养业和林业经济；搞好扶贫农业科技服务、农机服务、农产品销售服务；发展贫困地区工业，抓好扶贫产业园区建设；发展贫困地区特色旅游等现代服务业；完成领导小组交办的其他任务。

5. 移民搬迁专责小组：负责研究制定移民搬迁安置政策措施；编制龙州县移民搬迁安置总体规划，落实上级下达年度搬迁任务，制定项目计划、实施方案、考核办法；完善工作机制，统筹协调推进生态移民工作，会同有关单位争取资金、规划项目，合理安排搬迁群众的生产生活；对生态移民工作方案的落实、项目推进和工程质量进行全面监督和考核，研究解决移民搬迁安置工作中遇到的重大问题和突出问题；完成领导小组交办的其他任务。

6. 公共服务专责小组：负责实施教育扶贫工程；推进就业创业扶贫和智力扶贫工作；落实贫困人口低保政策；健全贫困人口养老保障体系；建立贫困人口医疗救助体系；做好残疾人扶贫工作；完成领导小组交办的其他任务。

7. 边贸服务专责小组：组织动员水口镇、武德乡、下冻镇、金龙镇、彬桥乡 5 个边境乡镇持有边民证的边民参与边民互市贸易，解决边民参与互市贸易中缺少资金的问题；组建边贸互助合作社。

8. 金融服务专责小组：完善金融扶贫服务机制，以农村信用体系建设为基础，做好农户小额贷款和扶贫对象的贴息贷款工作。大力发展农业保险，着力构建市场化支持保护体系，逐步为农业提供自然灾害风险保障；完成领导小组交办的其他任务。

9. 组织保障专责小组：负责健全扶贫工作机构，配强和充实扶贫工作力量；抓好贫困地区基层党组织建设，发挥基层党组织和基层党员干部在扶贫开发中的战斗堡垒和先锋模范作用；抓好贫困村扶贫驻村工作队（第一书记）选派、管理、考核等工作；抓好贫困乡党政领导班子和领导干部经济社会发展实绩考核；组织各界力量支持和参与扶贫开发；完成领导小组交办的其他任务。

结合龙州县的脱贫攻坚规划和工作任务，龙州县将脱贫摘帽各项工作和任务分为五大类项目。即提高认识，统一思想；精准扶贫，精准脱贫；精准实施“八个一批”脱贫攻坚；全力推进脱贫攻坚“十大行动”；加强领导，落实责任。其中“提高认识，统一思想”类、“精准扶贫，精准脱贫”类的责任由9个扶贫专责小组共同承担。精准脱贫、“十大行动”，以及加强领导和落实责任分工，见表5-1、表5-2、表5-3、表5-4所示。

表5-1 精准扶贫责任内容及落实主体

责任类型	落实责任主体	主要责任单位
加强精准识别队伍建设	综合协调专责小组、组织保障专责小组	县委组织部、县扶贫办
精准识别贫困户贫困村和精准识别脱贫村脱贫户	综合协调专责小组	县扶贫办、县发展改革局
科学管理精准识别成果	综合协调专责小组	县扶贫办
充分运用精准识别成果	综合协调专责小组	县扶贫办、县财政局、县农业局、县发展和改革局、县人力资源和社会保障局、县口岸办（商务局）、县金融办、县教育局、县住房和城乡建设局、县卫生和计划生育局、县水利局、县文化体育新闻出版广电局、县委组织部

表5-2 精准脱贫责任内容及落实主体

责任类型	落实责任主体	主要责任单位
发展生产转移一批	产业开发专责小组	县农业局
转移就业扶持一批	公共服务专责小组	县人力资源和社会保障局
移民搬迁安置一批	移民搬迁专责小组	县发展和改革局、县扶贫办
生态补偿脱贫一批	产业开发专责小组	县林业局
教育扶智帮助一批	公共服务专责小组	县教育局
医疗救助解困一批	公共服务专责小组	县卫生和计划生育局

续表

责任类型	落实责任主体	主要责任单位
低保政策兜底一批	公共服务专责小组	县民政局
边贸政策扶助一批	边贸扶务专责小组	县口岸办（商务局）

表 5-3 “十大行动”任务责任落实主体

任务责任类型	落实责任主体	主要责任单位
特色产业富民行动	产业开发专责小组	县农业局
扶贫移民搬迁行动	移民搬迁专责小组	县发展和改革局、县扶贫办
农村电商扶贫行动	产业开发专责小组	县口岸办（商务局）
教育劳务创业行动	公共服务专责小组	县教育局
基础设施建设行动	基础设施专责小组	县交通运输局、县扶贫办
科技文化医疗扶贫行动	公共服务专责小组	县文化体育新闻出版广电局
金融扶贫行动	资金政策专责小组	县金融办
社会扶贫行动	组织保障专责小组	县扶贫办、县委统战部
生态补偿和产权收益脱贫行动	产业开发专责小组、综合协调专责小组	县林业局、县农业局、县国土资源局和县扶贫办
政策兜底和关爱服务行动	公共服务专责小组	县民政局、县残联

表 5-4 加强领导和落实责任的责任落实主体

任务责任类型	落实责任主体	主要责任单位
各级领导干部做精准脱贫的策划者和落实者	综合协调专责小组、组织保障专责小组	县扶贫办、县委组织部
发挥基层党组织战斗堡垒作用和贫困群众主体作用	组织保障专责小组	县委组织部
建立健全脱贫攻坚工作机制	综合协调专责小组	县委组织部、县扶贫办
加强宣传教育和营造全社会参与脱贫攻坚氛围	综合协调专责小组、组织保障专责小组、资金政策专责小组	县委宣传部、县委组织部、县扶贫办、县财政局、县人力资源和社会保障局

（二）完善脱贫摘帽小组工作运行制度

为确保脱贫摘帽专责小组的责任落实，龙州县制定了脱贫摘帽专责小组工作运行制度。具体包括：组长负责制、目标责任制、定期会议制、信息报送制和工作问责制等，确保了责任落实的规范化、制度化。

（1）组长负责制。各专责小组组长是本组工作的主要负责人，负责落实县扶贫开发领导小组的各项决定，负责统筹协调、召集会议、组织制定计划方案、明确工作清单、落实工作责任、组织推进本组工作实施。副组长协助组长工作。

（2）目标责任制。各专责小组围绕龙州县“到 2018 年实现 47 个贫困村、6.0387 万贫困人口全部脱贫”的目标，落实本组各成员单位的目标责任，按照精准扶贫、精准脱贫的要求，结合本组的工作任务和本单位的工作职责，在政策、资金、项目、技术等方面重点倾斜和保障贫困地区，着力完善贫困村基础设施和公共服务设施，发展贫困地区富民特色产业，改善贫困户住房条件，分类分批精准帮扶贫困人口脱贫。

（3）定期会议制。每季度召开一次专责小组汇报会，主要听取各专责小组开展扶贫开发工作的情况汇报，安排部署下一步重点工作，研究解决工作中的重大问题和重要事项。每月各专责小组召开一次“碰头会”，总结点评本组当月工作，安排部署下个月工作，研究解决有关问题。

（4）信息报送制。各专责小组要认真做好信息收集工作，及时整理报送相关信息。各专责小组每月报送不少于 4 条信息到综合协调专责小组，主要通报工作的新进展、新情况、新动态，以及取得的工作成效、先进典型或经验；每 2 个月，要以书面形式向综合协调专责小组报送一次工作情况汇报。

（5）工作问责制。各专责小组在年度、季度、月度推进精准扶贫工作措施不力、工作进展缓慢、影响扶贫开发目标任务完成的，对相关专责小组组长、副组长、成员和有关责任人进行问责。

二、构建统一协调、精准发力的政策支撑体系

精准扶贫、精准脱贫方略是中央从打赢脱贫攻坚战，确保贫困地区和贫困人口与全国人民一道如期实现全面小康社会的重大战略创新。2015年6月，习近平总书记在贵州召开的部分省区市党委主要负责同志座谈会上指出："扶贫开发贵在精准，重在精准，成败之举在于精准。各地都要在扶持对象精准、项目安排精准、资金使用精准、措施到户精准、因村派人（第一书记）精准、脱贫成效精准上想办法、出实招、见真效。"① 脱贫攻坚战全面打响后，各级政府、部门纷纷出台精准扶贫、精准脱贫政策文件，建立包含产业扶贫、易地扶贫搬迁、劳务输出扶贫、交通扶贫、水利扶贫、教育扶贫、健康扶贫、金融扶贫以及农村危房改造、土地增减挂钩指标、资产收益扶贫等诸多领域的精准脱贫政策体系。

（一）出台贫困对象精准识别与管理的相关政策

为精准、科学识别贫困人口，龙州县按照"精准扶贫、不落一人"总体要求，坚持找穷户、找穷根、找富方"三找"，找准贫困对象解决好"扶持谁"的问题。在贫困人口识别上，出台了《龙州县进一步开展精准识别贫困户贫困村工作实施方案》《龙州县组织开展扶贫对象精准调查确认工作实施方案》《中共龙州县委员会办公室、龙州县人民政府办公室关于开展精准识别建档立卡"回头看"工作的紧急通知》《中共龙州县委员

---

① 《谋划好"十三五"时期扶贫开发工作 确保农村贫困人口到2020年如期脱贫》，《人民日报》2015年6月20日，第1版。

会办公室关于要求进一步完善贫困户“一户一册一卡”工作的紧急通知》等系列政策文件。严格按照崇左市“四看一表一责任”的识别方法，以及广西壮族自治区“一进二看三算四比五议”的识别程序识别贫困人口，严格按照自治区要求，实施“一票否决”制，为提高贫困人口识别的精准度打下基础。

专栏5-2 龙州县贫困户精准识别的“一票否决”政策

龙州县严格按照广西壮族自治区《精准识别贫困户贫困村实施方案》规定的程序执行。有下列情形之一者，原则上在精准识别贫困户评议中采取一票否决：

（一）有两层以上（含两层）砖混结构且精装修住房或两层纯木结构住房且人均居住面积在50平方米以上（含50平方米）的农户。

（二）在闹市区，或集镇，或城市买有住房（含自建房）、商铺、地皮等房地产的农户（移民搬迁的除外）。

（三）家庭成员（包括同户父母、子女）有经营公司或其他经济实体（如饭店、宾馆、超市、农家乐、工厂、药店、诊所等）的农户。

（四）现有价值在3万元以上（含3万元），且能正常使用的农用拖拉机、大型收割机、面包车、轿车、越野车、卡车、重型货车、船舶等之一的农户。

（五）家庭成员有1人以上（含1人）在国家机关、事业单位工作且有正式编制（含离退休干部职工）的农户，或1人以上（含1人）在国有企业和大型民营企业工作相对稳定的农户。

（六）全家外出务工3年以上，且家中长期无人回来居住的农户。

（七）家庭成员具有健康劳动能力和一定生产资料，又无正当理由不愿从事劳动的，且明显有吸毒、赌博、好吃懒做等不良习性导致生活困难的农户。

（八）为了成为贫困户，把户口迁入农村，但实际不在落户地生产生活的空挂户，或明显为争当贫困户而进行拆户、分户的农户。

对虽有上述情形，但因特殊原因，生活确处于贫困状态的农户，经评议确认、乡（镇）政府及工作队核实无误并经县扶贫开发领导小组研究同意后，可不采取一票否决。此类情况应在登记确认时注明原因。

对识别出来的贫困村、自然村（屯）、贫困户，逐村（屯）逐户进行建档立卡登记、录入数据库，构建数据集中、服务下延、互联互通、信息共享的扶贫大数据管理平台。同时，县扶贫办和各乡（镇）建立扶贫信息管理中心，组织强有力的队伍开展精准识别、脱贫认定评估、脱贫动态信息采集和信息共享等相关工作，定期或不定期进行核查和信息更新，实行“有进有出”的动态管理，促进贫困对象精准管理工作不断规范。

（二）出台促进精准脱贫的系列配套政策

贫困问题的复杂性决定脱贫攻坚是一项系统性工程。龙州县围绕真扶贫、扶真贫、真富民“三真”的工作思路，充分运用精准识别结果，贯彻落实党中央、国务院、自治区党委政府以及崇左市委市政府关于脱贫攻坚的重大部署，以脱贫攻坚工作目标为导向，制定了《中共龙州县委员会关于贯彻落实中央、自治区、崇左市扶贫开发工作重大决策部署，坚决打赢“十三五”脱贫攻坚战，实现2018年全县脱贫摘帽的决定》，形成了具有龙州县特点、以“八个一批”和“十大工程”为主要内容的精准脱贫政策体系。

1. 深入实施“八个一批”精准脱贫政策

积极组织发展食用菌、甘蔗“双高”、坚果、生态旅游等特色产业或服务业脱贫一批。借助边境贸易优势，深入推进富民兴边行动，完善边民补贴机制，鼓励支持边境贫困群众开展边境贸易脱贫一批。加大就业帮扶，通过就地转移就业或外出务工脱贫一批。对居住在生存环境恶劣、不具备发展条件地方的贫困群众实施易地扶贫搬迁脱贫一批。通过贫困村生态综合补偿，引导群众发展特色林产业脱贫一批。实施“9+3”免费教育等教育扶贫政策，实现教育扶智帮助一批。完善城乡居民医疗保险和大病保险，加大民政救助力度，建立多层次医疗保障，实施医疗救助解困一批。参照农村居民人均可支配收入平均水平，制定贫困村扶贫线和低保线“两线合一”实施办法，实施社会保障兜底一批。

2. 大力推进“十大工程”

推进特色产业富民工程。通过加快农业现代化建设，推动特色养殖、生态旅游以及边境贸易的发展，积极引导龙头企业等新型农业经营主体带动贫困群众增收致富。

实施电商扶贫工程。加大“互联网+扶贫”力度，以贫困村为主体，通过直接到户、参与产业链、接受辐射效应等方式，帮助贫困户通过电商推销农产品。

推进易地扶贫搬迁工程。结合工业化、新型城镇化、城镇保障性安居工程和新型农村社区建设，扎实有序推进移民搬迁。

推进教育扶智创业工程。推进义务教育均衡发展，改善办学条件，免除贫困家庭高中生学杂费，对建档立卡贫困户子女从入学到毕业就业进行全程资助和扶持。健全城乡均等公共就业服务体系，引导贫困劳动力向非农产业和城镇转移，促进农村劳动力有序输出。

推进生态补偿和产权收益工程。对重点生态工程地区给予项目和资金倾斜，提高贫困人口参与度和受益水平。构建资产收益扶贫机制。

推进基础设施建设工程。瞄准 47 个贫困村，实施农村饮水巩固提升工程，全面解决贫困人口饮水安全问题。实施“五小水利”、大中型灌区续建配套与节水改造、小型农田水利建设、小流域水土保持综合治理工程。实施农村电网改造升级工程，解决贫困村（屯）、贫困户生产生活用电问题。加强贫困村（屯）信息网络基础设施建设。

推进科技文化医疗扶贫工程。推进科技扶贫，率先在贫困村推广增收效果好的新技术、新品种和科技创新成果。推进文化扶贫，促进乡风文明，激发贫困群众脱贫致富的信心和决心。推进医疗扶贫，对因病致贫、因病返贫的贫困人口，通过帮助解决医疗费用，进而帮助其发展生产和外出务工实现脱贫。

推进金融扶贫工程。开展贫困村和有信贷需求的贫困户评级授信工作，加大财政资金贴息力度，为贫困户提供免抵押、免担保的小额信贷。扩大农业保险范围，加大农业保险保费补贴力度，优先在贫困村推广政策性农业保险。

推进社会扶贫工程。引导各类社会帮扶力量和资源向贫困村和贫困人口聚焦，促进贫困人口精准脱贫。

推进政策兜底和关爱服务工程。对无法依靠产业扶持和就业帮助脱贫的贫困家庭实行政策性保障兜底。建立乡（镇）村党员、干部、教师联系帮扶“三留守”人员和“一对一”联系对接制度。探索建立关爱“三留守”人员服务机制，引导和鼓励社会力量参与特殊群体的关爱服务工作。

三、强化多元投入、精细管理的资金保障体系

习近平总书记指出：“脱贫攻坚，资金投入是保障。必须坚持发挥政府投入主体和主导作用，增加金融资金对脱贫攻坚的投放，发挥资本市场支持贫困地区发展的作用，吸引社会资金广泛参与脱贫攻坚，形成脱贫攻坚多渠道、多样化投入。”① 同时，习近平总书记强调：“要加强资金整合，理顺涉农资金体系，确保整合资金围绕脱贫攻坚项目精准使用，提高使用效率和效益。”② 可见，资金投入是打赢脱贫攻坚战的重要保障。

（一）中央对扶贫资金投入的政策创新

从中央政策来看，资金投入保障政策有两方面内容：一是加大资金投入。中央提出要加大财政扶贫投入力度，发挥政府投入在扶贫开发中的主体和主导作用，确保政府投入力度与脱贫攻坚任务相适应。加大金融扶贫力度，鼓励引导商业性、政策性、开发性、合作性等各类金融机构加大对扶贫开发的金融支持。二是加大县级政府扶贫资金使用“权限”，增强资金使用的针对性和实效性。提出简化资金拨付流程，项目审批权限原则上下放到县，省、市两级政府主要负责资金和项目监管，县级政府负责组织实施好扶贫项目。县级党委和政府以扶贫规划和重大扶贫项目为平台，整合扶贫和相关涉农资金，集中解决突出贫困问题。

（二）龙州县统筹整合扶贫资金的实践创新

统筹使用财政涉农资金是打赢脱贫攻坚战的财政扶贫创新举措。国务

---

①② 中共中央党史和文献研究院编：《习近平扶贫论述摘编》，中央文献出版社 2018 年版。

院办公厅印发的《关于支持贫困县开展统筹整合使用财政涉农资金试点的意见》等为贫困县扶贫开发统筹整合使用财政涉农资金提供了政策依据。广西壮族自治区人民政府印发的《支持贫困县开展统筹整合使用财政涉农资金试点实施方案》《关于探索建立涉农资金统筹整合长效机制的实施意见》等，为龙州县围绕脱贫摘帽统筹整合使用涉农财政资金提供了政策支持。

根据上述文件精神，龙州县围绕统筹整合使用财政涉农资金先后制定了《龙州县 2017 年统筹整合使用财政涉农资金支持脱贫攻坚工作实施方案》等，形成了龙州县统筹整合使用财政涉农资金的制度体系。

强化组织领导，精心部署推进。龙州县把统筹整合使用涉农资金用于扶贫作为党委和政府的中心任务，坚持党政一把手带头抓、亲自抓。成立龙州县统筹整合使用财政涉农资金工作领导小组，负责年度统筹方案的确定、项目实施、督办检查、验收考评等工作。财政部门制定统筹资金管理办法，确保财政资金有序统筹、有章可循。各职能部门积极对接国家产业政策和资金投向，建立项目库，加强项目申报与规划的衔接配套。项目实施主体建立台账，完善统筹项目建成后的档案资料移交和项目后期管护措施，确保资金使用有据可查。

以规划为引领促进资金统筹。龙州县以目标和问题为导向，结合本县脱贫攻坚目标任务和上级有关部门工作要求，编制脱贫攻坚规划和年度实施计划，引导资金投入和整合。突出产业扶贫和资产收益扶贫，因地制宜确定重大项目平台、重点扶贫项目和任务。统筹整合使用资金以规划为基础、以项目为支撑，建立脱贫攻坚项目库，依据项目库制定项目实施计划和资金配置方案。

结合实际创新统筹方式。龙州县从实际出发，推进扶贫资金整合模式的创新。一是实施以精准扶贫规划为引导的参与型统筹。相关部门积极参与，加强规划、项目申报和资金的对接落实。实现“规划－项目－资金”的无缝对接。二是实施以重大项目为平台的主导型统筹。发挥重大项目或龙头性资金的引导带动作用。牵头部门要发挥主导作用，主动统筹；其他相关部门按分工各负其责，配合统筹。三是采取奖补方式引领统筹。盘活财政存量资金，引领其他财政专项资金参与统筹；以财政贴息、以奖代补等方式，支持有劳动能力、脱贫意愿强烈的贫困户，发展种植业、养殖业、乡村旅游业、现代服务业等产业脱贫；加大民生投入重点统筹。不断加大教育、医疗、社保等民生领域的“兜底”投入。

（三）加强资金管理的规范化

一是严格资金拨付程序。项目实施单位依据县统筹领导小组批复的项目实施方案、项目建设（施工）合同和项目建设进度报账。项目实施单位对到户到人的资金，通过财政国库集中支付到精准脱贫一卡通。统筹资金工程建设类项目严格按工程进度拨款，项目严格按招标合同支付资金，项目开工预拨合同价款的 30%，竣工后累计拨付合同价款的 80%，审计结算后累计拨付审定工程造价的 95%，剩余 5% 预留作为项目质量保证金。屯级道路、农村饮水项目、易地扶贫搬迁、扶贫产业开发等 4 类项目，开工预拨合同价款的 35%，竣工后拨付至项目监理部门审定完成投资的 90%（不超合同价），待项目完工 1 年后，经项目主管部门复验无质量问题、县级主管部门出具工程复验报告后，由项目实施单位提出拨款申请，按规定报县财政局拨付工程质量保证金。

二是简化审计评审流程。工程项目类总投资规模低于 100 万元，县财政局在项目实施部门递交项目财评资料后 5 个工作日内出具初步财评报告。项目实施部门签字认可初步报告财评结果，县财政局 2 个工作日内出具财评审定书。工程项目类总投资规模 100 万元以上，县财政局在项目实施部门递交项目财评资料后 8 个工作日内出具初步财评报告。项目实施部门签字认可初步报告财评结果当日县财政局出具财评审定书。工程设计、监理类的项目，县财政局在项目实施部门递交项目财评资料齐全 2 个工作日内出初步报告，项目实施部门签字认可初步报告财评结果，县财政局 2 个工作日内出具财评审定书。

三是完善资金监督管理机制。龙州县通过建立资金专责小组例会、通报、约谈等制度，严格资金的投入与使用监管。建立“四个一”制度，即“每周一例会、每周一约谈、每周一通报、每周一督查”。资金政策专责小组通过扶贫工作微信群、发送邮件等方式对每周扶贫项目推进情况作进度通报。资金政策专责小组牵头，各相关职能部门参与，通过项目点现场督查、签订项目承诺书等方式进行督导，倒逼项目工期，压实项目实施单位主体责任。每周五召开扶贫资金暨统筹整合财政涉农资金周例会，对项目进度缓慢，支出进度后五名的部门进行约谈。对反复督促，又连续三个月进度排名滞后的单位，移交至纪委监委部门追踪整改。

通过推动上述资金投入与管理的实践创新，自实施精准扶贫以来，在中央和自治区对龙州县专项扶贫资金投入不断加大的同时，龙州县整合使用涉农资金的效果也开始凸显出来，为龙州县实现脱贫摘帽提供了资金保障。

2016—2018 年的脱贫摘帽攻坚期，龙州县共计投入资金 10.63 亿元，其中 2016 年扶贫投入资金 37207.02 万元，2017 年扶贫投入资金 42312.61 万元，2018 年扶贫投入资金 26798.39 万元。

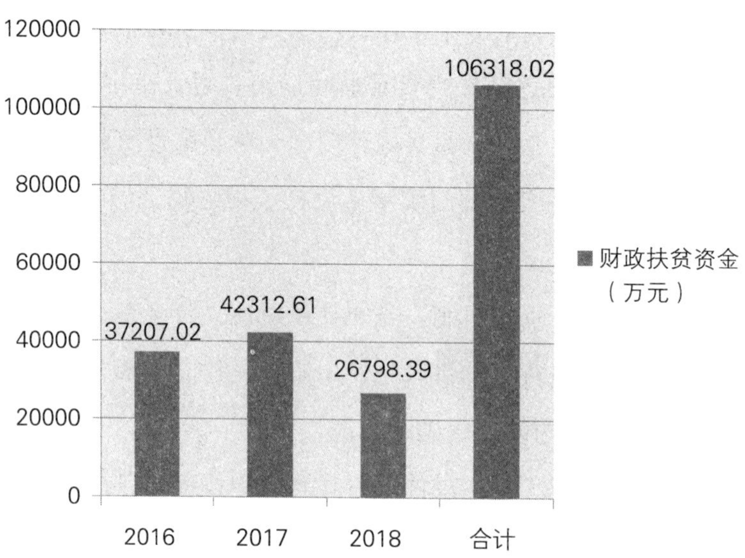

图 5-2 龙州县 2016—2018 年财政扶贫资金投入情况

从图 5-2 来看，2016 年龙州县扶贫资金投入总额 37207.02 万元，其中，中央及广西壮族自治区专项扶贫资金 10285.27 万元，统筹整合财政涉农资金 26921.75 万元。这些资金，用于乡镇农业生产发展 10193.1 万元、农村基础设施建设 19203.1 万元、危房改造项目 2608.9 万元、易地扶贫搬迁 3286.2 万元、雨露计划 180 万元、其他社会事业发展项目 1735.72 万元。此外，还发行地方政府债券 2600 万元，用于农村基础设施建设。

2017 年，龙州县扶贫资金投入总额达 42312.61 万元，其中，中央及广西壮族自治区专项扶贫资金 16271 万元，统筹整合财政涉农资金 26041.61 万元。上述资金用于产业扶持以奖代补 4772 万元、农业生产发展 802.62 万元、人饮及水利建设 5709 万元、基础设施建设 19288.6 万元、村集体经济 2000 万元、危房改造 2820 万元、光伏扶贫项目 56.3 万元、生态公益林 1386 万元、扶贫贴息 1206.4 万元、互助金 25 万元、小额信贷风险金 500 万元、雨露计划 275 万元、其他项目 1355.48 万元。此外，还发行地方政府债券 12302 万元，分别用于北部湾扶贫产业园食用菌生产大棚、冷库、食用菌展示厅建设，光伏扶贫项目，贫困户危房改造、修缮项目，龙州县水口边贸扶贫产业园厂房建设，大德亚内食品生产标准厂房建设，北部湾现代农业标准厂房建设项目，等等。

2018 年，龙州县专项扶贫资金 25177.11 万元，其中，中央资金 10109.4 万元，广西壮族自治区资金 9242 万元，地方政府债券 481 万元，县本级配套 3000 万元，粤桂扶贫资金 2000 万元，其他资金 344.71 万元。实际统筹财政涉农资金规模 26798.39 万元，其中，中央资金 15868.77 万元，广西壮族自治区资金 10929.62 万元。主要用于：（1）农业生产发展 13512.85 万元，其中，产业扶持以奖代补 4543.83 万元，产业发展种养项目 283.27 万元，集体经济项目 8685.75 万元。（2）农村基础设施 11206.54 万元，其中，龙州县村屯道路 3913.91 万元，龙州县村屯人饮及水利项目 4036.63 万元，危房改造 3256 万元。（3）其他 2079 万元，其中，“雨露计划” 480 万元，小额信贷贴息 1512 万元，其他项目资金 87 万元。

表 5-5　龙州县 2016—2018 年各类型扶贫资金投入情况（万元）

扶贫资金类型	年份		
	2016	2017	2018
中央及自治区专项扶贫资金	10285.27	16271	19351.4
县级统筹涉农资金	26921.75	26041.61	15067.71
地方政府债券	2600	12302	481
合计	39807.02	54614.61	34900.11

专栏 5-3　龙州县以整合使用资金促进扶贫产业发展

龙州县积极探索以奖代补、金融信贷等方式，放大资金使用效益。实现多个渠道进水，一个龙头放水；“小溪流”汇成“大江河”，加大产业精准扶贫力度。

（1）用财政专项资金开通以奖代补“直通车”。制定出台《龙州县脱贫攻坚产业扶贫项目暂行实施方案》、《龙州县开展统筹整合使用财政涉农资金工作意见》（龙政发〔2016〕16号）、《龙州县统筹使用财政专项资金管理办法》（龙政办发〔2016〕42号）、《关于印发龙州县2016年统筹整合使用财政涉农资金支持脱贫攻坚工作实施方案》（龙扶领发〔2016〕72号）、《关于印发龙州县财政专项扶贫资金监管办法》（龙政发〔2016〕75号）等，整合各部门涉农资金约1.2亿元，筛选出适合本地发展且兼具市场竞争力的产业，分成11大类35个小类，分别制定扶持补助标准。通过“三双”确认项目后，采取以奖代补、按照“先建后补、先种后补、先养后补”的原则，简化资金拨付手续，开通扶贫资金以奖代补“直通车”。

（2）汇聚全社会资源力量形成帮扶活动“合众力”。广泛动员社会各方力量、各种资源向脱贫攻坚工作聚合，争取中央、自治区、市直机关定点帮扶后援单位、公司企业、爱心人士扶贫济困，捐资反哺贫困村、贫困户发展产业。如2016年10月，通过开展“扶贫日”等广场系列活动，共募集到电视机623台、现金及物资折款1170.9万元。2016年9月6日，自治区公安厅、广西协力扶助基金会、南宁市豪爵摩托车销售有限公司捐资20万元，帮助上龙乡新联村建立科学种养一体化种鸽养殖示范基地，使105户贫困户受益。

（3）开启金融信贷扶贫工程“快进键”。建立金融扶贫工程项目联席会议制度，每月召开一次以上联席会议，研究部署加快推进贫困户评级授信及贷款发放工作。制定《龙州县金融扶贫工程项目实施方案》，成立扶贫小额信贷工作领导小组，召开县、乡两级扶贫小额信贷业务培训会。多渠道、高频次加大宣传力度。通过信贷扶贫，激发贫困户内生动力，促使贫困户积极投入生产经营，拓宽脱贫致富渠道。提高自身造血功能，实现增收脱贫。

四、构建广泛参与、合力攻坚的社会动员体系

习近平总书记指出：“‘人心齐，泰山移。’脱贫致富不仅是贫困地区的事，也是全社会的事。要更加广泛、更加有效地动员和凝聚各方面力量。”[①] 打赢脱贫攻坚战需要社会各方面力量的参与，构建政府、市场、社会协同推进的“大扶贫”格局，促进社会各方面力量参与脱贫攻坚，形成脱贫攻坚合力，是贫困地区打赢脱贫攻坚战的重要保障。为此，出台了《国务院办公厅关于进一步动员社会各方面力量参与扶贫开发的意见》等，大力倡导社会各方面力量参与脱贫攻坚。龙州县在这方面也开展了积极的探索，在广西壮族自治区与广东省建立粤桂扶贫协作、企业扶贫等多种社会扶贫形式下，逐步推动形成了多方广泛参与的社会扶贫攻坚合力。

① 中共中央党史和文献研究院：《习近平扶贫论述摘编》，中央文献出版社 2018 年版。

（一）推动粤桂扶贫协作

在“广东帮扶广西”的扶贫协作中，结对帮扶龙州县的是广东省鹤山市。龙州县与鹤山市通过建立联席会议、制定促进扶贫协作的政策文件等，务实推进鹤山市对龙州县的扶贫协作。

一是争取人才支援。两地积极开展人才交流，强化扶贫智力支撑。龙州县派出副处级干部 1 名、副科级干部 2 名到鹤山市挂职锻炼，实现两地互派干部挂职交流。鹤山市在教育、医疗等领域派专业技术人才支持龙州县。

二是争取资金支持。2016—2020 年鹤山市和广东省共计划向龙州县脱贫攻坚总投资 3.7 亿元。已在 2018 年投入粤桂扶贫协作资金 5000 万元，鹤山市投入帮扶资金 240 万元。

三是深化产业合作。建设粤桂扶贫协作龙州县易地搬迁贫困户配套产业鹤山园，打造产业带动贫困户脱贫平台。鹤山市组织多家企业出席第 15 届中国 – 东盟博览会暨龙州县口岸经济和文化旅游粤桂扶贫协作座谈会，投资发展甘蔗养牛。采用“公司 + 养殖小区”的模式，由公司与村委会签订租地合同和收储甘蔗尾协议，打造一条集甘蔗养牛和青储、销售于一体的循环产业链，发展壮大村集体经济和增加村民收入，帮助当地群众脱贫致富。

四是加强劳务协作。鹤山市创新“公司党组织直连村屯”劳务服务组织管理形式，由企业与村委会签订村企劳务输出合作协议，为龙州县群众提供了就业脱贫机会。组织开展贫困人口能力提升培训。选送了贫困学生到鹤山市职业技术学校进行渗透职业教育，选送致富带头人到广东省参加培训，选送贫困户到鹤山市参加旅游人才培训学习；鹤山市相关部门联合举办招聘活动，组织企业到龙州县举办招聘会。

五是携手奔小康。开展干部能力提升培训，组织龙州县各级干部、各界人士到鹤山市参加工作能力提升培训。鹤山市还组织市人民医院、中医院和妇幼保健院的医疗专家及工作人员到龙州县开展义诊及考察交流活动，给当地群众送医送药送健康。此外，还开展了教育协作交流系列活动和镇村对接帮扶等，进一步丰富了扶贫协作的内容。

（二）积极争取企业和社会个人帮扶

龙州县深入贯彻落实中央、自治区、崇左市有关动员社会力量参与脱贫攻坚的部署，创新社会扶贫工作机制，广泛动员各单位、各类市场主体、社会组织和个人参与脱贫攻坚。深入推进“百企扶百村·万人帮万户·先富带后富”活动助推脱贫攻坚。实施非公有制企业结对帮扶贫困村。如企业与贫困村签订劳务输出协议，促进贫困人口转移就业脱贫；企业员工结对帮扶贫困户，深入贫困村开展产业扶贫项目，鼓励非公有制企业和非公有制经济的人士投身光彩事业和公益慈善事业等。引导社会个人积极参与易地扶贫搬迁，助力易地扶贫搬迁后续扶持工作。

（三）完善党政机关“一帮一联”制度

2016年，广西壮族自治区扶贫开发领导小组印发《关于开展帮扶贫困户联系贫困生活动的通知》和《关于进一步加强和完善精准帮扶基础工作的通知》，明确在全区开展“一帮一联”工作，建立全区统一的“一户一册一卡”模式。根据自治区文件精神，龙州县印发《中共龙州县委员会办公室　龙州县人民政府办公室关于做好“一帮一联”及“一户一册一卡”工作的通知》《中共龙州县委员会办公室关于要求进一步完善贫困户“一户一册一卡”工作的紧急通知》《中共龙州县委员会办公室　龙州县人民政府办公室关于印发〈龙州县脱贫攻坚帮扶联系人管理考核办法（试行）〉的通知》等，深入实施“一帮一联”社会扶贫制度。

一是明确帮扶（联系）主体。“一帮一联”的帮扶主体是：承担定点帮扶贫困村任务的县直属及中央直属、自治区直属单位驻龙州县单位或企业的在职干部职工，县党政机关事业单位、乡镇干部和村“两委”成员、经济能人，龙州县民营企业负责人，主动承担帮扶任务的社会各界人士等。其中，以县党政机关事业单位、乡镇干部和村“两委”成员、村经济能人为主。

二是创新帮扶（联系）形式。根据帮扶（联系）方和受扶方的实际情况统筹安排“一帮一联”工作，采取“一帮一”、“一帮多”和“一联一”、“一联多”等形式，建立“4321”结对帮扶（联系）工作机制，即厅级干部至少帮扶（联系）4户贫困户、处级干部至少帮扶（联系）3户贫困户、科级干部至少联系2户贫困户、一般干部至少联系1户贫困户。

三是细化帮扶（联系）主体职责。向贫困户宣传党和国家的方针政策、法律法规和各项扶贫政策；帮助贫困户分析致贫原因，精选发展路子，制定脱贫帮扶规划；引导贫困户参与本村（屯）基础设施和公共服务设施建设，参加各类技能培训，提升综合能力素质；指导贫困户充分利用各类扶贫政策发展生产，持续稳定增收；帮助贫困户实现“八有一超”，完成脱贫“双认定”。

五、构建多渠道、全方位的监督考核体系

监督考核是指挥棒。习近平总书记指出：“要加强督查检查。打赢脱贫攻坚战绝非朝夕之功，不是冲一冲就能解决的。要实施最严格的考核评估，坚持年度脱贫攻坚报告和督查制度，加强督查问责，对不严不实、弄虚作

假的严肃问责。”[①] 2018 年 2 月，在打好精准脱贫攻坚战座谈会上，习近平总书记强调，要“实施经常性的督查巡查和最严格的考核评估，确保脱贫过程扎实、脱贫结果真实，使脱贫攻坚成效经得起实践和历史检验”。[②] 实施多渠道、全方位的督查考核机制是确保各项脱贫政策落实和脱贫攻坚取得成效的重要举措。为确保精准扶贫各项政策贯彻落实并取得成效，中央出台精准扶贫督查巡查工作办法，扶贫部门加强与纪检监察、巡视、审计、财政、媒体、社会等监督力量合作，制定实施省级、县级的党委和政府扶贫开发工作成效考核办法，实行最严格的考核评估制度，把各方面的监督结果运用到考核评估、督查巡查中，形成脱贫攻坚的监督考核体系。

（一）建立常态化的监督巡查制度

为落实《中共中央办公厅、国务院办公厅脱贫攻坚督查巡查工作办法》《广西壮族自治区脱贫攻坚督查巡查工作办法》《中共崇左市委办公室、崇左市人民政府办公室关于印发〈崇左市脱贫攻坚督查巡查工作办法〉的通知》等政策要求，确保龙州县脱贫攻坚工作从严从实，龙州县制定实施了《龙州县脱贫攻坚督查巡查工作办法》，建立了常态化的督查巡查制度。

在督查巡查的目标和要求上，龙州县以切实贯彻落实精准扶贫、精准脱贫基本方略为目标，以聚焦问题为导向，以实事求是、突出重点、群众参与为方针，狠抓中央、自治区和崇左市脱贫攻坚决策部署的贯彻落实，督促各乡镇、各部门、各单位落实工作责任和政策措施，严格遵守纪律和规定，查找解决问题，改进工作方法，完成减贫任务，确保打赢脱贫攻坚战。

督查工作内容包括脱贫目标、任务进展情况，脱贫攻坚“八个一

① 中共中央党史和文献研究院：《习近平扶贫论述摘编》，中央文献出版社 2018 年版。
② 同上。

批”“十大行动”、重点扶贫项目推进情况，扶贫资金管理使用和财政涉农资金整合情况，行业扶贫、专项扶贫、定点扶贫，精准识别、精准退出情况，“一帮一联”工作开展情况，扶贫工作群众满意度情况，等等。

设立督查结果的“红黑榜”通报制度。具体做法是龙州县扶贫办先汇总督查情况，经县扶贫开发领导小组审核同意，向县委、县政府报告，将其作为考核乡镇党委、政府扶贫开发工作成效的重要参考，同时以“红黑榜”形式通报至各乡镇、各部门、各单位。对督查情况表现好的乡镇和单位，由县扶贫开发领导小组以红榜予以通报表扬，宣传先进典型，总结推广先进经验。对督查中发现的突出问题，以黑榜予以通报批评。涉及违纪违法的，按照有关规定移交纪检监察或者检察机关。

巡查的重点是各级干部在落实脱贫攻坚目标任务方面存在的失职渎职，不作为、假作为、慢作为，贪占挪用扶贫资金，违规安排扶贫项目，贫困识别、退出严重失实，弄虚作假搞“数字脱贫”、虚假脱贫，等等。

（二）健全扶贫开发工作考核制度

为真正发挥考核这一指挥棒的作用，龙州县建立了以帮扶联系人为主要考核对象的考核制度。纳入考核的帮扶联系人系各级机关、企事业单位、军警、学校、村“两委”等，派到全县贫困村和非贫困村结对帮扶的干部职工等人员，贫困村党组织第一书记和“美丽广西”乡村建设（扶贫）工作队员。考核围绕帮助贫困户实现“八有一超”，完成贫困户脱贫“双认定”以及贫困户脱贫后继续跟踪扶持服务等内容设定指标，即帮助贫困户转变观念，落实项目，帮助提供服务，帮助落实政策，帮助建立台账，帮助脱贫销号等情况。

在考核主体与考核方式上，龙州县扶贫开发领导小组负责组织对乡镇、县直各有关单位结对帮扶进行考核。同时，县扶贫开发领导小组负责组织乡镇、行政村对本辖区内每位帮扶联系人的结对帮扶工作进行考核。考核采取听取情况介绍、查阅资料、实地查看、督查暗访、走访群众、集中座谈、群众测评等多种方式，以督查暗访黑榜通报作为计分主要依据，并结合平时掌握的具体情况，客观公正开展考核评价。

在考核结果运用上，把结对帮扶工作年度考核结果纳入年度绩效考评内容。县直各有关单位和乡镇结对帮扶工作年度考核结果纳入年度绩效考评内容，作为各单位年度绩效考核的重要依据；对未参与或没有组织全部干部职工参与结对帮扶的单位将在当年年度绩效考核中按未派人数所占应派人数比例进行扣分。

专栏 5-4　龙州县脱贫攻坚干部激励问责相挂钩机制

1. 干部激励。对完成任务表现突出、取得显著成绩或发挥重要（关键）作用、作出重大贡献的干部，给予通报表扬、评优评先，优先提拔重用。对表现突出，但任职资格暂不符合提拔重用的优秀干部，作为后备干部人选进行重点培养。

2. 干部问责。对工作不积极、不主动、不作为，或因工作不力、措施不当造成一定不良后果或不良影响的，要视情况进行批评教育、责令作出书面检查或诫勉谈话；对工作中消极应付、失职渎职，造成严重后果或恶劣影响的要采取免职、降职等组织处理措施，涉及违法违纪的要依法依纪处理。对单位主要领导、分管领导及直接责任人等人员，视情节轻重给予约谈、通报批评、诫勉谈话、换岗、纪律处分等处理，并追究党委（党组）责任。

3. 干部绩效奖励。工作中表现突出的个人将给予绩效奖励，年内由县委办每季度组织评选、通报表扬。每获得通报表扬 1 次的另加奖励 1 个月的绩效奖金，依此类推。奖金在年终发放绩效奖时一并兑现。

4. 干部绩效惩罚。经请示县委、县政府同意，年内被县四家班子分管（联系）领导责成写书面检讨 1 次核减半个月绩效奖金，2 次书面检讨核减 1 个月绩效奖金，3 次书面检讨核减半年绩效奖金；年内被县（含县级）以上书面通报批评 1 次核减 1 个月绩效奖金，书面通报批评 2 次（含 2 次）以上核减 6 个月绩效奖金，书面通报 3 次以上当年不发绩效奖金；经县委同意，年内被约谈（有记录备案）1 次核减 1 个月绩效奖金，约谈 2 次核减 6 个月绩效奖金，约谈 3 次以上（含 3 次）不发绩效奖金；被县（含县级）以上诫勉谈话 1 次核减 6 个月绩效奖金，诫勉谈话 2 次不发绩效奖金；受党纪政纪处分期间、被立案调查尚未结案人员，不发放绩效奖金。处分期满后按月发放绩效奖金；结案后不受处分的，由所在单位补发绩效奖金；因违纪违法受处分而导致当年年度考核不定等次的，年度考核被评定为基本称职、不称职（不合格）的，不发放绩效奖金。

（三）健全加强作风建设的制度

作风建设是打赢脱贫攻坚战的重要保障。随着脱贫攻坚工作的深入推进，扶贫领域作风不实的问题逐渐凸显，一些地方一些部门不同程度地存在责任不落实、政策不落实、工作不落实，不精准不到位，搞数字脱贫、弄虚作假，形式主义、官僚主义，把扶贫资金当作“唐僧肉”，打扶贫资金的歪主意，搞挤占挪用、贪污腐败、优亲厚友等问题。

围绕脱贫攻坚的作风建设，龙州县先后出台《中共龙州县委员会办公室关于进一步严明脱贫攻坚工作纪律的通知》《中共龙州县委员会办公室、龙州县人民政府办公室关于印发〈2018 年至 2020 年龙州县深化扶贫领域腐败和作风问题专项治理实施方案〉的通知》等，为打赢脱贫攻坚战，顺利实现脱贫摘帽提供了重要保障。

专栏 5-5　龙州县严明脱贫攻坚工作纪律的“十个不准”

1. 坚决执行中央、自治区、崇左市以及县委脱贫攻坚政策和决策部署，确保政令畅通。不准执行脱贫攻坚政策搞变通、打折扣，搞“上有政策、下有对策”。

2. 坚持科学决策，尊重基层实际和群众意愿。严格按照规定程序和条件做决策、定项目。不准盲目铺摊子、上项目，搞形象工程、政绩工程。

3. 遵守群众纪律，维护群众利益。准确收集扶贫情况，真实反映扶贫数据，扶真贫、真扶贫、真脱贫。不准弄虚作假、欺上瞒下，假扶贫、假脱贫。

4. 严格扶贫项目资金申报、审核、审批程序，合理确定贫困户。不准吃拿卡要、刁难群众、优亲厚友、显失公平。

5. 坚持扶贫资金专款专用，规范使用管理。扶贫物资和资金发放要强化社会监督，保障资金在阳光下运行。不准虚报冒领、截留私分，不准贪污挪用、拖欠抵扣。

6. 严格遵守驻村包村工作制度，坚守岗位，忠于职守。第一书记、包村工作队成员要主动担当、真帮实驻，不准擅离职守、“遥控指挥”，不准“以钱代帮”、敷衍塞责。

7. 切实转变作风，厉行勤俭节约，不断提高扶贫工作水平。不准在帮扶村报销应由个人支付的费用，增加群众负担。不准铺张浪费、贪图享受，损害党群、干群关系。

龙州县在开展扶贫领域腐败和作风问题专项治理中，以问题为导向，紧盯重要领域和工作环节的突出问题，瞄准本乡镇、本部门、本单位存在的普遍性问题。坚持精准监督，确保脱贫攻坚的重点在哪里，专项治理的重点就在哪里。坚持协同联动，建立部门间信息沟通、规划统筹、联席会商、协调服务、跟踪问效等制度，建立牵头部门负责、相关部门配合的权责一致、规范有序、互相协调、运行高效的协同联动机制；坚持标本兼治，认真纠正、严厉惩处扶贫领域腐败和作风问题，结合监督、执纪、问责工作，深入查找在工作推进、日常监督、制度建设等方面存在的问题和不足，及时通过有效方式强化脱贫攻坚一把手负责制。

专栏5-6 龙州县着力整治脱贫攻坚领域六项重点作风建设问题

龙州县围绕推动脱贫攻坚总体部署，着力整治和解决六个方面的突出问题。

1. 解决责任虚化问题。着力发现和解决各级党委、政府履行主体责任不力，贯彻落实党的十九大精神和党中央、自治区党委、崇左市委和龙州县委关于打赢脱贫攻坚战的重大决策部署态度不坚决、工作不扎实、敷衍应付，对巡视巡察、专项审计、财政检查和扶贫巡查等发现的问题不整改或整改不到位等。

2. 解决监管缺失问题。着力发现和解决职能部门扶贫政策、项目、资金等信息不公开、不透明，在脱贫攻坚工作中履职不力、监管不严、推诿扯皮，不作为、慢作为、乱作为，重审批轻管理、重拨款轻监督、重进度轻实效、重管本级轻管下级，以及对监督检查中发现的问题线索不处理、不移送、不整改，隐瞒不报、袒护包庇等。

3. 解决形式主义、官僚主义问题。围绕干部作风情况进行监督执纪，着力发现和解决在脱贫攻坚工作中搞形式主义、官僚主义，盲目决策、弄虚作假、数字脱贫，扶持对象、措施到户、脱贫成效不精准，以及贫困村、贫困户虚假“摘帽”等。

4. 解决作风不实、吃拿卡要问题。紧盯边境口岸、对外贸易和打击走私等重点领域、重要岗位和关键环节，着力解决招商引资、边民就业培训、边境贸易活动中干部作风不实、吃拿卡要收受好处费、搞利益输送等。

5. 解决违纪和贪腐问题。围绕扶贫资金项目使用管理情况进行监督执纪，着力发现和解决扶贫领域贪污侵占、行贿受贿、虚报冒领、截留挪用、挥霍浪费、吃拿卡要、优亲厚友等突出问题，扶贫项目分配、审批、招投标、验收等环节违规操作、滥用职权、以权谋私问题，向农村低保、危房改造、易地搬迁、产业扶贫、对口帮扶以及贫困地区基础设施建设、惠农资金动脑筋、伸黑手等。

6. 解决监督执纪“宽、松、软”问题。围绕各级纪检监察机关履行监督责任情况进行监督执纪，着力发现和解决纪检监察机关履行监督责任不力，对存在的问题应发现而未发现，以及发现后不处置不报告，以案谋私、压案不查，惩治腐败和作风问题存在宽松软等。

第六章 龙州县脱贫摘帽的创新举措

2015 年 3 月，习近平总书记参加第十二届全国人大三次会议上海代表团审议时强调“唯改革者进，唯创新者强，唯改革创新者胜”。在庆祝改革开放 40 周年大会上，习近平总书记强调指出：“改革开放 40 年的实践启示我们：创新是改革开放的生命。”龙州县在脱贫攻坚这场战役中从六个方面进行创新，有力地激发了当地干部群众的积极性、主动性、创造性，从而促进了龙州顺利实现脱贫摘帽。

一、“小块并大块”：夯实脱贫产业发展基础

2016 年 4 月 25 日，习近平总书记在安徽省凤阳县小岗村主持召开农村改革座谈会上强调：“完善农村基本经营制度，要顺应农民保留土地承包权、流转土地经营权的意愿，把农民土地承包经营权分为承包权和经营权，实现承包权和经营权分置并行。这是农村改革又一次重大制度创新。放活土地经营权，推动土地经营权有序流转，政策性很强，要把握好流转、集中、规模经营的度，要与城镇化进程和农村劳动力转移规模相适应，与农业科技进步和生产手段改进程度相适应，与农业社会化服务水平提高相适应。”龙州县近年来推广的“小块并大块”耕地整治模式是认真学习习近平总书记讲话精神并付诸实践的结果。

（一）首开全国先河的“土地整治模式”

所谓“小块并大块”耕地整治，即政府通过引导和帮助农户将分散的责任田集中整合后，重新分配土地经营权，促进土地、资金、技术等生产要素优化组合，以实现农业增效、农民增收、农村繁荣的目标。龙州县地处喀斯特岩溶地貌地区，耕地少，且被石头间隔得七零八碎，素有“八山一水一分地”的说法。随着市场经济的深入发展和农村城镇化建设的加快推进，农户承包耕地“面积小、地块多、分布散、机耕难、效益低”等问题凸显，已不适应农业规模化、集约化、产业化发展要求，改变耕地零散、过度分割、各自为“种”的落后经营状况，提高农业生产效益，成为广大农民群众的迫切愿望。1996 年，上龙乡上龙村弄农屯黄忠伟等五户农民首开全国先河，把原本被石头隔离得零零碎碎、高低不平、大小不一的劣质耕地进行平整并块互换，拉开了“小块并大块”耕地整治模式的序幕。近年来，龙州县围绕脱贫攻坚计划，大力推进“小块并大块”，大力推进甘蔗高效节水灌溉工程，发展蔗糖循环经济主导产业，推进土地流转、促进现代农业发展、实现农民增收，有力地促进了全县经济社会持续快速发展。

（二）健全多元共推共赢的产权流转模式

一是村民自发民主推进。本着自发自愿的原则，各自然屯在计划“并地”前，先由屯（队）长对“并地”的时间、区域、群众意愿等进行初步调查，特别是把群众意愿放在首位，确保“并地”工作建立在广泛的群众基础上。在得到大部分村民的同意后，队长召开村民大会，讨论“并地”方案、成立工作小组等事宜，并在获得三分之二以上村民同意后实施。在实施过程中，由村民组成工作组，核实原地块地类和面积，张榜公示，待村民无异议后，自行组织实施。“并地”完成后，按农户人口、“并地”后耕地面积，采取随机抽取方式，造册登记签字确认，再由农户向政府申请换发新的土地承包经营证。这为土地流转打下了坚实基础。

二是做好服务及示范带动。政府组织国土、财政、农业等部门深入田间地头，指导农民进行登记统计、绘制工程图、规划设计、预算编制、开展招投标等工作，协调解决“并地”中遇到的困难和问题。在“并地”过程中，政府组成工作组，提供技术服务，指导农民按照相关行业标准进行施工建设，统筹道路、水渠、边沟等农业基础设施建设，最大限度降低各地块之间的生产条件差异。为了让“并地”顺利开展，各乡镇选择基础好、见效快、辐射广的村屯，集中人力、财力、物力实施“并地”和甘蔗高效节水灌溉建设，树立典型，示范带动，激发农民参与“并地”的积极性和主动性。

三是依法确权维护农民权利。县政府建立龙州县“小块并大块”耕地整治信息管理平台，在保持现有土地承包关系稳定的前提下，以“突出重点、积极稳妥，先易后难、逐步推开，尊重历史、依法依规”为原则，按照“申请、确权、公示、登记、颁证、备案管理”的程序，由乡镇政府收集、整理1995年以来相关的土地承包材料和“并地”后新的土地权属信息，张榜公示，经县农业部门再次审核后，由县政府换发新的土地承包经营证。与此同时，政府规范农村产权流转交易市场，2014年2月17日，龙州县成立了广西壮族自治区边境市县第一家综合性农村产权交易所——龙州县农村综合产权交易所，积极搭建农村综合产权交易、产权托管和产权融资三大服务平台，逐步将13类农村产权纳入经营交易范围，健全完善产权托管、交易鉴证、产权抵押、委托评估、司法确认等基本功能，优化资源配置，盘活各类农村产权，增加农民收入。

（三）构建多元新型的经营主体

一是大户承包经营构建家庭农场模式。如朔龙农业综合开发公司（个体老板）在政府不给予扶持的情况下，在上降乡里成村实施土地流转，承包 500 亩耕地，建成了水肥一体化甘蔗高效节水灌溉基地，由于项目建设周期短、见效快，典型示范性强。

二是“并户联营”构建农民专业合作社经营模式。如逐卜乡弄岗村那坎屯 72 户农民，将小块土地并成一块面积达 500 亩的甘蔗地，交由该屯成立的农民专业合作社进行机械化耕作和水、肥、药一体化管理，农户按照土地投入比例，每年每亩保底 5 吨，超过 5 吨则按六四分成，农户六成，专业种植户四成。该模式可实现农户与农民专业合作社收益共享、风险共担。

三是“公司 + 基地 + 农户”新型农场模式。即农业开发公司承包农户土地，农户进行土地流转，政府在水源建设等方面给予企业支持和补助，由企业实施甘蔗高效节水灌溉，应用甘蔗种植现代科技提高单产和土地产出率。

（四）助力脱贫产业发展的源头活水

一是集约节约资源，耕地溢出效益增长。首先是耕地“增量”。“并地”后，通过对原地块间未利用地进行整治，合理设置机耕路，田埂大量减少，既保住了耕地的“量”，又有效增加耕地面积 5%—8%，促进了土地资源的节约集约利用。截至 2016 年末，龙州县累计完成“并地”29.3 万亩，耕地面积增加 1.36 万亩。其次是地力“提质”。通过完善排灌渠道、改善耕地基础条件、肥力培植等，基本实现“田成方、路相连、渠相通”的高标准基本农田建设目标，有效提高了耕地的“质”。再次是农民人均收入“提高”。“并地”后耕地面积增加 1.36 万亩，以种植甘蔗每亩产 8 吨计算，全县项目区预计增加 10.8 万吨甘蔗，总产值共计 4752 万元，全县项目区内人均增收约 720 元。同时，“并地”后，实施规模化、集约化、机械化生产，农业效益进一步提高，产值进一步增加。以种植甘蔗为例，“并地”后比“并地”前甘蔗单产增加，全县甘蔗增产 36 万吨，总产值共计 16000 万元，全县项目区内人均增收约 2400 元。两项合计农民增收 3100 多元。最后是促进农村劳动力流转。“并地”后生产力大幅提高，对农村劳动力的需求骤减，使农民得以摆脱土地束缚，从事二、三产业，实现转移就业，增加收入。

二是生产规模扩大，农业生产效益增长。首先是蔗糖循环经济加快发展。龙州县以“并地”为基础，通过发展蔗糖循环经济，推行清洁生产，改造传统产业，淘汰落后产能，建成了 1 家年产 9.5 万吨的蔗渣漂白纸浆厂、2 家年产 10 万吨的高档生活用纸企业、1 家生物有机肥厂（利用糖厂滤泥进行加工生产）和 1 家编织袋厂，有力促进了产业转型升级。其次是农业生产组织化程度进一步提升。在“并地”过程中，龙州县通过制定扶持政策、整合项目资金等办法，大力培育种养大户、家庭农场、农民专业合作社和龙头企业等新型农业经营主体，全县产生了 31 个农民种植专业合作社，三分之一以上的农民加入其中，辐射带动了 35% 的农户。新型农村合作经济组织把分散的农村土地、人力、资金、管理等要素进行融合，优化了农业生产的各种资源配置，实现了一家一户的小农经济与外部大市场的成功对接，催生了一批农民“土专家”、农民经纪人、农民企业家。农业生产的现代转型，促进了品牌农业、现代农业、优势特色农业的快速发展。最后是企业效益明显。在土地“并地”流转前，因缺乏科学管护，甘蔗亩产 3—4 吨。流转后，公司实施机械深耕深松深耙、大行距种植、地膜覆盖、水肥一体滴灌、测土配方施肥等科学栽培技术，实施甘蔗高效节水灌溉，不断提高甘蔗单产，甘蔗亩产可达8吨以上，增产3—4吨。由于前期投入大，企业头三年基本达到收支平衡，第四年开始盈利，有可观效益。

三是乡村建设活力倍增。首先是农村基层党组织服务群众能力增强。2006年以来，龙州县以上龙乡为试点启动“结对并地”党建创新工程，健全完善农事“村镇联办”机制，打造“政务服务超市”，为民服务水平不断提升。以“千名干部入乡驻村”、行动学习和“阳光效能”活动为载体，推进“百屯组织规范化建设工程”“边关党员创业致富工程”“党员温暖工程”“干部素质提升工程”“城乡党组织结对共建工程”五大工程，基层组织凝聚力、创造力、战斗力显著增强。其次是加快“清洁乡村”建设进程。实施“并地”后，“田成方、路成行、沟相通、渠相连”，有利于“清洁家园、清洁水源、清洁田园”的建设，改善人居环境，改良田园生态，改造水源质量。最后是村民自治能力增强。在“并地”过程中，农民参与决策、筹资、建设、管护等全过程，自身的意愿和主体地位得到充分体现，土地整治观念实现了从“要我建”到“我要建”的转变、耕地保护观念实现了从“要我保”到“我要保”的转变。原先“分田到户”，既分了田，也分了心，各自为“种”。“并地”后，村与村、屯与屯、户与户之间的地界减少、地类分清、道路通达、沟渠纵横，土地和水源等多发性矛盾纠纷基本消除。

二、“边贸扶贫”：开启兴边富民新局面

习近平总书记在广西考察时指出，要立足独特区位，释放“海”的潜力，激发“江”的活力，做足“边”的文章。同时强调：“广西是革命老区，是贫困地区，也是边境地区、民族地区。脱贫攻坚工作做好了，边疆

稳定、民族团结就有了坚实基础；边境建设搞好了，民族事业发展了，对打赢脱贫攻坚战也是极大促进。这几项工作是一个有机整体，要一并研究、同步推进。当前，脱贫攻坚形势依然严峻，必须倒排工期，落实精准扶贫精准脱贫方略。要针对致贫原因分类施策，戒搞形式，戒做虚功，下一番绣花的功夫。对贫中之贫、困中之困，要采取超常规措施。要加快老区建设和发展，让老区人民尽快摆脱贫困，过上幸福日子。”龙州县学习领会习近平总书记这一讲话精神，通过创新边贸扶贫形式，开启兴边富民新局面。

（一）做大做强做实边境贸易

为了做实“靠边吃边”，龙州县以“九个一批”的方式进行边贸脱贫，主要通过推行边民互助组、创建边贸运输队、组建装卸队、进入加工厂务工等作为边民靠边吃边、增收致富的新方式，努力实现边民增收致富目标。

一是组建边民互助组。引导部分已经通过互市贸易先富的农村村民、经济能人，带动一大部分贫困的边民包括以前无法参与互市贸易的老、弱、病、残等弱势群体参与到互市贸易当中，增加其收入，实现脱贫致富。

二是成立运输队。对于有驾驶技术并持有驾照的贫困户边民，鼓励其将贷款资金作为购车的本钱，购买运输工具加入运输队，到互市贸易（区）点从事货物运输，从而提高收入。

三是成立装卸队。引导缺乏文化知识但身体健康强壮的边民加入装卸队，到水口互市区，那花、布局互市点及二级市场从事货物的装卸。

四是开展中越跨境水果种植合作。越南高平省有丰富的土地资源，而且土地租资、劳动力成本较低，引导部分边民以与越南边民进行水果种植合作，果实成熟后通过互市贸易返销到国内市场的形式实现增收脱贫，并逐步发展多种热带水果种植实现致富。据不完全统计，龙州县边民到越南租地合作种植水果面积已达15710亩，品种有香蕉、西瓜、红毛丹、龙眼、荔枝、莲雾、榴莲、火龙果等十多个品种，水果年总产量约2.4万吨。

五是组织边民到加工企业务工。通过边境加工企业优先安排贫困边民入厂务工，从而扶持外贸业、边境食品加工业、加工贸易业、商贸物流业发展，为当地边民创造更多的就业机会。到2018年为止，龙州县水口东盟边贸第一城同意免费提供10间商铺给边民互助组进行贸易交易，同时提供可容纳约200人住宿环境的板房，免费提供给距离水口互市区较远的边民入住。

六是实施电商平台入边疆惠边民行动。抓好电商平台建设，使贫困边民可以通过电商平台进行销售由甘蔗古法制作而成的纯天然红糖、种植的绿色有机水果蔬菜，从越南购买的水果、坚果类产品等；确保物流畅通，配送渠道，实现快递到乡、配送到村。

七是组织边民投身边境基础建设以扩大就业。龙州边境经济合作区水口片区项目，那花、布局、科甲互市点建设项目点为边民提供许多非专业技术类就业岗位，增加了边民的就业机会。

八是通过易地搬迁解决住房和收入渠道问题。中央、自治区、市、县各级财政安排的易地扶贫专项补助资金、财政专项扶贫资金（发展资金部分）能够统筹用于易地扶贫搬迁项目建设的农村危房改造资金、市县财政配套资金和群众自筹资金、按规定从自治区相关投融资主体借入的资金等途径按人均投资不超过6万元、户均总投资不超过20万元的标准控制搬迁成本并筹措资金，用于住房建设和配套基础设施以及公共服务项目建设，依托各互市区（点）建设5个边境搬迁安置点，帮助部分贫困边民解决住房问题。同时，搬迁后的边民依托安置点临近互市区（点）的便利优势，可以通过参与边贸拓宽增收渠道。

九是发放边贸小额贷款。通过边贸小额贷款发放及“三无”贷款优惠政策，解决边民从事互市贸易中缺乏资金问题。

在大力发展边贸扶贫的同时，龙州县也强化“开正门、堵邪门”，保持打击走私高压态势，联合各职能部门加强封堵防控，加强对群众的宣传教育，强化舆论引导，构筑全社会防走私的铜墙铁壁，将各类走私违法犯罪行为扼杀在萌芽状态，不断净化边境贸易环境，促进边境贸易健康发展。

专栏 6-1　靠边吃边走上致富路的贫困户

水口镇共和村驮怀一屯李江伟（化名），家庭人口 5 人，李江伟、赵彩仙（化名）夫妻两人购买了两辆三轮车在水口互市区从事互市商品运输，根据统计，2017 年度两辆车分别参与运输为 1365 次和 1772 次，合计 3137 次（每次最低收入 25 元），收入 78425 元，该家庭的李天先（化名）、李人杰（化名）等其他家庭成员参与边民互市贸易申报 708 次（每次申报享受 8000 元以下免税政策收入 15 元），收入 10620 元，该家庭一年收入达 8.9 万元，仅靠边贸一项家庭年人均收入 1.8 万元。根据统计，2018 年 1 月 1 日至 2018 年 11 月 30 日，该家庭两辆车参与互市贸易运输 2172 次，获得运输收入共 54300 元；参与互市贸易申报共 599 次，获得收入最少为 8985 元，该家庭截至 2018 年 11 月 30 日，通过边境贸易获取总收入最少为 63285 元。

下冻镇扶伦村那造屯何天路（化名），家庭人口 4 人，该家庭购买一辆车，在那花互市点参与货物运输，据统计，2017 年度该车参与货物运输为2450次（每次最低收入15元），获取收入36750元，家庭成员参与贸易申报共503次，收入7545元，该家庭近一年收入达4.4万元，仅靠边贸一项家庭年人均收入达1.1万元；根据统计，2018年1月1日至2018年11月30日，该家庭该辆车参与互市贸易运输1372次，获得运输收入共20580元；参与互市贸易申报共469次，获得收入为7035元，该家庭截至2018年11月30日，通过边境贸易获取收入最少为27615元。

水口镇共和村那板屯农江明（化名），家庭人口4人，农江明购一辆三轮车在水口互市区从事互市商品运输，根据统计，2017年度该辆车参与运输为1101次，（每次最低收入25元），收入27525元，该家庭的农江明、闭雨川（化名）参与边民互市贸易申报307次（每次申报享受8000元以下免税政策收入15元），收入4605元，该家庭近一年收入达3.2万元，仅靠边贸一项家庭年人均收入8000元。根据统计，截至2018年11月，该家庭参与互市贸易运输322次，获得运输收入共8050元；参与互市贸易申报共181次，获得收入最少为2715元，该家庭截至2018年10月，通过边境贸易获取总收入最少为10765元。

（二）创新“易地搬迁＋边贸扶贫＋驻边守疆”模式

习近平总书记在中央扶贫开发工作会议上指出：“要根据当地资源条件和环境承载能力，科学确定安置点……要想方设法为搬迁人口创造就业机会，保障他们有稳定的收入，同当地群众享受同等的基本公共服务，确保搬得出、稳得住、能致富。”龙州县深刻领会习近平总书记这一重要讲话精神，结合与越南接壤的实际，鼓励0—3公里外的贫困户搬至边境安置点，并给予每人1000元搬家补贴。搬迁户除享受边民每人每月167元补助外，还可申请边贸小额信贷，从事边贸服务增加收入。贫困户搬迁到0—3公里安置点定居后，由于有边民补助及可以在工业园区就近就业，他们有了永驻此地的安稳之心，实现了“一个边民就是一个永不退伍的哨兵”，这种“易地搬迁+边贸扶贫+驻边守疆”的模式，以建设边贸新城、建立边民互助机制、发展进口产品落地加工、创建边境经济合作区等为抓手，用足用好用活边贸政策，把易地扶贫搬迁帮扶一批、边贸政策帮扶一批、产业带动帮扶一批、转移就业帮扶一批融合成一条扶贫经济链，促进边民走上致富路。

截至2017年末，龙州县建有水口共宜新村安置点、科甲新村安置点、布局安置点等3个边贸新城，共搬迁1200多户3600多人。对于搬迁群众，发放边民互市证，成立边贸互助组，由党员致富能人担任带头人，引导边民参与互市贸易，兑现边民补助政策；同时充分发挥水口口岸作为国家坚果、粮食、水果、冰鲜水产品进境指定口岸的优势，配套建设扶贫产业园，吸引了民之天、江南、龙億等20多家加工企业入驻，企业全部投产后，可直接提供就业岗位2000多个。此外，还利用临近坚果类等产品生产基地的区位优势，搭建农村电商平台，引导边民发展电商新业态，开展产品网上销售，拓宽增收渠道。目前，全县电商从业人员有1700多人，电商企业线上交易额达1亿多元，产品主要是龙州县优质土特产品。总之，龙州县通过易地扶贫搬迁帮扶、边贸政策帮扶、产业带动帮扶、转移就业帮扶，切实让搬迁户搬得出、稳得住、有发展、能致富，进而实现稳边固疆目的。

专栏6-2 龙州县水口镇共宜幸福家园易地扶贫搬迁安置点

龙州县水口镇共宜幸福家园易地扶贫搬迁安置点位于水口河南岸，紧邻国家一类口岸——水口口岸。项目规划用地127亩，总投资约 4.473 亿元，采用 EPC 模式进行建设开发，即采用商业运作与政府投资的模式进行建设，由政府投资，县城建公司作为项目业主委托有资质、有经验的开发公司进行建设。项目 A 地块为小高层 11 层电梯公寓楼，建筑总面积约 126160 平方米，共建设 16 栋，1164 套安置房，其中 75 ㎡ 284 套，100 ㎡ 512 套，120 ㎡ 338 套；B 地块为 6 层步梯公寓楼，建筑总面积约 11600 平方米，共建设 6 栋，其中 25 ㎡ 100 套，50 ㎡ 182 套。该项目已于 2017 年 12 月竣工。

到 2017 年末，安置点共搬迁安置 774 户 2398 人，已全部搬迁入住，入住率为 100%，其中劳动人口 1264 人，全家外出务工 211 户 653 人，本地务工 256 人（原本地务工人数为 334 人，受中美贸易战影响，进口坚果商品受限制，坚果食品加工厂缺料加工，务工岗位大幅度减少，现正在努力发展粤桂扶贫车间，增加务工岗位）。社区党支部共有党员 32 名，支部委员 3 名，社区居委会班子成员 5 名，各单元长 26 名。

按照“搬得出、稳得住、能致富”的总要求，为加强搬迁入住群众进行自我管理、自我教育、自我服务，将安置点建设成为管理有序、服务完善、治安良好、环境优美、文明祥和的和谐小区，创建“易地搬迁＋边贸扶贫＋驻边守疆”新模式，共宜社区基本情况、主要成效及经验做法如下：

一是发挥共宜社区网格化管理作用，引导和服务群众搬迁入住。在各级部门的关心和支持下，帮扶人、各单元长积极向群众宣传 0—3 公里边境补贴政策、边贸扶贫政策等，并由政府出台政策，自愿搬迁入住奖补每人 1000 元，每户不超过 5000 元，实行限期内入住给予“两床一灶”的实物奖励，动员群众及时搬迁入住。

二是组建成立社区党支部和社区居委会及推选单元长，为社区的管理提供坚强的组织保障。2018 年 4 月 7 日，召开共宜幸福家园社区全体党员大会，选举产生第一届共宜幸福家园社区党支部。选举产生支书 1 名，副支书 1 名，委员 1 名。2018 年 4 月 12 日，召开水口镇共宜幸福家园社区第一届居民委员会选举大会，选举产生居委会成员共 5 人，分别为主任 1 名，副主任 1 名，委员 3 名。2018 年 4 月 15 日，共宜社区居民委员会根据实际情况，选出各单元长 26 名（A 地块有 9 栋 18 个单元，B 地块有 6 栋 8 个单元）。

三是做好就业服务及技能培训工作。一直以来，水口镇始终把增加搬迁群众收入作为社区管理的头等大事抓紧抓好。为提高住户就业能力，联系县扶贫办、县人社局在共宜社区举办了烹饪、面点等技能培训班，群众通过技能考试后，颁发证书。还邀请后援单位领导到共宜社区给群众培训边民互市贸易知识。通过开办培训讲堂，给广大边民传输互市贸易政策知识，吸引更多住户参与边境贸易，享受国家给予优惠政策，确保中央各项惠边惠民政策的落实。同时，积极引导群众到社区建立的扶贫车间从事手工花、手工饰品工作，方便群众在家门口就业。还积极引导共宜幸福家园群众发挥“边”的优势，做足“边”的文章，拓宽增收途径，靠“边”发展，靠“边”致富。引导和鼓励群众凭借参与边民互市贸易和边贸运输、务工创收。搬迁至边境安置点的搬迁户凭身份信息，到边贸互市点通过参加互市贸易可获得每人每天 15—20 元红利。有驾驶技术并持有驾照的贫困户边民，鼓励其将贷款资金作为购车的本钱，购买运输工具加入运输队，到水口互市区从事货物运输，从而提高其收入。另外，由企业提供岗位需求信息，镇政府及时将招聘信息传达给贫困户，贫困户根据实际情况进行报名、面试、岗前培训、正式上岗，到水口扶贫产业园区的江南食品加工厂、广西龙州赞美实业有限公司、民之天食品厂等企业务工。通过多种就业途径，让易地搬迁户真正实现脱贫致富。

四是上下联动，积极为群众办理户口迁移和 0—3 公里边境补贴。新户口和边境补贴办理，是落实扶贫政策的一项重要工作，也是增加群众收入、鼓励群众守边驻边的重要举措。镇政府积极与公安、发改、民政、城投公司、易地办等县级部门汇报协调，为群众办理新户口迁移和 0—3 公里边境补贴。

五是加强公共服务管理，营造幸福美好的宜居环境。首先，加强物业管理，制定物业管理联席会议制度，每月召开物业管理联席会议一次以上，及时解决物业管理中遇到的困难和问题；其次，开展丰富多彩的文体娱乐和激励有奖活动，电视夜校、游园活动、晚会、露天电影、卫生有奖评比等活动如火如荼；最后，建立“扶贫车间”“爱心超市”“计生卫生服务室”“警务室”“文化活动室”“党群服务中心”等公共服务设施建设，营造幸福美好的宜居环境。

三、“强龙头，创品牌，带农户”：打造脱贫致富共同体

无论是从“五个一批”中“发展生产脱贫一批”的优先部署，还是到“五个振兴”中“产业振兴”的首要地位，都充分表明了习近平总书记对产业扶贫的高度重视。2016 年 4 月，习近平总书记在安徽考察时指出：“要脱贫也要致富，产业扶贫至关重要，产业要适应发展需要，因地制宜、创新完善。”同年 7 月，习近平总书记在宁夏考察时强调，发展产业是实现脱贫的根本之策，把培育产业作为推动脱贫攻坚的根本出路。2017 年

4月，习近平总书记在广西壮族自治区考察时对经济发展提出新要求——“扎实推进经济持续健康发展”。龙州县在充分用好用活各项扶贫政策，将产业脱贫与县域经济发展完美融合，引进大型龙头企业——广西龙州北部湾现代农业有限公司，并创造性地通过“政府＋企业＋基地＋合作社＋贫困户”的模式，助力推动龙州县脱贫攻坚，同时改变了以往县域经济高度依赖蔗糖产业的被动局面。

（一）强龙头

广西龙州北部湾现代农业有限公司成立于2015年11月13日，所在地为龙州县下冻镇玉米场，广西龙州北部湾现代农业有限公司原是一家民营企业，主要在横县发展，引进龙州县时因其本身实力有限，生产规模不够大。为了做强这一龙头企业，龙州县于2017年8月15日引进广西农村投资集团，集团通过增资扩股5835.68万元的形式把龙州北部湾现代农业有限公司整合成为一家国有控股的大型现代化食用菌生产企业。同时，龙州县政府整合涉农资金1500万元，作为固定资产入股，委托北部湾现代农业有限公司进行经营，每年按股金10%分红，促进1500户贫困户每户每年增收1000元。这样，广西龙州北部湾现代农业有限公司便成为一家由民营、国企及政府参股的龙头企业。

（二）创品牌

广西龙州北部湾现代农业有限公司经营范围涉及食用菌生产、食用菌精深加工，水果、蔬菜种植、销售；销售产品有食用菌菌种、菌棒、苗木、化肥、饲料、农副产品、塑料制品等。公司食用菌通过了中国食品农产品有机认证，企业获得“广西现代特色农业（核心）示范区”（四星级）、“自治区高新技术企业”、“首批广西农业品牌企业”、“农业行业中国民族品牌”、“自治区农业龙头企业”等荣誉称号，是CCTV“态度”栏目农业行业合作伙伴。在规模上，公司是广西壮族自治区内最大的食用菌生产加工企业，也是目前国内单体项目最大的食用菌生产加工基地，其技术支撑团队有广西壮族自治区农科院微生物研究所、生物技术研究所等。公司已经注册了“御尚菇”品牌形象性商标，大力提升了公司名气和品牌认知度。从2018年7月15日开始，公司以银耳为主营产品打造全产业链生产（目前日产1.4万棒），以龙头企业领头带动本地特色农产品产业发展，促进地方经济发展，助力自治区精准扶贫、农业供给侧结构改革工作推进，技术改造完成后，日产银耳3.2万棒，年产鲜银耳6000吨。

（三）带农户

在粤桂扶贫协作深入推动下，广东省江门鹤山市对口扶贫龙州县食用菌种植鹤山园脱贫项目落地龙州北部湾现代农业有限公司，对提振公司带动贫困户起到积极作用，发挥了国有企业控股混合所有制经济所应担当的社会责任。首先，公司积极助力政府脱贫攻坚工作，采取“公司+合作社+贫困户”模式，建设了56个常温出菇大棚，由贫困户组成28个合作社，每个合作社负责管理2个大棚，每个大棚8人，覆盖贫困户448户；其次，公司积极响应龙州县委、县政府的号召，主动承担社会责任和义务，积极参与脱贫攻坚工作，以委托经营模式吸收贫困户小额扶贫信贷资金1500万元，委托经营年利率10%，涉及1500户贫困户，每年委托经营利率150万元；最后，通过食用菌产业直接带动2788户农村贫困户脱贫，新增300个就业岗位，人均月工资2200—2400元，年工资总额1920万元以上，辐射带动3600名农户脱贫，助推脱贫摘帽攻坚战。

广西龙州北部湾现代农业有限公司“政府+公司+合作社+贫困户”运作模式让当地贫困户受益良多。

专栏 6-3 广西龙州北部湾现代农业有限公司带动贫困户实现脱贫个案访谈

我叫钟小美（化名），1990 年出生，初中毕业，娘家是北流市，我老公是龙州县龙州镇塘巧村弄行屯人，我们是在广东打工的时候认识并于 2011 年结婚的，2012 年我大女儿出生，现读学前班，2015 年我儿子出生，现读中班。我家被列为贫困户主要原因是我家公公瘫痪在床十年了，十年前他在一次交通事故中受重伤，不能自理。我老公现在主要任务就是在家照顾老爸，同时养 60 多头黑山羊及种点甘蔗，没有办法离家外出打工。

我是 2016 年 5 月来龙州北部湾现代农业有限公司工作的，当时见有招工就应聘进来了，开始做基建，工资是每个月 2400 元，这两年经过努力，我已升为公司中层，主要负责管理仓库和龙州区内产品销售，现工资每个月扣除五险后可以拿到 3200 元，还包吃住了。我每天晚上一般都回家，主要是中午休息一下。我每年的开支主要是用于小孩读书，公司附近有一个很不错的幼儿园，我都是让他们来周托，周五我才接回家。

我真是非常感谢北部湾现代农业有限公司，它让我夫妻俩看到了生活的希望，公司解决了我在家就业的问题，现在家里确实还有很多困难，但只要有了收入，问题总是可以解决。我家原来是土坯房，年久失修，我生小孩的时候北流的娘家人想过来看我，我都借故不让他们来，怕他们伤心我嫁得不好。这两年有了这份工作，收入也还不错，加上危房改造政策有补贴，我们在银行贷了几万块的款把房子建起来了，如果没有这份工作，我们是不敢贷款的。按公司规定，我每天只需要工作 8 个小时，但我一般都会自觉加班，主动带那些刚进来的员工，特别是越南籍员工，她们在很多地方还不大适应。我现在是公司的中层干部了，但我总是觉得自己的文化不够，怕自己的能力跟不上公司今后的发展，所以现在也主动去读函授大专。由于表现积极，现在公司党组织已把我列为入党积极分子，我也希望自己早点加入党组织，成为一名光荣的共产党员。

龙州县扶贫产业发展的经验表明，发展产业既是带动群众就业、促进群众增收最直接最有效的路径，更是实现“两不愁三保障”目标最有力最可靠的支撑。领会好、把握好、践行好习近平总书记关于产业扶贫的重要论述，对我们完成历史使命、打赢脱贫攻坚战尤为重要。

四、“马甲书记”：搭建党建促脱贫的全新载体

习近平总书记在深度贫困地区脱贫攻坚座谈会上指出：“各级党政机关要积极向贫困地区选派干部，向贫困村选派第一书记和驻村工作队，让干部在脱贫攻坚中锻炼成长。在脱贫攻坚一线工作的基层干部非常辛苦。今年元旦我在新年贺词中专门问候他们，就是要发出一个信号，要求地方党委和政府要关心、关爱、关注他们。要把深度贫困地区作为锻炼干部、选拔干部的重要平台。扶贫干部要真正沉下去，扑下身子到村里干，同群众一起干，不能蜻蜓点水，不能三天打鱼两天晒网，不能神龙见首不见尾。这方面，各级党组织和组织部门要管好抓紧，确保第一书记和驻村干部用心用情用力做好帮扶工作。”为落实习近平总书记这一重要讲话精神，龙州县充分发挥驻村“第一书记”和扶贫工作队员主力军作用，让这一群体在脱贫攻坚战中看得见、靠得住、顶得上。

（一）马甲亮身份服务群众

所谓穿上马甲亮身份就是指采取“照片上墙、马甲上身”的办法，让驻村“第一书记”和扶贫工作队员亮明身份，走村串户，消除障碍，办实事解民忧，主动融入基层，拉近党群干群关系，群众认可度、满意度不断提升，推动驻村干部入村进户“零距离”帮扶。

首先，亮明身份接地气。来自中央、自治区、市、县各单位选派的驻村“第一书记”、扶贫工作队员，是脱贫攻坚一线密切联系群众、推动帮扶政策落实落地的骨干力量。由于籍贯和民族差异，大部分驻村“第一书记”、扶贫工作队员不会讲当地方言，而年龄较大或文化水平较低的群众又不会说普通话，存在语言沟通障碍，群众普遍不认识驻村“第一书记”、扶贫工作队员，脱贫攻坚效率大打折扣。为了让群众熟识驻村“第一书记”和扶贫工作队员，提高脱贫攻坚成效，龙州县从细微处入手，为全县573名驻村“第一书记”和扶贫工作队员统一定制黄色马甲衫，印上“驻村‘第一书记’”（或驻村工作队员）+姓名，并将照片及职务、姓名、手机号码贴在农户门口墙壁上，亮明身份，方便群众随时向他们“找事”。效果立竿见影，群众远远就能认出驻村“第一书记”和扶贫工作队员，并主动与他们拉家常、谈心事，把他们当成“办事员”“贴心人”，还亲切称呼他们为“马甲书记”“马甲队员”。随着精准扶贫工作的不断深入，“马甲书记”“马甲队员”活跃在群众家里户外、田间地头，对群众嘘寒问暖、关怀备至，已成为龙州县脱贫攻坚一道亮丽的人文风景线。

其次，办好实事解民忧。“马甲书记”“马甲队员”切实履行脱贫攻坚主体责任，坚持扎根村屯，按照“核心是精准，关键在落实，确保可持续”的要求，紧紧围绕国家“两不愁三保障”“两率一度”和自治区脱贫摘帽标准，把扶贫政策精准落实到位，实现“零距离”帮扶，得到群众一致好评。一是夯实基层组织基础，规范党组织生活，壮大村集体经济，带领村“两委”班子和屯级党员干部投身扶贫事业。二是狠抓产业促增收，以“种、养、贸、游、工”五大扶贫产业为基础，坚持“一村一品”产业发展思路，组建第一书记产业联盟；引导成立农民专业合作社151家，发展食用菌、火龙果种植，牛羊、蜜蜂养殖，乡村旅游等特色产业项目35个，辐射带动5700户3.2万人实现产业增收。三是全心全意提升群众保障水平，深入开展农户全覆盖大走访，收集住房、医疗、教育保障缺项农户信息并逐户分析、逐户研究、逐户解决，保障所驻村全部农户有稳固住房；累计动员厌学学生400多人返校就读，推动全县义务教育巩固率达95%以上；农村居民新农合参保率达100%，3200多名贫困患者得到有效救治，2500多位残疾群众获得残疾补助。四是加强舆论宣传，组织开展党群联谊、脱贫励志电视夜校、村民代表恳谈会等活动，大力宣讲党的十九大精神和扶贫惠民政策，收集村情民意，畅谈村屯扶贫成效，强化感党恩教育，扶心扶志和扶智，激发群众脱贫内生动力，极大地提高了群众认可度和满意度。

最后，建强队伍树形象。为充分发挥驻村“第一书记”和扶贫工作队员脱贫攻坚主力军作用，龙州县严格执行驻村干部管理考核办法，着力打造一支敢于担当、作风优良、勤政廉洁的“马甲书记”队伍。一是注重教育培训，定期举办驻村“第一书记”、扶贫工作队员培训班，提高队伍的法律法规、政策理论和实践能力等综合素质，目前已举办三期。二是加强作风建设，注重信念培养，大力弘扬“百折不挠、奉献拼搏、团结务实、争先创新”的龙州起义精神和“从胜利走向胜利”的红八军精神，坚持用干部的辛苦指数换取群众的幸福指数。三是强化网格化管理，严格执行驻村“五天四夜”制度，采用“钉钉”软件管理系统，对驻村“第一书记”、扶贫工作队员进行实时考勤，同时采取实地暗访和群众满意度测评等办法，促进驻村“第一书记”和扶贫工作队员真蹲实驻、真帮实促。

专栏6-4 龙州县第一书记个案访谈

我叫梁国强（化名），上金乡新旺村第一书记，1981年出生。我自己的工作单位是龙州县工业集中区管理委员会（简称“工管会”），工管会原来是工信局下面的一个二级机构，现已独立出来由县政府直管，但是级别未定。我是2017年8月来新旺村任驻村第一书记的，同来的驻村队员有来自龙州县信访局的农美英（化名，女），她将近50岁了，还有一位是来自县工商和质监局的李忠松（化名），他年纪比我小一点。新旺村的后援单位是县信访局，帮扶单位有龙州民族中学、信访局、崇左市东盟学院、龙州一中、林业局，以及上金乡政府包村工作队，队长是乡镇党政办主任梁学军（化名）。后援单位是对帮扶的贫困村要出钱出人，而帮扶单位主要是派出对口帮扶贫困户的干部。我们三个驻村干部分别住在三个村干部家里，龙州县驻村队员要求周一到周四都住在村里，有特殊情况向组织部基层办请假。基层办是通过手机对全县驻村干部进行管理的，我们每天早上和晚上都要在手机钉钉软件上打卡考勤。我每天要求穿上背面印有“第一书记梁国强”的马甲，其他两位的马甲则印有“驻村工作队员”及他们的名字。

我们驻村干部现在的主要工作是扶贫，脱贫后应该是转向乡村振兴，所以我们现在的名字叫扶贫工作队，同时也叫乡村振兴工作队。我们现在主要精力花在三方面：一是走村入户，精准掌握各贫困户具体情况，由于我们新旺村共有17个自然屯，922户，3512人，2015年建档立卡有219户，他们居住分散，要完全了解他们需要花很大的功夫；二是开展产业奖补，现在贫困户每年的产业发展奖补是3000元，这3000元可以是甘蔗低产改造奖补，这方面的奖补是50元每吨，同时还有务工奖补、种植养殖奖补，每户奖补的内容多，但总起来又不能超过3000元，这样算起来工作量是很大的；三是做材料，材料包括一户一档、开展党建情况、贫困户八有一超情况、贫困村十一有一低于情况，每一有都要有相应的材料佐证，这也花掉我们很多时间；四是开会，包括迎检会、动员会、布置会，我们到县里开会不是很多，到乡里主要是视频会，每月两次，大都是晚上开，主要传达县里相关会议的精神，这个也比较多，乡里还有培训会。

我们新旺村党支部原来是“软弱涣散”，但是自从派出“第一书记”后情况改变了。第一任“第一书记”是县工商局的黄天威（化名），他是我的前任，我们第一书记来以后要求每周一开例会，各项工作也都压实，主要是我们注意整理各方面的材料，所以在评定时就不会出现问题；原来的老支书不会弄材料，所以很吃亏，但老支书的群众基础我们是非常敬重的。

原来我们新旺村是没有什么集体经济的，2017年上级安排给我们50万元的发展资金，由县里统筹入股南华集团，收取8%的利息，得到4万元。另外，今年龙州县和南华集团讲好每个村从产出的甘蔗收入中每吨拿出5角钱作为管理费，这个管理费也作为我们村级集体经济收入，我们村委的工作就是要让村民积极种甘蔗，这项收入应该有近2万元。龙州县当前在三个行政村试点建立了甘蔗中转站，我们新旺村是其中之一。甘蔗中转站用处是很大的，村民每天自己砍得一两吨甘蔗就可以当天自己直接拉去中转站过磅，而不像以前要等砍到一车后才运到糖厂，这样就避免了甘蔗的耗损。村民各自把甘蔗拉到中转站后由中转站统一拉到糖厂。

现在规定每个村必须有一个村级合作社，利用所得帮扶资金发展经济，每个村民都要入股，支书或主任是合作社社长，有工商登记及财务账号。我们现在打算发展种养殖，计划成立一个采摘桑葚果园，因为我们这里离县城近，从县城到左江旅游码头要经过我们村，左江岩画2016年被评为世界文化遗产，今后旅游应该会越来越旺，途经村里的游客也会越来越多；我们在采摘果园的基础上再发展餐饮，还计划在果园旁边养鸡，因为果园的很多烂果可以喂鸡，希望借此慢慢发展有我们村特色的农家乐。

经过这几年精准扶贫，村民的精神状态好多了，内生动力被激发出来。村里有个村民叫吴战术，50多岁，原来住瓦房，光棍汉一个，整天酗酒，他家地多但是他不愿干活儿，对生活也没有什么追求；原来给他享受c类低保，每月180元，2017年6月我们发现他的观念有很大的改变，整个人也精神多了，他这种改变主要是他的帮扶联系人和我们驻村工作组多次做工作的结果。我们见他确实没有那么酗酒后就先帮他进行危房改造，危房改造时他哥帮他加了2万元，所以他的新房就宽得多，有了新房子后有媒人帮他介绍了一个40多岁的越南婆，现在住在一起了；现在我们见他越来越勤快，就安排他当村里护林员，每个月可以拿625元，村里共有26个护林员名额，村里护林的任务不多，我们就叫他们兼任保洁员。

（二）“第一书记产业联盟”畅通扶贫产品销售渠道

习近平总书记在深度贫困地区脱贫攻坚座谈会上指出：“深度贫困地区脱贫攻坚，尤其要加强工作第一线的组织领导。打攻坚战的关键是人，这些年我们在贫困村选派第一书记、驻村工作队，有的还增加了大学生村官。深度贫困是坚中之坚，打这样的仗，就要派最能打的人，各地要在这个问题上下大功夫。”近年来，龙州县充分发挥自治区、市、县三级选派“第一书记”扶贫主力军作用，利用“第一书记”来自不同行业领域的特点，充分发挥各自专长优势，引导农民成立合作社发展特色产业；并将“第一书记”挂点帮扶的产业统一起来组建“第一书记产业联盟”，推行“联盟成员（第一书记）+ 农民专业合作社 + 党支部”的模式，实现资源、信息、技术共享，抱团发展、互助共进，共同促进扶贫产业发展，构建产业化扶贫新格局，变“输血”为“造血”，逐步走出了一条具有龙州县特色的可持续发展的产业化扶贫之路。

一是形成组织联盟。2014 年 5 月，龙州县村级党组织“第一书记产业联盟”办公室挂牌成立，以第一书记为主体，党组织引导、部门扶持、群众参与，成立龙州县“第一书记产业联盟”。成员大会制定表决产业联盟的运行章程，授权理事会履行职责，并选举产生理事长和理事会成员。理事会对成员大会负责，按照章程对内从事内部管理工作，对外提供产前、产中、产后经营服务活动。“第一书记产业联盟”充分发挥贫困村党组织第一书记引领、村干部核心带动、致富能人带头作用，规模不断壮大。同时，由县、乡（镇）、县直部门三级领导分别对 1—2 个贫困村进行定点帮扶，负责对推进“第一书记产业联盟”中的重点项目、龙头企业、生产基地和扶持政策落实情况实行跟踪和督查督办，帮助解决工作中遇到的困难和问题，推动第一书记产业发展。

二是形成产业联盟。将“第一书记产业联盟”工作经费纳入县财政年初预算，制定出台《龙州县“第一书记产业联盟”扶持工作方案》《龙州县产业扶贫实施办法（试行）》等机制，整合政府各部门、社会各方面项目资金。2015 年，全县整合资金扶持第一书记扶贫产业开发，分别给予各个贫困村 50 万—80 万元的产业扶持资金。引导农民专业合作社采取

“产业互动、特色为先、连片开发”的方式，集中力量建设特色农产品生产基地，培育脱贫致富新产业。到2016年末，累计组建“第一书记产业联盟”扶贫产业合作社151家，发展火龙果、澳洲坚果种植和牛羊养殖等产业项目35个，带动5700多户增收。

三是形成销售联盟。首先，搭建交流平台，互通产品供求信息。“第一书记产业联盟”以农产品供求对接为基础，通过设立联盟成员微信群、QQ群等交流平台，及时公布各村合作社产品、规模、上市时间，以及市场、超市农产品供需、销量及价格等信息，实现信息共享，推进抱团发展。同时，在县农贸市场建立了“第一书记产业联盟”品牌产品直销点，开辟新市场，缩短流通环节。其次，探索电子商务，拓宽产品销售渠道。注重发展电子商务，拓展第一书记产业市场，巧借“互联网+”破解销售不畅的问题。在阿里巴巴南宁产业带建设广西壮族自治区贫困村“第一书记产业联盟”产品展销旗舰店，为“第一书记产业联盟”提供销售、广告、融资和经营团队等四大平台，产业联盟对接电商实现了产品网络销售。与中国邮政龙州县分公司合作运营电子商务实体店，通过“线上+线下”运营模式，将电子商务与扶贫产业发展紧密结合，实现资源整合和优势互补，进一步拓宽“第一书记产业联盟”产品销售途径，解决农产品进城难和价低问题，为贫困户增收再添门路。2017年以来，全县“第一书记产业联盟”网络销售额300多万元。最后，注重品牌提升，扩大“第一书记产业联盟”知名度。2017年，举办了“党旗领航+七一购物季”第一书记产品展销会，倡议党员及社会各界在七一红色购物季这段时间里，参与扶贫，助推扶贫，让贫困群众的产品通过“第一书记产业联盟”平台实现推广销售。联合自治区扶贫办、广西电视台、苏宁易购举办了“龙州腾飞奔小康——2017国家扶贫日广西卫视‘第一书记’产业扶贫电商大直播”活动，为龙州特产畅销全区、走向全国打下了良好的基础。据统计，从10月10日起至15日的电商大直播，各类商品电商销售额达到603万元；龙州县各行各业和对口帮扶单位为贫困户现场捐赠物资，中央及自治区直属单位、企业及爱心人士参加扶贫现场捐赠活动，总金额达2400多万元。借助广西卫视大型扶贫公益节目“第一书记”载体，录制了2期龙州县专场节目，“第一书记产业联盟”品牌效益得到进一步提升，贫困村特色农产品知名度也进一步提高，拓宽了特色农产品销路。

（三）“一月一评先”机制激发扶贫干部积极性

一是正向激励机制。开展“一月一评先”活动，对优秀驻村“第一书记”和扶贫工作队员进行表彰奖励，每月评选出“驻村扶贫工作标兵”50名，每人奖励1000元；连续两次被评为“驻村扶贫工作标兵”的驻村干部优先提拔重用。2017年以来，龙州县驻村“第一书记”和扶贫工作队员共获评自治区级“脱贫攻坚先进个人”1人、市级“脱贫攻坚工作标兵”12人、县级“驻村扶贫工作标兵”282人次。同时，每月在农村党组织中评选表彰“基层党建红旗村”“脱贫攻坚红旗村”“产业发展红旗村”“美丽村庄红旗村”四面红旗村以及扶贫工作先进集体，每个村奖励3000元、支部书记和主任各奖励1000元，先后受表彰四面红旗村86个。这些正向激励机制有效地激发了基层扶贫干部的积极性。

二是严肃督查问责机制。对扶贫干部实行一月三督查暗访和每季度群众满意度测评机制，凡是督查暗访、群众满意度测评有一次不合格的，由组织部门进行约谈，连续两次不合格的进行“黑榜通报”，情节严重者执行“召回”。紧盯和严查驻村“第一书记”、扶贫工作队员在脱贫攻坚中的腐败和作风问题，坚决杜绝虚假扶贫、数字脱贫。2017年以来，共开展县级脱贫攻坚督查47次，约谈12人、谈话提醒9人、召回6人、组织处理5人。

五、“观鸟经济”：绿色生态旅游助力脱贫

习近平总书记在 2005 年 8 月 24 日的《之江新语》中写道：“我们追求人与自然的和谐，经济与社会的和谐，通俗地讲，就是既要绿水青山，又要金山银山。”2017 年在广西考察时，习近平总书记又指出：“广西生态优势金不换，要坚持把节约优先、保护优先、自然恢复作为基本方针，把人与自然和谐相处作为基本目标，使八桂大地青山常在、清水长流、空气常新，让良好生态环境成为人民生活质量的增长点、成为展现美丽形象的发力点。”近年来，在习近平总书记的“两山论”及视察广西壮族自治区时的重要讲话精神指引下，龙州县依托“红色边关、天琴古韵、岩画瑰宝、秀美龙州”的资源禀赋，突出“好吃好玩好龙州”的特色主题，以创建广西壮族自治区特色旅游名县和全域旅游示范区为抓手，着力打造跨国红色、世遗左江、天琴文化、秘境弄岗等国际旅游品牌；以新时代“旅游 +”为发展契机，创新发展理念，发展新产品、新业态和新模式，探索创新“观鸟经济”生态旅游扶贫新模式。通过与中国朱雀会、广西壮族自治区摄影家协会等单位合作，围绕“生态龙州”“生态扶贫”等主题，成功举办第二、第三届国际观鸟节和首届国际鸟类摄影大赛等活动，搭建平台，促进生态旅游发展，走出了一条生态旅游扶贫的新路子。同时，引导群众紧紧依靠弄岗保护区自然资源、珍稀鸟类多样性的优势，发展观鸟点、农家客栈，向观鸟人和科考工作者提供交通、食宿、向导等服务，增加群众收入。弄岗科普观鸟基地建设以及国际观鸟节和国际鸟类摄影大赛等赛事的成功举办，为广西壮族自治区乃至全国生态文明建设做了积极的探索和有效尝试，为龙州县获评“广西特色旅游名县”打下了坚实基础。

专栏 6-5 龙州县各乡镇大力发展观鸟经济个案调查

龙州县逐卜乡弄岗村陇亨屯位于弄岗国家级自然保护区外围，生态环境优美，物种资源丰富，林下鸟类种类达 240 多种。此外，还有黑叶猴、白头叶猴、金花茶等种类繁多的名贵稀有动植物，堪称大自然博物馆。2004 年，蒋爱伍博士和他的科研团队在弄岗自然保护区发现了一种珍稀新鸟种，经调查研究，认为这种鸟类仅限于弄岗国家级自然保护区里独有，遂于 2008 年命名为“弄岗穗鹛”。“弄岗穗鹛”的发现引起了鸟类学界的轰动，吸引大量观鸟拍鸟爱好者慕名前来，陇亨屯一些头脑灵活的村民便巧妙利用当地的“鸟资源”，做起了“鸟生意”，渐渐形成了特色的观鸟经济。具体做法如下：

一是政府促发展。逐卜乡将观鸟点的建设发展作为精准扶贫工作的重点，主动做到思想上引、政策上扶、工作上帮、方法上教，推动人力、物力、财力向该项工作集中，激发群众的发展动力。针对群众参与积极性不高、发展旅游信心不足等问题，乡政府多次深入村屯召开“鸟导”会议、村民小组会议，帮助群众算好经济账，制定村规民约，哪些房屋可以改造成民宿、哪些人员加入车队、哪些人员找鸟、种菜养家禽等，让农户切实认识到发展观鸟旅游的广阔前景，主动加入到观鸟经济产业链上。

二是新型组织促参与。为了吸纳更多的人参与观鸟经济，形成人人参与、人人爱鸟护鸟的氛围，弄岗观鸟基地注册成立了陇亨观光合作社，注册资金 20 万元，采取“合作社 + 鸟导 + 农户”的经营模式，将全屯 41 户农户吸收为社员。合作社根据各户的基本情况将农户分别列入鸟导组、民宿组、背包队、车队、后勤服务队等，明确分工，由合作社统一协调轮流上岗，每户都能参与其中。此外，还鼓励有劳动能力的贫困户生态种植蔬菜、养殖家禽，民宿点日常所需的蔬菜、家禽优先向贫困户购买，拓宽了贫困户增收渠道。

三是能人带头促协作。逐卜乡把发展壮大观鸟经济与培育农村致富能人队伍紧密结合，依靠致富能人带头、带动的作用，引领贫困户加入观鸟旅游增加收入。村民农伟宏是最早当“鸟导”的人，他通过参加各种鸟类调查监测与培训，在专家及观鸟爱好者的帮助下，掌握了当地各种鸟的分布、叫声、生活习性等，逐渐积累了丰富的鸟类鉴别知识，成为当地的“鸟专家”，成为弄岗观鸟的金牌鸟导；“鸟导”给他带来了可观的经济收入，对于大自然馈赠的这笔独特“财产”，他懂得感恩、懂得分享。农伟宏首先带动身边的人一起做，如汪那的客栈、“鸟导”卢荣、卢海团等在他的带动下，“鸟导”、客栈都做得有声有色。有了示范后，越来越多的群众主动加入观鸟旅游中。为了把观鸟经济做得更大、更红火，政府通过引导，弄岗村陇亨屯、汪那屯、坡那屯、楞垒屯等地的农户都加入观鸟旅游中。到 2017 年底，观鸟基地的“鸟导”已发展到 20 多人，民宿增加到了 10 家，可同时接待游客 150 余人。同时，群众在生态保护及爱鸟护鸟的工作中探索出一条改善生活的路子，激发了群众生态保护、爱鸟护鸟的热情。

逐卜乡借势将精准扶贫工作与观鸟经济发展深度融合，发挥好政府引导、能人带头作用，提升旅游服务意识，营造旅游市场良好秩序。在发展观鸟经济的同时，还创建与旅游相关的特色产业，鼓励周边的群众因地制宜开发农家乐，不断扩大旅游线路，优先扶持贫困户参与旅游产业，增加贫困户的收入。

六、“电视夜校”：激发贫困户最强脱贫内生动力

习近平总书记在深度贫困地区脱贫攻坚座谈会上指出：“要注重调动贫困群众的积极性、主动性、创造性，注重培育贫困群众发展生产和务工经商的基本技能，注重激发贫困地区和贫困群众脱贫致富的内在活力，注重提高贫困地区和贫困群众自我发展能力。”2017 年 10 月以来，龙州县探索创办了“脱贫致富奔小康电视夜校”，开辟了脱贫攻坚扶志、扶智和宣传党的十九大精神的新阵地。

践行习近平总书记关于扶贫工作重要论述的“电视夜校”。龙州县“脱贫致富奔小康电视夜校”以全方位提供扶贫政策、科学种养、产销信息、就业需求、诚信文化、感恩教育等各种培训为内容，普及扶贫政策，目的是进一步提高贫困户对扶贫政策的知晓率，提升贫困户脱贫致富的意愿和能力，激发其脱贫的内在动力，从“要我脱贫”向“我要脱贫”观念方向转变。2018 年 9 月起，在全面总结原“脱贫致富奔小康电视夜校”的基础上，继续举办“新时代讲习电视夜校”，对栏目设置、活动组织形式进行改版升级，除宣传习近平新时代中国特色社会主义思想等原有内容外，还增加思想教育类（如感恩教育、扫黑除恶案例等）、乡村振兴类，就业信息、产销信息等内容，满足群众需求。以“观看节目 + 村民议事（讨论）”的形式开展活动，引导党员群众对产业发展、公共（公益）事业等进行讨论，集思广益激发群众内生动力，密切党群干群关系。

一把手高位推动“电视夜校”。为了使“脱贫致富奔小康电视夜校”这个平台切切实实地起到助推脱贫攻坚的作用，龙州县成立了“脱贫致富奔小康电视夜校”工作领导小组，组长由县委书记、县长担任，副组长由县委副书记、宣传部长、组织部长等 4 位县委常委担任，19 个部门主要

负责人和12个乡镇党委书记为夜校工作领导小组成员，构建强大的组织领导机构；此外，细化领导机构成员单位的工作职责，由县委组织部负责协调各方参与节目拍摄、节目审核、节目播放组织管理等工作。文化旅游和体育广播电视局与远程教育办公室负责节目录制、剪辑播出等工作；县委党校选派骨干教师解读党的十九大精神；县扶贫办、农业局、财政局、民政局、畜牧水产局等涉及扶贫政策的部门负责做好每一期政策解答等，形成各司其职、群策群力、齐抓推进的良好局面。县委书记秦昆同志经常亲自把关节目的内容，并经常与干部群众现场观看。

领导驻村夜访推动“电视夜校”。龙州县坚持由县四家班子领导、县直单位主要领导带头拿出90%的精力深入挂点乡镇、村屯，调查研究、协调推动、检查问效，特别是每周要到挂点联系村住一个晚上以上，着力攻坚贫困户缺项，宣传脱贫攻坚政策，推进重点难点工作，提升群众满意度。领导干部在驻村夜访的主要内容之一就是与群众一起观看“电视夜校”节目，确保夜校如期举行。县委书记秦昆同志率先垂范，每周都要下村住一个晚上，确保驻村夜访制度落到实处。领导驻村时一起看电视，但不干涉电视夜校的组织与观后讨论，而是由驻村第一书记、村“两委”干部主持。在电视夜校节目结束后，第一书记、帮扶责任人组织贫困户与非贫困户积极参与开展主题交流和讨论，群众谈感受、讲共鸣，进一步温习巩固相关知识，分享家庭脱贫故事、创业心路历程等，对积极发言的群众发放小礼品。这样的活动，提高了群众对驻村工作队、帮扶责任人、帮扶效果、帮扶工作成效的满意度。

内容上贴近群众推动“电视夜校”。一是内容上明确。按照“3+3”节目录制模式，每期均设置“学习贯彻党的十九大精神专题、扶贫政策主讲、现场解答”三个固定栏目，制作三部本地扶贫典型案例，把发生在群众身边的感人事例、带富致富的典型事例、看得见摸得着的扶贫成效，展现给全县广大群众，实现“脱贫致富奔小康电视夜校”与扶心、扶智、扶志相融合，坚定贫困群众脱贫致富的信心和决心。二是在语言上贴近。针对部分群众文化水平和普通话水平较低等问题，栏目主持人身着本地民族特色服饰，用本地壮语录播，方便群众学习理解，便于群众记忆和口耳相传，让群众听得舒心、看得欢心、入得人心。三是事例上精推。选择在扶贫工作一线工作成效突出、群众认可满意的驻村第一书记、驻村工作队员、村“两委”干部、帮扶责任人，作为扶贫工作典型；选择通过扶贫政策摆脱贫困面貌的贫困户或带领贫困户致富的农村党员，作为致富典型。通过一个个生动案例和当事人的现身说法，为群众展现龙州县驻村干部、致富能手依托“种、养、贸、游、工”等产业勠力同心，携手打赢脱贫攻坚战的坚定信心。

形式上丰富传播载体推动“电视夜校”。注重在组织形式、播放方式、活动内容上做活动文章，确保“电视夜校”取得实实在在的成效。电视夜校开办以来，坚持每个星期固定于周五晚 8：20 在龙州县电视台首播，周一、周三重播。没有接通广西有线电视网络的村屯，通过农村党员远程教育站点或由村干部用移动介质 U 盘进行播放，确保群众都能看得到。为确保“电视夜校”取得实效，龙州县建立以屯为单位，由乡镇干部、驻村帮扶责任人、驻村工作队员（第一书记）、村屯干部四级干部联合发动各家各户代表参与“电视夜校”活动的制度。活动结束后，召开座谈会，由观看人员谈体会、谈感想、谈建议、谈希望，把“电视夜校”活动做成聚焦学习党的十九大精神的研讨会、打赢脱贫攻坚战的恳谈会、了解党的路线方针政策和提高农民素质的培训会。电视夜校举办以来，12 个乡镇累计收集群众的建议意见达 3000 多条，有效推动了扶贫工作良好开展。

行动上实行网格化管理推动“电视夜校”。为确保干部群众观看及交流活动动作不减、内容不少、热情不退，全县 12 个乡镇 130 个村（社区）全部执行干部组织观看分片分区网格化管理，明确每个村、每个屯的固定责任人，全面负责组织群众观看。创新使用“钉钉”软件管理平台，利用大数据云管理方式，对乡镇干部、驻村工作队员进行“盯”管理，并实行到位组织观看签到制度，实现对驻村干部的实时跟踪、实时掌握、实时管理，进一步压实乡镇干部、驻村干部组织“电视夜校”的主体责任。

第七章　龙州县脱贫摘帽的历史性成就

党的十八大以来，特别是2015年打响脱贫攻坚战以来，龙州县在党中央、自治区党委和崇左市委的坚强领导下，以习近平新时代中国特色社会主义思想为引领，以脱贫攻坚工作统领全县经济社会发展全局，把脱贫攻坚作为最大的政治责任、最大的民生工程、最大的发展机遇，在贫困村、贫困人口脱贫方面实现高质量稳定脱贫，全县经济社会发展实现了新跨越，取得新成就，县域治理体系和治理能力得到了全面提升。

一、打响广西壮族自治区国家级贫困县脱贫摘帽第一炮

2018年，是中华人民共和国成立以来龙州县发展史上最为辉煌的一年。6月，顺利通过国家第三方评估机构对龙州县进行的贫困县退出实地评估检查。8月4日，自治区人民政府正式发文批准同意龙州县脱贫摘帽。8月17日，国务院扶贫办举行贫困县退出新闻发布会，宣布11省区市40个国家扶贫开发工作重点县正式脱贫摘帽，龙州县位列其中，成功打响全区国家级贫困县脱贫摘帽第一炮。至此，龙州县区域性贫困问题得到有效解决。

（一）实现“一低于”的摘帽标准

经过全县干部群众共同努力、克难攻坚、苦干实干，龙州县贫困人口由2013年的67055人减至2017年末的3996人。2014—2017年，全县累计减少建档立卡贫困人口62428人，其中，2014年5564人，2015年10834人，2016年9358人，2017年36672人；年均减贫15607人。农村贫困人口的大规模减少，贫困发生率从2013年的31.5%降低至2017年的1.91%，下降了29.59个百分点，达到了国家关于贫困县摘帽的“贫困县综合贫困发生率低于3%”的退出标准，为全县如期摘帽、如期全面建成小康社会打下了坚实的基础。

表7-1　2014—2017年龙州县减贫情况

	2014年	2015年	2016年	2017年
脱贫人数（人）	5564	10834	9358	36672
脱贫村数（个）	10	12	8	19
脱贫户数（户）	1623	2891	3244	10170
贫困发生率（%）	25.87	23.92	19.42	1.91

资料来源：根据龙州县扶贫办提供的相关数据整理（注：2014年、2015年的脱贫数据为自治区认定的“十二五”时期的贫困村和贫困人口数，2015年全区开展新一轮的精准识别后，认定了“十三五”时期的47个贫困村）。

（二）农民生活水平大幅提高

农民人均纯收入持续增收。龙州县农村居民人均纯收入从2013年的6148元，到2017年农村居民人均可支配收入提高到9799元。[①]

① 根据2014—2018年《广西统计年鉴》相关数据整理。

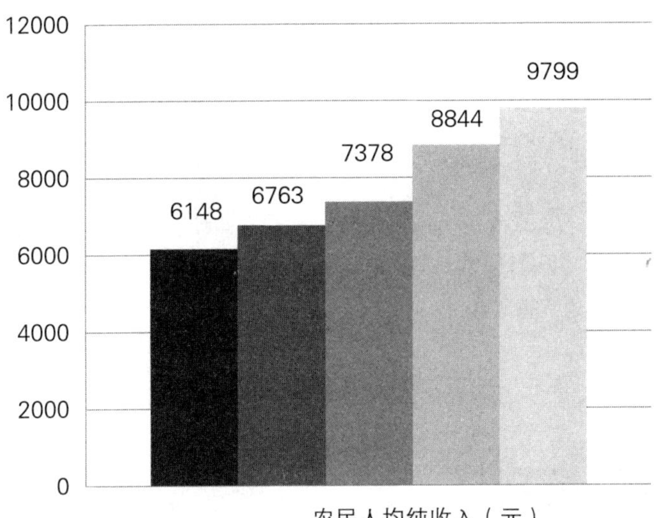

图 7-1　2013—2017 年龙州县农民人均纯收入变化情况

数据来源：根据 2014—2018 年《广西统计年鉴》相关数据整理。2013—2016 年龙州县农民收入数据为农民人均纯收入，2017 年为农民人均可支配收入。

农户对家庭经济生活满意度较高。课题组在龙州县的抽样调查显示，70.65% 的农户觉得自家的收入在村里处于中等或一般水平，70.65% 的农户对家庭收入持一般或满意态度，其中 8.70% 的农户对家庭收入非常满意，26.09% 的农户对家庭收入比较满意。

农户家庭财产拥有率较高。问卷调查显示，手机等通信工具已基本普及；彩色电视机、电冰箱或冰柜等家用电器类财产普及率较高；交通运输工具中，摩托车 / 电动自行车（三轮车）等小型交通工具已“飞入寻常百姓家”；农业机械中，拥有拖拉机的农户已达 33.00%，拥有耕作机的农户也已达到 18.00%，农业机械的推广应用为提高农业生产效率，增加农民收入提供了保障。

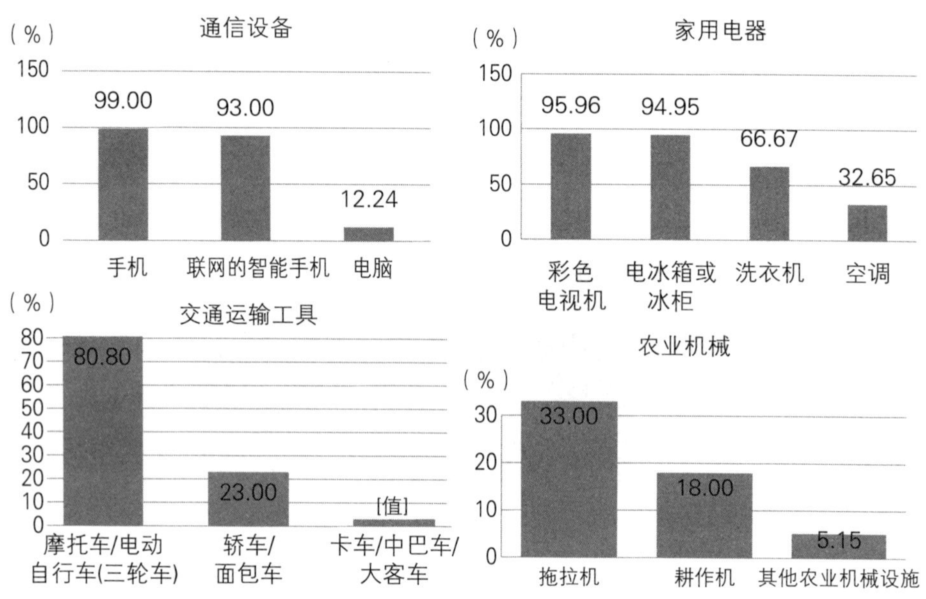

图 7-2 2017 年龙州县抽样调查农户家庭财产拥有率

数据来源：根据课题组抽样调查问卷相关数据整理。

专栏 7-1 农业企业带动农户 拓宽农民增收渠道

广西龙州县韬盛园艺有限公司，是一家以珍贵树种（澳洲坚果为主）育苗、蔬果种植、特色养殖、乡村生态农业旅游为一体的民营企业。该公司在当地政府的大力支持下，充分发挥自身在林业方面的优势，推行“专业化生产，规模化经营”的现代园艺企业运作模式，不断提高澳洲坚果的生产技术和市场占有率，激发当地农户参与发展产业的积极性。农户只需以土地入股和土地出租的方式参与经营，不需投入资金就可实现增收。村民的收入主要来自两个方面：一是土地租金，每亩地每年可收到 100—1200 元租金；二是每月劳务收益，2015 年企业务工农民月收入 1800 元，同比增长 30%—40%。这不仅为农民就业提供了就业岗位，增加了农民收入，提高了农民生活质量，也活跃了农村市场经济。

（三）有效解决全县区域性整体贫困

截至 2018 年 6 月，全县所有脱贫户实现吃穿不愁；农户住房保障率达 99.36%，贫困农户住房保障率达 100%；义务教育巩固率达 95.30%，没有因经济困难而辍学的学生；农村居民医疗保险（含大病保险）参保率达 100%，贫困户因病致（返）贫问题基本解决。全县脱贫攻坚工作群众认可度达 96.34%，漏评率、错退率为零。“两不愁三保障”的脱贫指标全面完成；全县农村通水通路通电、生产生活生态、就医就业就学等人居环境和主要公共服务指标接近全国平均水平；全县扎实推进“清洁乡村”“生态乡村”“宜居乡村”建设，水源田园家园全面清洁，道路硬化、饮水净化、村庄亮化全面实现，脱贫产业富民、基础设施便民、公共服务惠民全面达成，为深入实施农村人居环境三年整治行动和推进乡村“五个振兴”打下了扎实基础。全县区域性整体贫困问题得到有效解决。

二、县域经济实现跨越式发展

近年来，龙州县坚持以脱贫攻坚统领经济社会发展，经济实力不断增强，产业结构持续优化，新业态不断涌现，县域经济实现持续健康发展。

（一）县域经济综合实力显著增强

经济实现平稳向好发展。龙州县地区生产总值由 2013 年的 70.56 亿元跃升至 2017 年的 121.61 亿元，年均增长 8.76%，增速高于广西壮族自治区全区 0.96 个百分点。全社会固定资产投资从 2013 年的 55.26 亿元增加到 2017 年的 119.4 亿元，年均增长 21.25%，在广西壮族自治区 28 个国家扶贫开发工作重点县中由第 6 位提升至第 4 位。社会消费品零售总额从

2013年的13.82亿元增加到2017年的20.9亿元，年均增长10.9%，在广西壮族自治区28个国家扶贫开发工作重点县中由第12位提升至第10位。

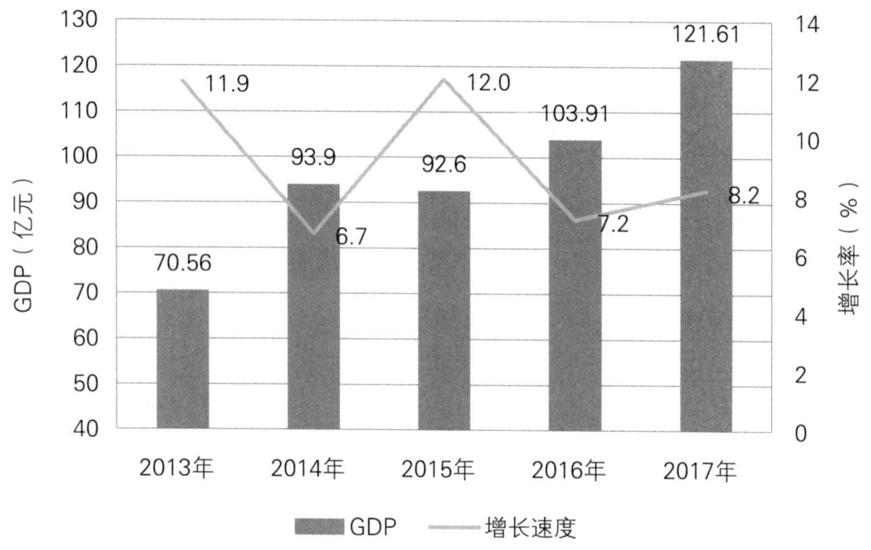

图 7-3　2013—2017 年龙州县地区生产总值及增长率

数据来源：根据2014—2018年《广西统计年鉴》相关数据整理。

人均地区生产总值大幅提高。龙州县人均地区生产总值由2013年的31700元跃升至2017年的53702元，高于广西壮族自治区11747元的平均水平，同比增长9.18%，人均地区生产总值在广西壮族自治区各县（市/区）中的排名从2013年的第53名跃升至2017年的第25位，提升了28位；在各县（除去各城区和地级市）的排名中由2013年的第34位提升至2017年的第2位；在广西壮族自治区28个国家扶贫开发工作重点县中位居第一。[①]

① 根据2014—2018年《广西统计年鉴》相关数据整理。

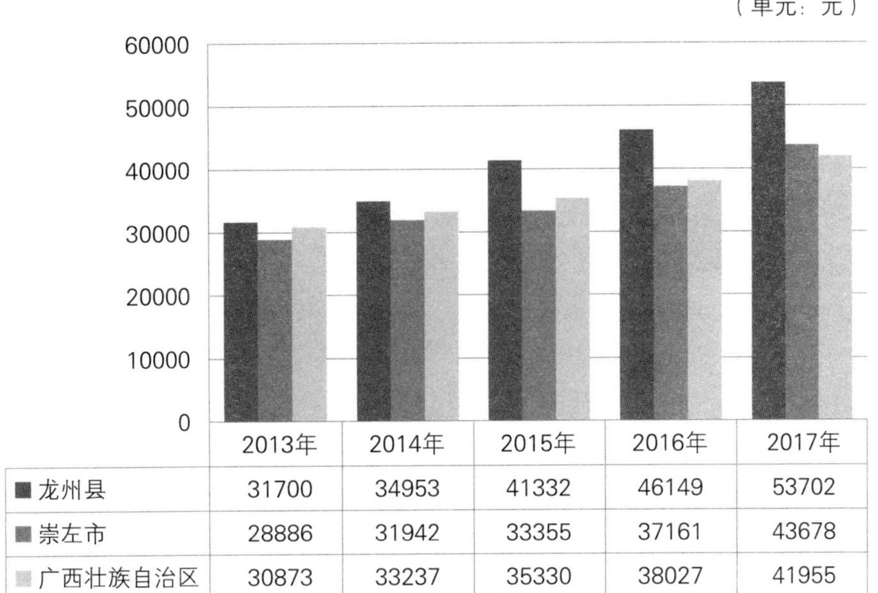

	2013年	2014年	2015年	2016年	2017年
龙州县	31700	34953	41332	46149	53702
崇左市	28886	31942	33355	37161	43678
广西壮族自治区	30873	33237	35330	38027	41955

图 7-4　2013—2017 年广西壮族自治区、崇左市及龙州县人均 GDP 变化情况

数据来源：根据 2014—2018 年《广西统计年鉴》相关数据整理。

（二）县域产业转型升级蹄疾步稳

龙州县坚持“强龙头、补链条、聚集群”的产业发展思路，重点抓好糖料蔗“双高”基地建设和蔗糖循环产业链延伸、生态铝产业发展、特色食品加工业、新能源战略性新兴产业发展、现代物流业发展、农业现代化发展六项产业发展重点的攻坚工作，全县产业转型提质升级呈现新局面。

1. 全县经济结构优化升级

三次产业结构由 2013 年的 29.09 : 40.46 : 30.45 优化到 2017 年的 22.32 : 42.72 : 34.96，第二产业比重最大，第三产业比重明显提升。[①]

---

① 根据 2014—2018 年《广西统计年鉴》相关数据整理。

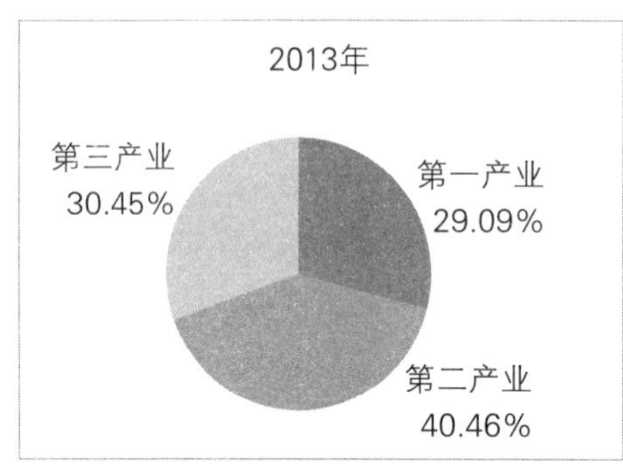

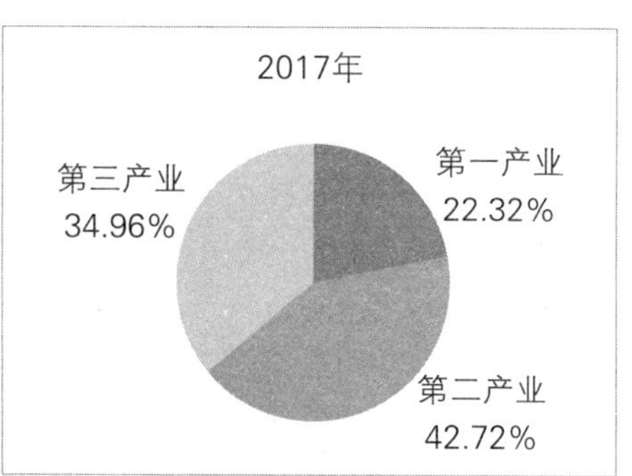

图 7–5　2013 年和 2017 年龙州县三次产业结构

数据来源：根据 2014 年和 2018 年《广西统计年鉴》相关数据整理。

2. 现代特色农业提质增效

创新“小块并大块”耕地整治“龙州模式”，被原国土资源部列为全国土地改革试点，优先在西南八省区喀斯特地区推广；累计完成“小块并大块”耕地 185 万亩。累计完成“双高”基地 23 万亩，“并户联营”模式在广西壮族自治区、崇左市“双高”推进会上作经验介绍。食用菌、中草药、间套种等特色种养殖形成规模，北部湾、旭超两家食用菌行业龙头企业快速发展。“山水弄岗”田园综合体列为自治区级田园综合体备选项目，粮食生产功能区和糖料蔗生产保护区划定工作稳步推进。创建或提升自治区级现代特色农业（核心）示范区 2 个、县级示范区 4 个、乡级示范园 15 个、村级示范点 42 个，① 农业经济新增长点不断涌现，农民增收新机制不断形成，农民致富渠道不断拓宽。

3. 工业经济企稳向好

蔗糖产业巩固发展。打造蔗渣 – 制浆造纸产业链、滤泥 – 有机复合肥产业链、制糖 – 精制糖 – 食糖深加工产业链 3 条产业链条，推动糖业“二次创业”。2017 年，蔗糖循环产业产值 81 亿元（制糖 69 亿元、造纸

① 2018 年龙州县政府工作报告。

12 亿元）。[①]

坚果加工业逐渐成为新的经济增长点。2017 年，龙州县坚果加工企业有 6 家，其中已建成投产 3 家，全年坚果加工产值 14.14 亿元。[②]

氧化铝产业加快发展。中恒万华冶炼厂实现产值 6 亿多元，年产 100 万吨生态氧化铝；[③] 崇左市低品位难处理铝土矿综合利用项目氧化铝厂部分已获得氧化铝厂用地预审批复。

能源产业有新的突破。2018 年 6 月，百煜 120MWP 光伏项目实现并网发电，龙州氧化铝、国轩新能源新型锂动力电池等项目加快建设。

4. 服务业蓬勃发展

口岸经济逐渐成为广西壮族自治区、崇左市开放“新一极”。2018 年 10 月，水口口岸升格为国际性口岸并扩大开放至二桥；水口国检试验区、水果进境指定口岸获国家质检总局批复建设，科甲口岸获南宁海关同意启动复关。

文化旅游持续升温。2015 年，龙州获评“中国长寿之乡”称号，被国家旅游局评为全国首批 2 个“全国红色旅游国际合作创建区”之一。2016 年，左江花山岩画文化景观入选世界文化遗产。2017 年，小连城景区、龙州左江景区获评 4A 级景区，3 家景区获评 3A 级景区，发现 · 弄岗获评广西生态旅游示范区，6 家获评广西四星级乡村旅游区（农家乐），龙州镇洞埠鼎力农家乐获评广西三星级农家乐。逐卜弄岗观鸟生态旅游品牌逐步打响，成功举办上金龙舟邀请赛、“中国第一路”自行车赛等节庆活动。2018 年，成功创建广西特色旅游名县。

① 2018 年龙州县政府工作报告。
② 龙州县工信局提供的资料。
③ 2018 年龙州县政府工作报告。

专栏 7–2 在保护中开发，实现全民旅游精准脱贫致富

龙州县上金乡卷逢村白雪屯位于左江花山岩画世界文化遗产的核心区，游船在秀丽的左江白雪河段，可以参观左江花山岩画景观中岩画分布最密集地区——龙州县遗产区的六个岩画点：三洲头山岩画、三洲尾岩画、岩敏山岩画、岜逢山岩画、无名山岩画、朝船头山岩画。村落中现有保留的房子多数建于新中国成立初期，大多数是泥坯砖搭配木头青瓦、穿斗式建筑；村落依山而建，依水而居，景色优美，民风淳朴，文化遗产保护完好，因此被列入全国第四批“传统村落”名录，获评为自治区生态村以及崇左市“魅力村屯”。

白雪屯因地制宜制定了“旅游＋扶贫”工作规划，着力抓好旅游交通道路和旅游公共服务设施等基础设施建设，不断完善白雪乡村旅游发展条件。实施“政府＋村民合作社＋旅行社＋农户”模式：白雪乡村旅游在后盾单位的指导下，成立了“龙州县铜鼓湾农业观光旅游服务专业合作社”，吸纳全村 156 户村民作为社员，共同参与建设实现利益分红，合作社的基础设施由政府规划投资，改变“输血扶贫”为“造血扶贫”的模式，解决了合作社发展资金薄弱、政府扶贫项目资金落地难的问题。在政府的引导下，整个白雪乡村旅游的市场运营，由广西壮族自治区组客能力最强之一的旅行社全权代理，持续开展以“游左江醉美河段风光·享壮乡超土文化大餐”为主题的旅游精准扶贫活动。据统计，2018 年内实现进入白雪屯旅游的游客达到 0.7 万人次，旅游纯收入达到 8 万元，实现在龙州县住一晚游三个景区景点，不断拉长白雪乡村旅游的产业链。

商贸物流业稳步推进。2017年，龙州县拥有各类物流企业25家，包括邮政、申通、圆通、中通、百世汇通、韵达、天天、顺丰、宅急送邮政小包等，京东、苏宁易购、村邮乐购、“空店”等8家知名电商企业入驻龙州；全县电商从业人员1700多人，电商企业线上交易额达7000多万元，[①]产品主要有桄榔粉、砧板、柠檬辣椒酱、乌龙茶、坚果、山黄皮、沙糕等优质产品和土特产。2017年，龙州县获评全国电子商务进农村综合示范县。

（三）县域产业实现集约集聚集群发展

近年来，龙州县加快推进工业园区项目建设，加大招商引资力度，着力提高工业园区管理和服务水平，工业园区各项事业呈良好发展态势。2017年，园区实现工业总产值81.3亿元，工业增加值28.2亿元，完成基础设施投资0.66亿元，税收4.3亿元。[②]

1. 园区基础设施建设加快推进

龙北综合加工区的水、电、路、污水处理等基础设施建设全面推进。至2017年，龙北综合加工区2号道路工程、水电工程及临时排污供电工程均已正式验收。4号道路一期工程及2号道路延长线已完成水泥路面铺设。已完成排污管网工程雨水管道500米、污水管道620米、检查井47个、土方工程32000立方米的建设工程量。新旺经济区蔗糖循环经济示范区道路维修工程项目加快推进。水口扶贫产业园区供电、供水项目竣工使用，产业园二路、横二路、横三路、横四路建设项目及沿边路扩建工程项目等道路项目已开展招投标工作。冷库项目及污水处理厂项目前期工作顺利推进。

① 2018年龙州县政府工作报告。

② 龙州县工业集中区管理委员会提供的资料。

2. 园区入驻企业不断增加

至2017年末，龙北综合加工区已进驻企业11家，其中项目已投产的企业5家，试产的企业1家，在建的企业5家。新旺循环经济区进驻企业8家，均已全部实现投产经营。水口扶贫产业园进驻企业10家，其中投产1家，试产1家，在建8家。

三、城乡社会建设全面进步

党的十八大以来，龙州县坚持脱贫攻坚与城乡协调发展相结合，加快水、电、路、网等基础设施建设，着力推进扶贫与扶智、扶志相结合，县域硬环境和软环境都得到了有效提升。

（一）城乡基础设施建设全面提升

近年来，龙州县基础设施建设攻坚战成效显著，建设水平迈上了新台阶。

1. 路网建设加快推进

至2017年末，崇左至水口高速公路（龙州段）完成投资超过12亿元，路基基本贯通；都城至新联、新旺至上金、龙州至凭祥等路网加快推进；大新德天—逐卜—响水—宁明花山一级旅游大道（龙州段）、大新桃城至龙州科甲（龙州布双至金龙段）、岭南至上金、龙州至彬桥等公路项目征地有序开展，“四好农村路”管养总里程达642千米。

2. 城市品位逐步彰显

“一路一站一江一街一湖一中心一公园”城市框架初步形成，城市功能日臻完善。县城“三纵三横”路网加快建设，城南进城大道基本建成，独山路延长线拓宽工程开工建设，城东进城大道、水口东盟大道正开展招投标。中华城、同顾·中央公园、百年红木、东盟汽车文化城一期竣工交付，县110指挥中心、工人文化宫、福玺嘉小区完成主体建设，嘉信酒店顺利开业，天湖大酒店开工建设。完成县城亮化提升、独山路人行道景观改造、龙鑫商业步行街改造，开展集中整治三轮车、城区道路交通秩序行动，打造独山路等严管示范街区，县城面貌焕然一新。

3. 贫困村基础设施建设不断提升

农村道路硬化提升工程加快推进，至2017年已完成村屯道路硬化841.2千米，涉及10个乡镇68个村社区。农村饮水安全工程扎实推进，已建成并投入使用的农村饮水安全工程103个。贫困村危房改造全面推进。龙州县按照“科学规划、统筹发展，政府引导、群众自愿，经济适用、确保公正”的原则，至2017年已累计完成农村危房改造任务199户（其中建档立卡危房户149户，一般贫困户50户）。实施安全用电稳定供电排查工作，提升用电安全性和稳定性。水利电业有限公司实施龙州县110kV菊界变电站和龙州县110kV惠民变电站建设。农村公共服务中心硬件提升工程加快推进，建设村委会办公场所7个，分别是响水镇高峰村、金龙镇双蒙村、彬桥乡青山村、绕秀村、安镇村、上金乡新旺村、上龙乡武权村。

（二）农村人居环境大为改善

龙州县牢固树立“绿水青山就是金山银山”的理念，坚持绿色循环发展，推进宜居乡村、乡土村屯建设。大力实施村屯绿化工作，推进生态乡村建设。至2017年末，完成绿化美化示范村屯建设73个，一般村屯875个，完成率100%。[①] 着力改善生态环境质量，加快推进龙州左江国家级湿

① 龙州县发展和改革局提供的资料。

地公园建设，继续加大培育珍贵树种，完成造林6500亩。继续加强节能减排工作，全力打好以环境质量改善倒逼机制推动产业转型升级攻坚战，建成了18个乡镇、行政村垃圾处理中心，处理农村垃圾、污水的能力得到了提高。2017年，全市美丽乡村综合示范村建设现场会在龙州县召开。

（三）人民群众精神面貌焕然一新

在推进脱贫攻坚的过程中，龙州县注重扶贫与扶智、扶志相结合，通过创办脱贫致富奔小康电视夜校、推进产业扶贫等措施，努力改变贫困人口的思想状态和精神面貌，着力提高他们的能力和素质，使贫困人口转变成为能够依靠自己的双手自力更生、勤劳致富的人。

脱贫励志电视夜校激发脱贫信心。注重在节目选录上下功夫，把宣传习近平新时代中国特色社会主义思想和党的十九大精神、扶贫政策解读、实用技术培训和身边的扶贫脱贫励志故事作为“重头戏”，用通俗易懂的本地话录播，并组织群众围绕节目内容交流讨论，谈感想、讲共鸣，让贫困群众感觉恩聚能量，激发他们“我要脱贫”的内生动力。至2018年底，电视夜校已举办25期，覆盖全县127个村、1210个村民小组，累计接受教育群众30多万人次。①

贫困群众“等、靠、要”现象大为减少。课题组的抽样调查数据显示，对于“当前农村是否存在‘等靠要思想’问题”，30.30%的农户认为基本没有，14.14%的农户认为完全没有。

① 龙州县组织部提供的资料。

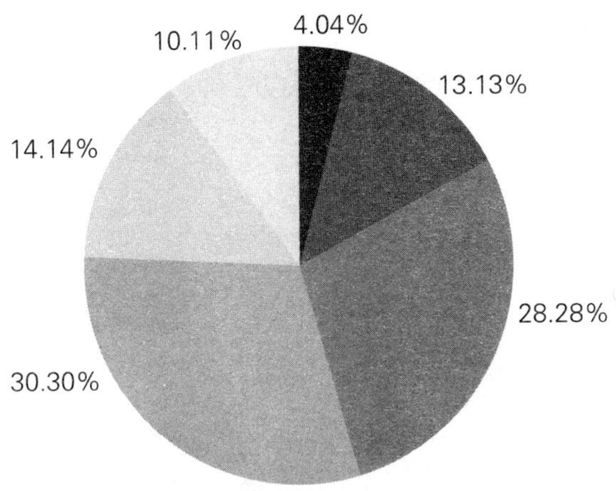

图 7-6　2017 年龙州县农村“等、靠、要”思想存在程度比重

数据来源：根据课题组抽样调查问卷相关数据整理。

互相攀比现象大为减少。课题组的抽样调查数据显示，对于“当前农村是否存在‘互相攀比’问题”，有 44.44% 的农户认为没有这些问题，其中，有 25.25% 的农户认为基本没有，19.19% 的农户认为完全没有。

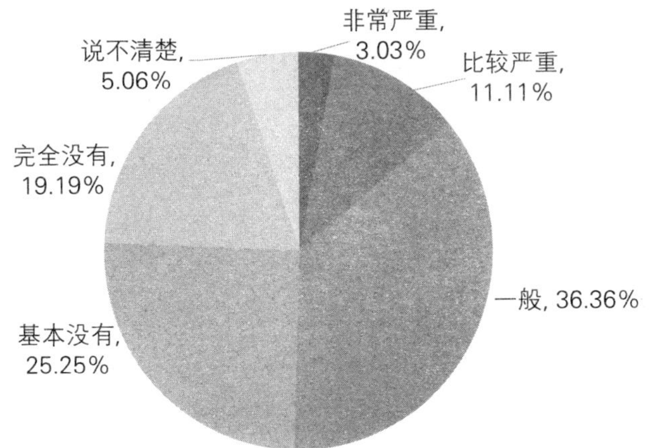

图 7-7　2017 年龙州县农村“互相攀比”思想存在程度比重

数据来源：根据课题组抽样调查问卷相关数据整理得出。

婚丧嫁娶大操大办现象大为减少。课题组的抽样调查数据显示，对于“当前农村是否存在‘婚丧嫁娶大操大办’问题”，32.32% 的农户认为基本没有，25.25% 的农户认为完全没有。

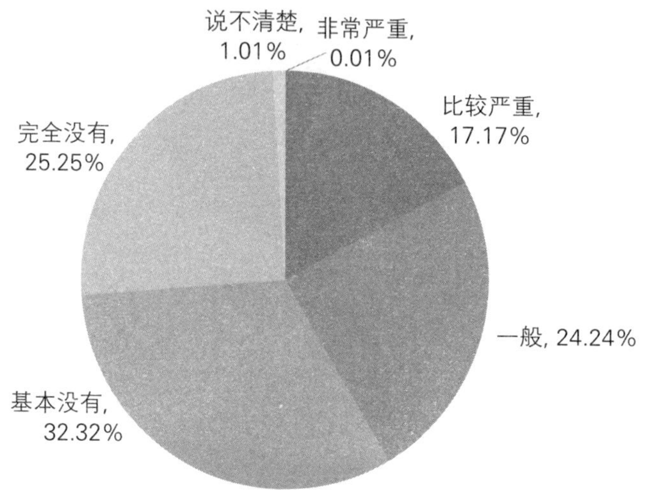

图 7-8　2017 年龙州县农村“婚丧嫁娶大操大办”现象的程度与比重

数据来源：根据课题组抽样调查问卷相关数据整理。

无所事事游手好闲现象大为减少。课题组的抽样调查数据显示，对于“当前农村是否存在‘无所事事游手好闲’现象”，36.73% 的农户认为基本没有，27.55% 的农户认为完全没有。

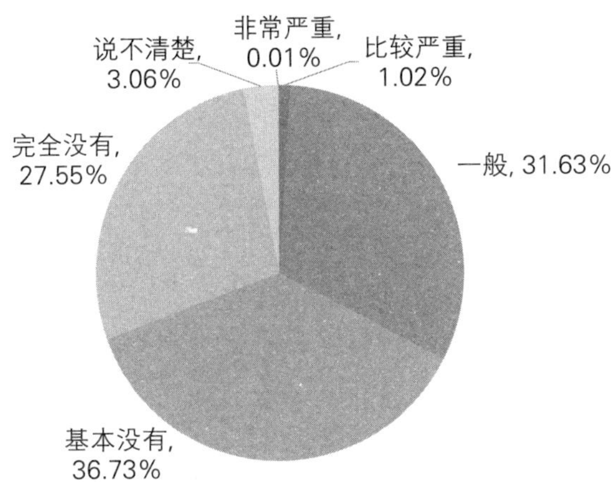

图 7-9　2017 年龙州县农村“无所事事游手好闲”现象的程度与比重

数据来源：根据课题组抽样调查问卷相关数据整理。

酗酒赌博现象大为减少。课题组的抽样调查数据显示，对于“当前农村是否存在‘酗酒赌博’现象”，40.40% 的农户认为基本没有，31.31% 的农户认为完全没有。

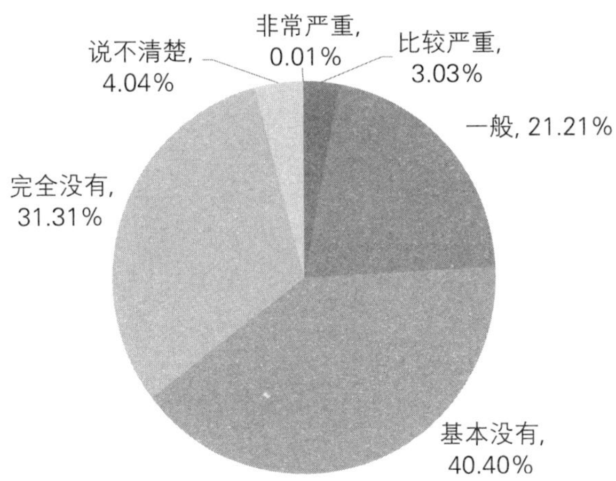

图 7-10　2017 年龙州县农村“酗酒赌博”现象存在程度的比重

数据来源：根据课题组抽样调查问卷相关数据整理。

（四）边境安全更加巩固

龙州县地处中越边界，边境线长184千米。党的十八大以来，龙州县坚持脱贫攻坚与巩固边关相结合，通过开展边贸扶贫、易地扶贫搬迁等工程，有效加快边民脱贫致富进程，使边民更加安心驻边守疆。“易地搬迁＋驻边守疆＋边贸致富”模式也获得国务院督查组高度评价。

边贸扶贫助推边民走上致富路。龙州县通过推行边民互助组，创建边贸运输队，组建装卸队和加工厂，边民进入企业务工，是边民靠边吃边、增收致富的新模式，同时配套推广政府边民小额贷款“三无优惠”“以奖代补”等政策，解决边民参与互市贸易资金缺乏的难题。通过实施边贸扶贫工程，努力实现边民增收致富目标。截至2017年12月31日，全县边民参与边境小额贸易有22500人，其中贫困户5837人，贫困人口参与率为25.94%。全县边民参与运输的车辆有3761辆，其中贫困户参与互市贸易运输的车辆有451辆，贫困户参与运输车辆数目占总运输车辆数的比例为11.99%。全县共有227个互助组，共8026人。其中，水口镇108个小组，3700人；下冻镇119个组，4326人。全县车辆运输队共32队，其中水口镇15队，下冻镇17队；装卸组39组，共987人。其中，中国员工99人，越南员工888人。①

易地扶贫搬迁让边民实现安居乐业。龙州县在水口互市区、那花互市点、布局互市点、科甲互市点、横罗互市点所在地建设扶贫易地搬迁边境安置点，将边境乡镇20户以下扶贫成本极高的自然村屯（生产生活环境条件极差且不具备居住和发展的自然村屯）和地质灾害、生态保护区、生态修复区等贫困群众易地搬迁至边境安置点，并通过引导和帮助易地搬

---

① 龙州县边贸服务专责小组提供资料。

迁贫困边民参与互市贸易解决就业问题，实现脱贫。到2017年末，全县搬迁至四个边境安置点的人有936户共2947人，其中搬迁至水口镇共宜新村安置点有770户共2390人，搬迁至下冻镇布局安置点有43户共162人，搬迁至武德乡科甲新村安置点有77户共240人，搬迁至彬桥乡集镇安置点有46户共155人。[①]依托安置点临近互市区（点）的便利优势，引导和帮助易地搬迁贫困边民参与互市贸易、互市贸易运输、到园区公司企业务工增加收入。据统计，截至2018年11月30日，搬迁至边境四个易地搬迁安置点的贫困户已经进行指纹备案有321户共744人。

四、县域治理能力有效提升

党的十八大以来，龙州县始终坚持把脱贫攻坚与县域治理能力提升进行有机结合，有效增强了党员干部的政治意识，提高了党委的统筹协调能力、政府的执行力、基层的战斗力和群众的向心力。

（一）党员干部“四个意识”显著增强

在推进脱贫攻坚的过程中，龙州县各级党员干部始终坚持以习近平总书记关于扶贫工作的重要论述武装头脑，树牢“四个意识”，坚定“四个自信”，坚决做到“两个维护”，把脱贫攻坚作为最大的政治任务，自觉把个人履职尽责与勇担历史使命紧密结合起来，贯彻落实好中央关于打赢脱贫攻坚战的重大决策部署。各级党员干部牢固树立“实干就是能力，落实才是水平”“只为成功找办法，不为失败找理由”的理念，大力发扬“5+2”“白＋黑”的连续奋战精神，大力倡导以党员干部的“辛苦指数”换

① 龙州县边贸服务专责小组提供资料。

取全县贫困群众的“幸福指数”，以脱贫攻坚为重要平台，打造了一个善于发现问题、善于解决问题和善于抓落实的领导班子和干部队伍。

（二）地方党委统筹协调能力显著增强

在推进脱贫攻坚各项工作的过程中，龙州县始终坚持党的领导，认真落实全面从严治党要求，深入开展党的群众路线教育实践活动和“三严三实”的专题教育，深入整治“四风”，推动“两学一做”学习教育常态化，以务实的作风推进脱贫攻坚工作，明确各级党政一把手是脱贫攻坚第一责任人，狠抓落实的能力和水平明显提高，使各级党委的统筹协调能力有效增强。

（三）各级政府贯彻执行能力显著增强

政府执行力指的是政府执行的能力与效能，是政府贯彻执行党和国家的路线、方针、政策以实现既定目标的实践能力。党的十八届三中全会通过的《中共中央关于全面深化改革若干重大问题的决定》指出，要“创新行政管理方式，增强政府公信力和执行力，建设法治政府和服务型政府”。近年来，龙州县着力推进法治政府建设，加快政府机构改革。新设置县城乡综合执法管理局获市里批准，整合组建县市场监督管理局，完成乡镇“四所合一”改革和村（社区）“两委”换届工作。自觉接受人大和政协监督，人大代表建议、政协提案办结率100%。财政审计监督持续加强，财政性资金投资项目审减1.31亿元，政府性投资项目造价审减2105万元。健全政府工作规则、政府性投资建设项目招投标管理、财政资金审批和划拨程序等制度，行政效能显著提升。2015年龙州县被确定为全国100个依托电子政务平台加强县级政府政务公开和政务服务试点县之一，2013年龙州县政务服务和政务公开综合运行成效居广西壮族自治区县级首位。

（四）基层党组织感召力、战斗力显著增强

啃硬骨头、攻坚拔寨，需要一批精兵强将冲锋在前。龙州县着眼于脱贫攻坚工作的实际需要，最大限度整合干部人才资源，向脱贫攻坚一线集结，打造了一支脱贫攻坚生力军。一是乡镇领导班子得到加强，在全县统筹选拔政治素质高、年富力强、有干事激情的干部担任乡镇党政正职，从扶贫一线表现突出的“三类人员”中选拔 32 名进入乡镇领导班子。二是村党组织带头人队伍得到加强，安排 43 名年轻优秀农村党员干部到乡镇机关跟班学习，切实提高他们的综合素质。在 2018 年村“两委”换届选举中，注重从农村致富带头人、回乡大中专毕业生、外出务工返乡人员、退伍军人中选拔村组干部，在新当选的村党支部书记中，具有高中（中专）及以上学历的占 79.4%，有 47 名党支部书记兼任村民合作社理事长。[①] 在选派贫困村党支部第一书记基础上，增派有基层工作经验的县直机关领导干部挂职担任村委会“第一主任”，争取广西师范学院选派 47 名优秀在校生到贫困村挂职担任团组织第一书记，协助推进产业扶贫、发展村集体经济。三是驻村工作力量全面充实。明确县处级干部挂点帮扶全县 47 个贫困村，带头每周在联系的贫困村工作一天、住宿一晚。统筹区、市、县、乡四级精干力量，选派第一书记、扶贫工作队员共 445 名进驻 12 个乡镇 127 个村（社区），组织 7000 多名党员干部与全县 14018 户贫困户进行结对帮扶，[②] 确保每个村（社区）都有 3 名以上驻村队员，并执行“五天四夜”驻村工作制度，形成全员上阵、全力参与脱贫攻坚的工作格局。

---

① 龙州县组织部提供相关资料。

② 龙州县组织部提供相关资料。

专栏 7-3 李国秋（化名）：退休不退岗 坚守脱贫攻坚一线

李国秋原是龙州镇扶贫信息站站长，镇秀村驻村工作队员、包村工作组副组长。她虽然于 2017 年 11 月正式退休，然而在 2018 年脱贫攻坚的战场上，在镇秀村的田间地头、贫困户家里，依然能看到她四处奔忙的身影。

工作了 30 多年，该是享受退休安逸生活的时候了。李国秋却还天天在村里忙碌，尤其是在龙州县脱贫攻坚的最后冲刺阶段，李国秋主动申请要求退休不退岗，继续坚守脱贫攻坚一线，直至龙州县成功脱贫。

在扎根镇秀村包村工作的 10 多年里，李国秋身体力行，走村入户察民情、解民意，一心一意为群众办实事、办好事，得到了广大村民的认可和赞扬，全村的老老少少都亲切地称呼李国秋为“李姐”，而她个人良好的群众基础，为镇秀村打赢脱贫攻坚战奠定了坚实的基础。

贫困户危旧房改造和易地扶贫搬迁是镇秀村脱贫摘帽攻坚战的一块“硬骨头”，但这项工作经李国秋逐一上门入户或电话讲政策、讲利弊后都迎刃而解。镇秀村建档立卡的 127 户贫困户目前住房全部达标。其中，在 2016 年、2017 年两年，动员贫困户进行危房改造高达 77 户、易地扶贫搬迁 5 户。

李国秋不仅是镇秀村村民心中的“李姐”，也是镇秀村包村工作组这支团队里的“李姐”。在退休返岗的 8 个月里，正是全县脱贫摘帽迎接检查的非常时期，各项信息复核、录入、材料归档整理等多由基层一线的工作队员完成。白天，李国秋在村里实地督查，晚上组织村干、屯干与工作队员一起做材料，确保镇秀村各项迎接检查材料与实际情况信息相统一。

“甘当不畏辛苦的战斗员，会做足智多谋的指挥员”，是李国秋给大家的印象。丰富的基层工作经验，让李国秋在这场脱贫攻坚战中披荆斩棘，硕果累累。2018年6月，在国家第三方对龙州县脱贫摘帽验收工作中，镇秀村以优异的成绩，100%的群众满意度通过了验收，为龙州县的脱贫摘帽工作，留下了浓墨重彩的一笔。

（五）基层群众凝聚力向心力显著增强

通过推进脱贫攻坚各项工作，干群关系得到了不断增强，贫困人口摆脱了“行路难、饮水难、看病难”等问题，实现了“幼有所教、壮有所用、老有所养”，群众的向心力不断增强。值得一提的是，脱贫攻坚中龙州县首创的“三个一”举措，即定制“一件马甲衫”、制作“一张联系卡”、构建“一幅网格图”，有效推动了驻村第一书记、帮扶干部入村进户“零距离”的帮扶，大大密切了干群关系，由此产生了巨大反响。2018年5月15日至16日，自治区党委书记鹿心社在龙州县调研时对这一做法予以肯定，中央电视台还对此作了专题报道。

村务会议的频率增加。课题组的抽样调查数据显示，对于“精准扶贫以来‘村里开会的情况’”，38%的农户认为村里开会的频率多了一些，49%的农户认为多很多，二者合计达到87%。村务会议频率的增加，表明村务的管理更加民主透明。

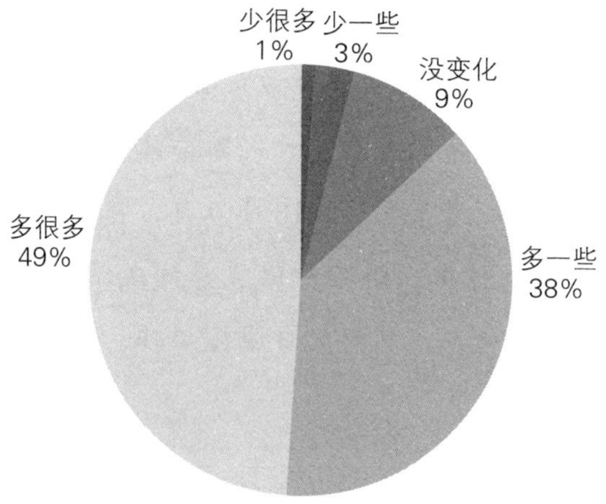

图 7-11　2018 年龙州县村里开会的频率比重

数据来源：根据课题组抽样调查问卷相关数据整理。

群众发言的频率增加。课题组的抽样调查数据显示，对于“精准扶贫以来‘平时讨论政策的情况’”，45.92% 的农户认为讨论政策的频率多了一些，10.20% 的农户认为多很多，二者合计达 56.12%。群众发言的频率增加，有利于群众对政策的了解和对村务的参与。

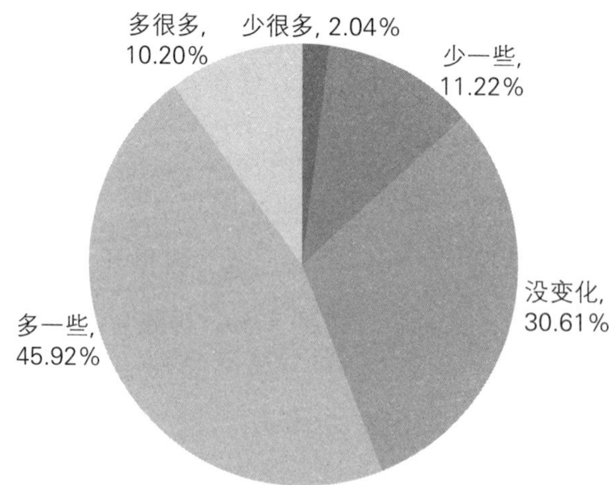

图 7-12　2018 年龙州县村里开会时群众发言的频率比重

数据来源：根据课题组抽样调查问卷相关数据整理。

群众对政策更加关心。课题组的抽样调查数据显示，对于“精准扶贫以来‘家里人讨论政策的情况’”，59% 的农户认为“家里讨论政策的情况”多了一些，15% 的农户认为多得多，二者合计为 74%。

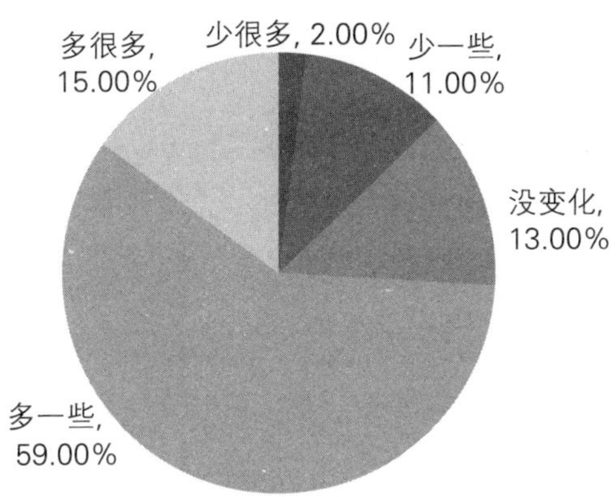

图 7–13　2018 年龙州县家里人讨论政策的频率比重

数据来源：根据课题组抽样调查问卷相关数据整理。

对于“村里人讨论政策的情况”，62% 的农户认为多一些，29% 的农户认为多很多，二者合计为 91%。

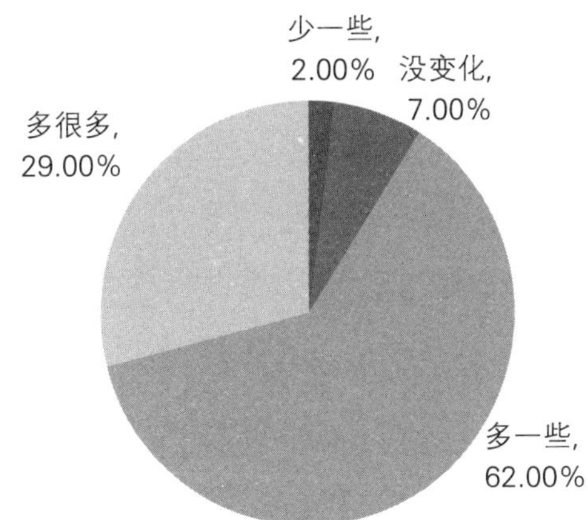

图 7–14　2018 年龙州县村里人讨论政策的频率比重

数据来源：根据课题组抽样调查问卷相关数据整理。

群众和干部的关系更融洽。根据课题组的抽样调查数据显示，对于“精准扶贫以来‘村民与村干部的接触情况’”，有44%的农户认为家里人与村干部接触的频率多了一些，47%的农户认为多很多，二者合计为91%。

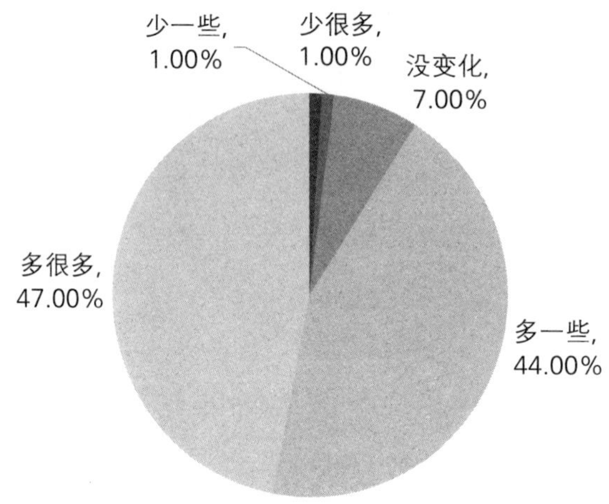

图7-15 2018年龙州县家里人与村干部接触的频率比重

数据来源：根据课题组抽样调查问卷相关数据整理。

第八章 龙州县脱贫摘帽的主要经验

龙州县委、县政府认真学习贯彻习近平总书记关于扶贫工作的重要论述，把提高脱贫质量放在首位，把打赢打好脱贫攻坚战、实现贫困人口脱贫致富奔小康当作最大的政治任务、最大的民心工程、最大的发展机遇来抓，动员和组织干部、群众以及社会各方面的力量，充分发挥本县资源优势，弘扬龙州起义“百折不挠、奉献拼搏、团结务实、争先创新”的精神，聚焦精准，攻坚克难，做足边境贸易、特色产业和“智志”双扶文章，增强扶贫干部的历史责任感、紧迫感和使命担当，带领贫困群众加快脱贫攻坚步伐，打响广西壮族自治区国家级贫困县实现脱贫摘帽的第一炮，创造了“五个坚持”的主要经验，不仅为其他贫困地区所借鉴，也为世界反贫困斗争提供了中国智慧和中国方案。

一、坚持以龙州起义精神鼓舞脱贫摘帽斗志

坚决打赢打好脱贫攻坚战，让贫困地区和贫困人口同全国人民一道进入全面小康社会是全党的庄严承诺。党的十八大以来，以习近平同志为核心的党中央围绕脱贫攻坚作出一系列重大部署和安排，全面打响脱贫攻坚战，拓展了中国特色扶贫开发道路，推动脱贫攻坚取得了伟大的成就。龙州县委、县政府紧跟党中央的部署，弘扬龙州起义精神，鼓舞斗志，攻坚克难，率先夺取了脱贫摘帽的胜利。龙州县顺利脱贫摘帽，支撑的力量是

多方面的，其中精神力量不可估量，那就是弘扬了龙州起义精神，鼓舞和激发了干部群众脱贫摘帽的斗志。

精神的力量是无穷的。龙州县的一大优势，就是在政治上有彪炳千秋的龙州起义精神。龙州起义，是在南宁兵变和百色起义之后，中国共产党发动和领导的又一次武装起义。1930 年 2 月 1 日，参加龙州起义的部队包括左江军委领导下的广西警备第五大队 900 人和左江各县农军 1000 多人，他们在龙州举行工农兵群众大会，宣布成立中国工农红军第八军，简称红八军，建立左江革命委员会。龙州起义的光辉实践铸就的“百折不挠、奉献拼搏、团结务实、争先创新”的龙州起义精神[①]，是龙州起义和左江革命根据地英勇斗争所凝结的革命精神、革命传统、革命作风的总称。这种精神是激励龙州县人民克服各种困难险阻的精神动力，是带领龙州人攻克贫困堡垒的力量源泉。在新时代，龙州县把弘扬龙州起义精神与推动脱贫攻坚结合起来，将龙州起义精神化作脱贫动力，鼓舞士气、凝聚人心、激发内生动力，加快推进脱贫攻坚的新跨越的强大思想武器。

坚持弘扬龙州起义精神，不仅要把它作为干部带领龙州人民夺取革命胜利和建设社会主义事业的精神武器，而且要把它化作激励龙州人民打赢打好脱贫攻坚战的精神力量。龙州县是个“老、少、边、山、穷”的国定贫困县，困难更多，难度更大，过坎更艰，任务更重，加之时间紧、压力大，脱贫攻坚到了啃硬骨头、攻坚拔寨的关键期。只有弘扬龙州起义“百折不挠、奉献拼搏、团结务实、争先创新”的精神，敢于打硬仗，啃硬骨头，敢于攻坚克难、攻坚拔寨，才能夺取脱贫攻坚战的胜利。龙州县委、县政府紧紧抓住脱贫攻坚的机遇期，坚持把龙州起义精神融入精准扶贫的指导思想和工作部署中去，通过集中培训、扶贫夜校等多种形式教育

① 庾新顺：《百色起义、龙州起义的科学内涵、显著特色和现实意义》，《传承》2012 年第 4 期。

党员、干部和群众，将龙州起义精神化作脱贫攻坚的精神食粮、力量源泉，并以此凝聚人心、鼓舞士气，激发脱贫致富的内生动力和外化为脱贫攻坚的实际行动。在龙州起义精神的激励下，全县干部群众齐动员，形成一股“领导主抓、社会协同，干部实干、群众参与”的精神动力，戮力同心，群策群力，为成功脱贫摘帽奠定了坚实的基础；坚持因地制宜、因时制宜，大力推进特色农业、工业和旅游业等产业或服务业的发展，落实帮扶措施，继续加大产业、健康、教育、易地搬迁等扶贫工作力度，推动生态扶贫、电商扶贫、旅游扶贫等新型扶贫方式的成型与发展；重点解决突出的制约因素，狠抓重大扶贫工程和到村、到户帮扶措施，以补短板为突破口，加大政策倾斜力度，集中力量攻关，奋力拼搏。县委、县政府始终以习近平总书记的“幸福都是奋斗出来的”名言激励干部积极投身脱贫攻坚的主战场，带领群众攻克一个又一个堡垒，跨越一个又一个沟坎，战胜一个又一个困难，夺取一个又一个胜利。党员干部和帮扶队伍始终发挥先锋模范作用，带头驻村蹲点，带头攻坚克难，遇事不放弃，遇难不退缩。为了尽快取得脱贫攻坚战的最后胜利，他们即使面临诸多困难，依然不忘初心，牢记使命，临难不惧，奋进不已；无论受到多少挫折，遇到多少艰难险阻，他们都百折不挠，永不放弃。龙州县的干部说：“龙州脱贫是靠干部群众干出来的”“群众脱贫，干部脱皮”，“5+2”“白＋黑”（没日没夜地干），“用干部的辛苦指数换取人民的幸福指数”，就是奋战在脱贫攻坚最前线的干部群众弘扬龙州起义精神的真实写照。

“争先创新”是龙州县干部群众弘扬龙州起义精神，敢为人先，创新脱贫实践的突出表现。龙州县之所以能在全区率先脱贫摘帽，就在于坚持立足本地实际，敢于争先。如充分利用临边优势，做足边的文章，创新“易地搬迁＋边贸扶贫＋驻边守疆”模式；壮大“第一书记产业联盟”，抱团发展促民增收；创新基层党建，规范易地搬迁安置点社区化管理；实施

“马甲书记”亮明身份服务群众，引领精准扶贫；率先在全区实施健康扶贫大病分类救治和“五个办”扶贫惠残服务；创办脱贫励志电视夜校，扶心、扶志和扶智；实施绿色融合精准脱贫，发展生态扶贫产业，“观鸟经济”产业应运而生，这些创新举措的实施，加快了脱贫攻坚的步伐，彰显着“争先创新”、脱贫攻坚的丰硕成果。

龙州县脱贫攻坚的实践表明，弘扬龙州起义精神，是带领龙州县人民攻克贫困堡垒的重型武器，更是进一步扎实推进脱贫攻坚工作全面开展的重要方法指南；进一步弘扬龙州起义精神，不仅为巩固龙州精准脱贫的成果，同时也为其他尚未脱贫的地区提供脱贫攻坚的宝贵经验。

二、坚持以区位特色“做足边的文章”

习近平总书记指出：发展是甩掉贫困帽子的总办法，贫困地区要从实际出发，因地制宜，把种什么、养什么、从哪里增收想明白，帮助乡亲们寻找脱贫致富的好路子。习近平总书记的这段论述阐述了精准扶贫的一个基本要求，就是在扶贫过程中要从实际出发，因地制宜，发挥优势，寻找好路，精准施策。根据这一要求，龙州县委、县政府充分发挥本县沿边的区位特色，靠边养边，实施“易地搬迁 +”模式，做足边的文章，促进贫困农民脱贫致富，实现富民兴边稳疆固防的目的，又为利用边贸脱贫攻坚提供了新的经验。

“做足边的文章”，要认知和发挥龙州县的边境优势。龙州县是独具优势的边关地区，有国际性长年开放公路客货运输口岸和多个中越边民互市贸易区，这种极具特色的边境口岸门户、通道优势，不仅为龙州县的固边兴边提供便利，同时也为龙州县的脱贫攻坚提供了条件。龙州县委、县政府从边疆民族地区的实际出发，充分发挥区位、资源优势及边境政策优势，在脱贫攻坚中把开放型经济的发展放在突出位置，全力实施开放带动战略，推进关键项目落地，激活边贸扶贫，延长扶贫经济的产业链，拓宽贫困群众受益的门路和范围，带动边民增收，实现高质量脱贫。特别是创新地把部分贫困农民易地搬迁到边境一带安家落户，给贫困农民脱贫致富提供了一条新的路径。龙州给易地搬迁到边境的贫困农民享受更优惠的扶贫政策，让贫困农民敢于走出深山，移地边境，成为边民；加大了边境开放的力度，繁荣口岸经济，着力做好“口岸＋产业加工”“口岸＋边境旅游”“口岸＋特色小镇”“口岸＋商贸物流”等口岸经济，推进了口岸功能升级，带动了龙州对外贸易的快速增长，同时也给贫困移民参与边境贸易，有收益多收益；还创新经营模式，如“易地搬迁＋驻守边疆＋边贸致富”模式、“易地搬迁＋边贸扶贫”模式、“易地搬迁＋扶贫产业园”模式、“易地搬迁＋进城创业”模式和“易地搬迁＋生态乡村旅游”模式，从而解决了搬迁群众的后顾之忧，使搬迁群众“搬得出、稳得住、可发展、能致富”，逐步走出了一条“驻边、兴边、富边、稳边”的可持续发展新路子。这种独创性的“易地搬迁＋边贸”模式，实现了既能帮助贫困群众脱贫致富，又能稳疆固防的双重目的。

上述表明，龙州县发挥边境区位优势，“做足边的文章”，是贫困农民脱贫致富的一条新路径，它能够多渠道、多形式、多层面地增加贫困群众的经济收入，既可使贫困农民脱贫致富，又可实现兴边稳边富边固边的目的，还可为其他尚未脱贫的边境地区，提供有借鉴价值和实践意义的经验。

三、坚持以产业带动贫困农民脱贫致富

习近平总书记强调，要加快推进产业扶贫。在实施精准扶贫“八个一批”中，摆在首位的是“产业扶贫一批”，因为产业扶贫是脱贫攻坚的重

要举措，是实现持续脱贫致富的良策。通过产业扶贫，才能把贫困农民吸引到产业中来，在发展产业中学技能、长见识、强能力、增收入，实现脱贫致富。为此，必须大力发展扶贫产业，把它作为脱贫致富的首要任务来抓；必须根据本地资源优势，发展有自己特色的产业，才能走向市场，在竞争中处于优势。龙州县就是依据自身资源优势，坚持大力发展产业，以产业带动贫困农民脱贫致富，做好“四个坚持”。

坚持认知优势、选择产业和大力发展主导产业，发挥其引领扶贫产业的作用。龙州县的产业优势在于土地资源丰富，人均土地较多，又有多年种甘蔗的经验，所以，大力发展甘蔗产业，是一项发展快、收益佳、脱贫快的产业。在龙州，只要有劳动力种甘蔗，就能跳出贫困的圈子，实现脱贫致富。脱贫攻坚以来，龙州狠抓甘蔗生产，把甘蔗产业引导成为贫困农民脱贫致富的杠杆和支柱产业，特色产业的发展使脱贫攻坚收到了良好的效果。

坚持主导产业带动多元产业的发展。龙州县提出大力发展“种、养、贸、游、工”五大产业，在“种”即种植方面，首先是把甘蔗产业做大做强，成为主导产业，然后拉动坚果等其他种植产业的发展，进而把养殖、贸易、旅游、务工等诸产业带动发展起来，让贫困农民融入产业之中脱贫致富。

坚持创新，打造有利于扶贫产业发展的多元化经营模式。龙州县在把产业发展作为脱贫攻坚的主攻任务，在培育产业作为推动脱贫攻坚的根本出路的过程中，成功创造了适应当地产业发展的多元的产业发展模式，增强了从根本上“拔穷根”“摘穷帽”的能力。如创新实施“企业＋基地＋合作社＋贫困户”的模式，引进广西龙州北部湾、旭超等龙头企业，充分发挥龙头企业的带动作用，并根据当地气候条件，因地制宜地培育壮大食用菌产业；建立食用菌产业培育基地，并在基地培育成熟期间，成立食用菌种植合作社，引导贫困户以资金入股或管理经营的形式加入合作社中。创新“政府＋企业＋合作社＋基地＋贫困户”的产业脱贫模式，改变了以往本县经济高度依赖蔗糖产业的被动局面。还采取了“公司＋贫困户”“公司＋合作社＋贫困户”等多元模式，大大促进了扶贫产业的发展。

坚持把扶贫产业链加大拉长，提质增效，促进贫困农民增收。龙州县大力发展甘蔗产业，促进农民增收的同时，其实也促进糖厂的多元经济的发展，促进县财政增收，同时村集体经济也得到糖厂管理费的回馈，促进了村集体经济的发展。其他企业也通过加大农产品加工能力，延长产业链提高扶贫的能力和效益，这已经成为龙州县的共同行动。

总而言之，发展扶贫产业是脱贫致富的主要依托，也是县域经济发展的重要一翼。龙州县做到“四个坚持”，选择具有自身优势的扶贫产业，真抓实干，实现“发展一个产业、带动一方经济、富裕一方百姓”，确实是精准扶贫、实现脱贫致富的良策。

四、坚持以“志、智”双扶激发内生动力

习近平总书记多次强调，扶贫先扶志，扶贫必扶智。就脱贫攻坚而言，物质帮扶与扶贫政策是外因，贫困人口的内生动力是内因，外因要通过内因起作用。精准扶贫的政策教育和实施、物资的配套，要通过贫困农民的吸纳并激发、转化成为贫困农民脱贫的“志”和“智”，内生动力发挥作用，才能从根本上可持续地解决脱贫致富的问题。为此，龙州县委、县政府坚持以“志、智”双扶激发贫困农民脱贫致富的内生动力，把握好打赢脱贫攻坚战的关键环节和根本之策。

最终打赢脱贫攻坚战，首先要认识产生贫困的最根本的原因，方可采取解决最根本的问题的对策。能否脱贫最根本因素在于人，在于贫困农民的内生动力是否调动起来，是否具有脱贫的愿望、意志、智慧和能力。贫

困农民之所以贫困，从根本上说与自身素质不高有关。贫困农民缺了脱贫的“志”和“智”，脱贫致富就无从谈起，即使在外部帮扶下实现脱贫，那也是暂时的，脱贫的成效既不稳固，也不长久，返贫的情况迟早会发生。因此，要夺取脱贫攻坚战的彻底胜利，要使贫困农民脱贫致富成为永续，就必须解决扶志和扶智这两方面所存在的短板，并且把扶贫同扶志、扶智相结合，激发贫困群众的内生动力，这是龙州县精准扶贫得出的深刻感悟和主要经验。

办脱贫电视夜校，是龙州县最善于把扶贫与“志、智”双扶紧密结合的亮点。其具体做法是通过网格化管理方式，以屯为单位，由乡镇干部、驻村帮扶责任人、驻村第一书记（工作队员）、村屯干部四级干部组织动员贫困户、非贫困户定期组织和参加电视夜校。为了达到良好的效果，由宣传部牵头、电视台和党校等有关部门合作，专门制作了30多集电视专题片，重点播放宣传和组织学习党的十九大精神、扶贫政策、脱贫励志典型和种养技术等，通过交流讨论、励志攻坚、传播正能量，让贫困群众感受到党和政府“真扶贫”“扶真贫”和坚决打赢脱贫攻坚战的决心，树立脱贫致富的信心，促进贫困群众增强自尊、自爱、自强精神，破除“等、靠、要”等不良习气，不断激发群众脱贫致富的内生动力，实现“要我脱贫”到“我要脱贫”的转变。扶贫夜校成为龙州县脱贫攻坚中“志、智”双扶的重要抓手和主要经验之一。

习近平总书记指出，抓好教育是扶贫开发的根本之计。扶智重在教育。从根本上摆脱贫困，必须坚持教育扶智这个根本，扭住穷根“富脑袋”。为此，龙州县牢牢把握住了“授人以鱼不如授人以渔”的理念，将脱贫攻坚与教育发展有机结合，做好教育扶贫的精准对接，加大教育扶贫政策实施力度，加快贫困地区教育发展，全面完成学生资助工作、狠抓控辍保学工作、实施关爱教育等，大力实施教育精准扶贫行动计划、教育扶智创业工程，为打好教育精准扶贫歼灭战做准备。龙州县在加大教育扶贫力度的同时，实施“雨露计划”，加大对贫困农民的技能培训，既可消除贫困的代际传递，又能解决现实贫困农民的就业劳动技能之急需。

龙州县的实践表明，脱贫攻坚关键在于从根本上解决贫困人口的“思想贫困”问题，实施“志、智”双扶，对贫困人口进行思想观念的洗礼，实现观念更新，增强贫困人口底气、志气、勇气、智慧和能力，阻断贫困的代际传递，才能确保稳定脱贫致富和可持续发展。

五、坚持以铁的纪律锤炼扶贫干部作风

脱贫攻坚的各项政策、举措确定之后，干部就是决定的因素。龙州县委高度重视干部的思想建设、纪律建设和作风建设，强调要“用干部的辛苦指数换取人民的幸福指数”，使之成为龙州干部脱贫攻坚的思想观念和实际行动。为了把脱贫攻坚主战场作为锤炼干部作风的主战场，龙州县委采取了强有力的组织措施和纪律保障，通过各种方式的教育培训，增强扶贫干部的政治自觉、提高政治站位，并从践行对党忠诚、执政为民、廉洁自律的高度，以铁的纪律锤炼扶贫干部作风，确保扶贫干部纪律严明、作风正派，战斗在脱贫攻坚的第一线。

纪律是执行党的扶贫政策的保证，也是改变干部作风、扎实推进脱贫攻坚的关键。龙州县狠抓扶贫干部的纪律建设，促进扶贫干部改变作风。

一是明确干部的驻村纪律。其基本的要求是：驻村蹲点的领导和工作队员，一般要住“东家”。驻村领导要严格遵守中央“八项规定”和自治区党委、市委、县委的具体要求，做到“三自五不”（自带生活用品，自己缴纳伙食费，自行深入村屯；不给基层群众增添负担，不用公款吃请，不在联系点购买或收受物品和土特产，不搞亲亲疏疏、乱承诺等不利于基

层开展工作的行为，不参与有损党员干部形象的活动）。要保持清廉本色，自觉厉行节俭，坚持轻车简从，一竿子插到底，做到帮忙不添乱、深入不作秀。联系点所在乡镇、村屯也要遵守有关规定，不为驻村干部准备棉被衣物等生活用品，不帮交伙食费。

二是确定时间纪律要求。从2017年9月至2018年2月，县处级干部每周在挂点联系贫困村住一个晚上；县直及中央、自治区、市直驻龙州县各单位党政主要领导每周在挂点联系村住一个晚上；“美丽广西”乡村建设（扶贫）工作队员（含第一书记）实行“五天四夜”工作制度，工作队员每个月驻村时间不得少于20天，即每周驻村工作五天、住村四夜（到村外出差、开会除外）。

三是构建激励问责机制。认真贯彻落实《中共龙州县委员会关于进一步从严管理干部的实施办法（试行）》，坚持在一线考核提拔干部，对完成任务表现突出、取得显著成绩或发挥重要作用、作出重大贡献的驻村干部，给予通报表扬、评优评先，属县管干部的，优先提拔重用，其他驻村干部由县委或县委组织部向派出单位推荐。对表现突出但任职资格暂不符合提拔重用的优秀驻村干部，属县管干部的优先作为后备干部人选进行重点培养，其他驻村干部由县委或县委组织部向派出单位推荐。对工作不积极、不主动、不作为，造成不良后果或不良影响的，要按照相关文件规定进行问责处理。

四是以网格管理强化监督。龙州县根据贫困户脱贫销号、贫困村脱贫出列、贫困县脱贫摘帽的要求，在全县推行了横向到边、纵向到底的网格化管理模式，以促进帮扶干部作风建设。帮扶网格化，全面覆盖不落一人；职责网格化，分工包干压实责任；落实网格化，确保工作的延续性；督促网格化，奖罚分明夯实纪律；反馈网格化，实时掌握突破难点。实现对帮扶干部的作风实时掌握、实时监控，进一步压实帮扶干部的主体责任。

通过强化纪律建设，坚持把扶贫干部的纪律作风建设与脱贫攻坚有机结合，坚持以铁的纪律要求深化“马甲”队伍建设和基层领导班子建设，以紧抓网格管理促党员干部作风建设为重点，锤炼干部，使干部作风提高到一个新的水平。

实践表明，只有以铁的纪律锤炼扶贫干部作风，才能使扶贫干部增强责任感和使命感，深入脱贫攻坚的实际，深入贫困群众，精准扶贫，精准施策，激发贫困群众脱贫致富的内生动力和积极性，最终夺取脱贫攻坚战的全面胜利。

第九章　龙州县脱贫摘帽的巩固提升

2018年8月4日，广西壮族自治区人民政府正式发文批准同意龙州县脱贫摘帽，并强调“龙州县要继续履行县级主体责任，认真总结脱贫攻坚工作经验，进一步加强和改进脱贫攻坚工作，做到攻坚期内思想不放松、工作不松懈、力度不减弱，不断巩固扩大脱贫成果，确保2020年前本辖区农村贫困人口、贫困村全部脱贫摘帽”。对此，龙州县在肯定成绩的同时，认真贯彻落实《中共中央 国务院关于打赢脱贫攻坚战三年行动的指导意见》《中共广西壮族自治区委员会 广西壮族自治区人民政府关于打赢脱贫攻坚战三年行动的实施意见》（桂发〔2018〕22号）及崇左市关于打赢脱贫攻坚战的决策部署，围绕“核心是精准、关键在落实、确保可持续”的总体要求，按照投入不少、力度不减、政策不变的原则，以筑牢返贫防线、实现稳定可持续脱贫为工作目标，以解决脱贫群众最关心的产业发展增收和脱贫摘帽贫困村的提升发展为重点，研究出台《龙州县脱贫摘帽后续扶持巩固提升实施方案》《龙州县巩固提升脱贫攻坚成果工作方案》，着力实施贫困户、贫困村脱贫摘帽后续扶持计划，继续全面纵深推进脱贫攻坚工作，在巩固脱贫成果建立稳定脱贫长效机制上持续发力，确保与全国全区同步全面建成小康社会，把龙州县建设成为国家边疆地区、民族地区、革命老区的耀眼明珠，为实施乡村振兴战略打好基础。

一、摘帽“不摘责任”，坚持思想不放松

1. 强调不忘初心，扶贫永远在路上

在成功打响广西壮族自治区国定贫困县脱贫摘帽第一炮后的首次也是全县第二十二次（2018年9月27日）脱贫攻坚月度汇报会上，龙州县委书记秦昆，对县里有的同志认为“摘帽了，可以松一口气了”的工作态度提出了批评，强调龙州县在肯定成绩，对脱贫攻坚工作充满信心、充满自豪感的同时，一定要提高政治定位，牢记扶贫工作永远在路上，要始终高度重视脱贫攻坚工作，认清形势，正视存在问题，决不放弃，决不放松，持续推进精准脱贫。在接下来召开的龙州县第二十三次（2018年11月1日）、二十四次（2018年12月1日）、二十五次（2018年12月11日）脱贫攻坚月度汇报会上，以及2018年12月24日召开的县委主要领导同龙州县脱贫攻坚各专责小组全体成员谈心谈话会上，秦昆书记反复强调，“摘帽”只是对我们此前工作的肯定，扶贫工作一直在路上，全县上下要坚定信心，紧紧围绕崇左市委提出的“龙州继续发挥标杆作用”的要求，拿出2018年迎接国家第三方评估验收的认真态度，全面动员起来，抓好各项工作的落实；各专责小组全体成员要适应新形势新变化，深刻认识脱贫攻坚的重要性，要把脱贫攻坚工作作为最大的民生工程，最大的发展机遇，压实责任，敢于担当，主动作为。在接受新华社、央视网、广西日报、中国农业新闻网等新闻媒体的采访时，秦昆书记表示，脱贫攻坚只是万里长征走完了第一步，致富奔小康才是一场大考，我们要继续跟踪帮扶，确保脱贫群众不返贫，能致富。在县委书记秦昆的带领下，龙州上下依然保持清醒的头脑，杜绝把贫困户“摘帽”当成“交差”，杜绝摘帽就是“船到码头车到站”的精神懈怠，号召全县广大干部群众上下一心，不

松劲、不懈怠，再接再厉，把巩固脱贫成果、提升脱贫质量视为全县最重要、最紧迫、最艰巨的工作任务。

2. 坚持抓好理论武装，确保工作不走样

习近平总书记关于扶贫工作的重要论述内涵丰富、思想深邃、体系完整，是习近平新时代中国特色社会主义思想的重要组成部分，为打赢脱贫攻坚战提供了行动指南和根本遵循。为持续巩固提升脱贫成果，龙州县强调广大党员干部要以习近平总书记关于扶贫工作的重要论述武装头脑，通过中心组学习研讨、专题培训等多种形式，深入学习《习近平扶贫论述摘编》《习近平谈治国理政》《习近平新时代中国特色社会主义思想三十讲》等理论读物，引导广大干部群众学深悟透，进一步把握“消除贫困、改善民生、实现共同富裕，是社会主义的本质要求，是我们党的重要使命”等重要论述，充分认识让贫困人口、贫困地区同全国一道进入全面小康社会是我们党的庄严承诺；进一步把握“精准扶贫、精准脱贫”等重要论述，充分认识精准扶贫、精准脱贫是脱贫攻坚的基本方略，贯穿于脱贫攻坚的全过程、各环节；进一步把握“扶贫开发是全党全社会的共同责任，要动员和凝聚全社会力量广泛参与”“构建扶贫大格局”等重要论述，充分认识动员全党全社会参与是脱贫攻坚的重大方针；进一步把握“已经摘帽的贫困县、贫困村、贫困户，要继续巩固，增强‘造血’功能，建立健全稳定脱贫长效机制”等重要论述，充分认识防止返贫和继续攻坚同样重要。脱贫摘帽以来，龙州县委召开县委常委会、县四大班子（扩大）会、县委中心组学习会等十余次，共研究讨论脱贫攻坚议题 16 个。

3. 强化责任担当，确保脱贫攻坚主体责任不变

脱贫攻坚既是一场攻坚战，更是一场持久战，面对巩固脱贫成果的任务，县级党委、政府承担的主体责任没有变，书记和县长是第一责任人的要求没有变。对此，龙州县继续落实县委脱贫攻坚主体责任和

五级书记抓扶贫责任，及时调整龙州县扶贫开发领导小组，压实县、乡（镇）、村、帮扶单位党组织及挂职扶贫副书记、驻村第一书记、第一主任、村（社区）“两委”干部、帮扶责任人等各级主体责任。继续保留脱贫攻坚九个专责小组、脱贫攻坚指挥部办公室等机构，明确县扶贫开发领导小组统筹推进全县脱贫摘帽后续扶持工作；资金政策、基础设施、产业开发、移民搬迁、公共服务、边贸服务、金融服务、组织保障等各专责小组协同配合，通力合作推进脱贫摘帽各项后续扶持工作；各乡镇、各单位、各部门根据部门职能，提供脱贫摘帽后续扶持政策、项目、资金、技术、财力等保障；驻村第一书记、驻村工作队按照网格化管理模式，压实责任，精细精微管理，按照脱贫摘帽贫困村和贫困人口的现状精准推进脱贫摘帽后续的扶持工作。

二、摘帽“不摘政策”，坚持帮扶不松劲

1. 留出巩固期，确保政策的持续性和稳定性

脱贫不容易，防止返贫也不容易。脱了贫还要“扶上马，送一程”。《广西壮族自治区人民政府办公厅关于进一步明确贫困户脱贫后继续扶持有关政策的通知》（桂政办函〔2016〕79号）明确规定：“对贫困户脱贫后继续扶持和跟踪观察三年，其中继续扶持两年，跟踪观察一年。在两年继续扶持期内，脱贫户继续享受相关扶贫政策；贫困户脱贫后的第三年为跟踪观察期，在一年跟踪观察期内，对脱贫户发展生产等方面给予指导，巩固脱贫成果。在继续扶持期和跟踪观察期内，继续实行‘一帮一联’和‘一户一册一卡’制度，对脱贫户进行收入登记。”龙州县在研究完善各项脱贫工作计划和帮扶政策的同时，严格按照自治区“2+1”的跟踪帮扶政策，对2016年、2017年、2018年脱贫的12811户48000人

继续跟踪帮扶，享受医疗、教育、产业扶持等各项扶贫政策；对2014年、2015年退出的4149户16712人继续跟踪观察，避免出现边脱贫边返贫现象，切实做到应纳尽纳、应扶尽扶，实现有质量、稳定可持续的脱贫，确保不返贫。2018年，龙州县共认定返贫退出户15户46人，其中共有13户是因病返贫，2户是因灾返贫，没有因帮扶质量不高而导致的返贫。

2. 加强政策宣传，提高群众政策知晓率

脱贫摘帽后，龙州县坚持把握正确舆论导向，充分运用广播、电视、微信、微博等各类媒体，全面宣传各级扶贫开发决策部署、政策举措，及时总结提炼报道扶贫工作中典型事例、先进人物、经验做法；创新扶贫宣传形式，丰富宣传载体，引导主流媒体深度、广泛报道脱贫攻坚、巩固提升、后续扶持的生动实践和先进典型，发挥好典型示范作用，进一步形成良好舆论氛围。同时，为进一步增强群众对脱贫攻坚政策的理解和掌握，针对国家第三方贫困县退出专项评估检查反馈的“政策宣传不到位”问题，龙州县使出五招强化宣传：一是由挂点乡镇的县处级领导一线指导，带领乡镇领导班子成员再次全面入户走访，深入开展政策宣传；二是压实驻村工作队、乡镇包村工作组和村“两委”干部工作责任，做到每月逐户走访贫困户一次以上，跟贫困户算清收入明白账，宣传脱贫政策知识，讲明贫困户所享受的各项政策，让群众主动认可脱贫；三是组织帮扶人坚持入户帮扶，采取入户宣讲、列政策清单、微信（短信）推送等形式，宣传脱贫政策，帮助解决贫困户在生产生活上的实际困难，对群众进行感恩教育；四是加强对村“两委”干部和驻村队员的培训，确保基层干部熟练掌握扶贫政策，不断提升能力素质；五是举办宣传扶贫政策山歌比赛或文艺晚会等群众喜闻乐见的活动，大力宣传党的扶贫政策，以脱贫榜样力量激发贫困户自力更生的动力。

3. 强化资金保障，加大金融支持

坚持增加政府扶贫投入与提高资金使用效益并重，继续把扶贫资金使用管理及统筹整合使用涉农资金工作作为政治任务，合理安排各类扶贫专项资金。充分利用国家大扶贫格局，积极争取行业、企业和社会投资，并积极引导和鼓励群众自筹资金，多方式、多渠道、多途径筹集脱贫摘帽后续扶持资金。创新完善扶贫资金整合机制，持续健全项目规划、资金整合、督导考评等机制，采取以奖代补、先建后补及民建公助等模式，加快推进扶贫资金使用管理及统筹整合使用。进一步加大扶贫小额贷款的工作力度，印发《龙州县推进扶贫小额信贷工作实施方案》《2018 年龙州县脱贫攻坚小额信贷整改工作方案》，发挥“5 万元以下、3 年以内、基准利率贴息，免抵押、免担保”的金融扶贫小额信贷作用，助力脱贫摘帽后续扶持工作。纪检、审计等部门加强扶贫资金使用管理、推进实施、后期管护、跟踪服务的监督检测等，确保扶贫资金使用准确、规范、安全、高效。脱贫摘帽以来，龙州县财政继续安排专项扶贫资金，主要投向农业生产发展种养项目、产业扶持以奖代补产业发展、集体经济项目、农村基础设施、雨露计划，改厨改厕、危房改造、小额信贷贴息、光伏项目等。

4. 对接县域经济，强化产业保障

县域经济发展要有载体，贫困村后续发展需要强化县域经济支撑。只有县域经济发展壮大起来，扶贫才有实力支撑，脱贫群众才能够在整体上持续增收而不致一遇到某些波动就容易返贫。对此，龙州县一方面围绕“东盟商务港、产业桥头堡、生态长寿乡、世界遗产地、富裕新边城”五大目标，加快全面建成口岸经济大县、特色旅游名县，全力发展壮大县域经济；另一方面将扶贫工作纳入县域经济、新型城镇化发展的全局，积极围绕脱贫摘帽后续扶持所需，对全县的资源禀赋、产业基础、优势条件、群众意愿等进行系统分析，把“两篇文章”“四大攻坚战”中的口岸、旅游、产业转型、基础设施建设、城镇化建设等重点工作，与全县脱贫摘帽后续扶持所需相结合，借力乡村振兴战略的推进，实现二者的有机对接，为脱贫群众稳定可持续增收提供坚实的产业支撑和保障。

5. 坚持群众主体，激发内生动力

一是在全县130个行政村（社区）开展贫困户、非贫困户、帮扶人“三见面”活动，面对面交流，宣传脱贫典型案例，引导群众互动、互学、互帮、互比、互促，激发贫困群众自我发展内生动力。二是强化脱贫光荣导向，以更加注重培养贫困群众依靠自力更生实现脱贫致富的意识、更加注重提高贫困人口自我发展能力为重点，对电视夜校进行改版升级，把脱贫励志电视夜校改为新时代讲习电视夜校，重点突出“政策宣讲、技术培训、村民议事”三大主题。截至2018年末，龙州县已举办改版后四期新时代讲习电视夜校。三是规范活动组织管理，继续按照网格化管理要求，由乡镇包村工作组、驻村工作队、第一书记、村“两委”干部和帮扶责任人组织群众参加新时代讲习电视夜校学习，着力培养群众自力更生脱贫致富意识。四是制定扶贫项目建设规程，提高群众对扶贫项目，特别是村屯基础设施项目建设的参与度，提升群众的成就感和获得感。五是全面开办扶贫爱心超市，鼓励贫困户通过积极投入脱贫攻坚，参与村级公益活动、整治村容户貌、村屯基础设施建设等获取相应积分，凭积分可以到爱心超市兑换一定的购物金购买物品，激发贫困户脱贫的积极性，树立其脱贫信心与志气。

6. 强化技术保障，加大本土实用人才培养力度

习近平总书记指出，从长远来看，无论怎么加强外部人才支持，派出去的人总是有限的，关键还是靠本地干部队伍和人才。对此，龙州县的做法是：一、积极鼓励和吸引大学生、退伍军人、在外务工经商等各

类本土人才参与脱贫攻坚和农村发展，以每个贫困村培养 3—5 名创业致富带头人为目标，持续深入开展党员干部学习培训，加强贫困村创业致富带头人培育培养，实施农业经营主体带头人、新型职业农民、农民工返乡创业等培训。二、摸底调研群众产业发展和转移就业的培训需求，组织群众参加订单式培训、定岗培训、定向培训等，充分利用电视夜校平台，加强种养技术培训。同时，依托农业、水产畜牧、林业、糖业、水利、农机、科技等县直农业科技服务机构，以及农技推广站、农技服务中心、甘蔗水利站、林业站、农机站等乡镇农业科技服务机构，加强农民实用技术培训，提高群众后续发展的能力和水平。此外，县人力资源和社会保障部门进一步加强了职业技能培训力度，为促进劳务输出提供技术保障。

7. 探索建立精准防贫长效机制，减少贫困增量

一是在县扶贫办建立精准扶贫防贫服务中心，从人力资源和社会保障、卫生和计划生育、教育、民政、公安、扶贫等县直有关单位抽调 6—8 名业务骨干集中办公，负责统筹开展防贫预警线制定、监测任务分解、开展防控救助等工作。二是创设“精准防贫保险”，由县政府与保险公司签订合作协议，县财政拿出防贫保险金，给予非贫低收入户和非高标准脱贫户购买保险，由保险公司负责完成核实任务。三是建立高效运转流程，精准扶贫防贫服务中心、各乡镇、各相关部门以及各村强化沟通协调，按照信息收集、情况交办、调查核实、结果交办、评议公示、审批备案、资金到户的程序，做好帮扶举措落实相关工作。四是强化防贫帮扶，精准扶贫防贫服务中心针对不同返贫、致贫潜在因素，实施“一帮一”结对帮扶，选派帮扶干部与防贫户结成对子，因户施策。

三、摘帽“不摘动力”，坚持力度不减弱

1. 实施贫困户脱贫摘帽后续扶持计划

（1）产业增收后续扶持措施。优化产业扶贫结构，着力提升产业扶贫成效，补充完善《龙州县2018年脱贫攻坚产业扶贫项目实施方案》。持续培育壮大特色产业，大力发展“种、养、贸、游、工”五大扶贫产业，落实产业扶贫项目以奖代补政策，积极发挥金融扶贫小额信贷作用，按照“能放尽放、应收尽收、应续尽续”的原则，充分释放扶贫小额信贷政策红利。持续促进群众稳定增收，确保脱贫人口收入持续稳定增加不返贫，实现吃穿不愁。

——加强特色种植业发展。一是大力推进甘蔗“双高”基地建设。坚定不移保面积保产量，鼓励农户改（扩）种甘蔗，建设甘蔗良种繁育基地，培育甘蔗种植龙头企业，全县甘蔗种植面积稳定在55万亩左右，入厂原料蔗达220万吨以上。继续用活用好国家、自治区的各项配套扶持政策，强力推进全县甘蔗“双高”基地建设，全县已完成28.14万亩，通过甘蔗种植带动人均增收1000元以上。二是大力发展和推广食用菌种植。以北部湾食用菌产业（核心）示范区为中心，实行“企业＋基地＋合作社＋贫困户”的模式，辐射带动500户贫困户发展食用菌种植产业，每户每年增收5000元以上。三是大力发展和推广澳洲坚果种植。依托广西南亚热带农业科学研究所的带动，在全县范围内不适宜种植甘蔗的坡地、荒山、荒坡发展和推广种植澳洲坚果，规划建设上金盛世桃源坚果产业5000亩示范区，力争到2020年全县种植澳洲坚果10万亩，带动14000多户村民致富。四是大力发展种桑养蚕、早熟柑、百香果、火龙果等特色产业，有效带动群众增收。在上金、响水、彬桥、八角、武德等乡镇发展种桑养蚕

产业，采取“公司＋基地＋合作社＋贫困户”的模式，在现有桑园1000亩的基础上扩种至2000亩，年带动300户贫困户参与种桑养蚕，每户每年种植桑树3亩以上，增收8000元以上。在龙州镇、上龙、水口、八角、武德等乡镇因地制宜发展早熟柑、百香果、火龙果等特色产业，每户种植早熟柑、百香果、火龙果等特色水果3亩以上，年增收10000元以上。

——加强特色养殖业发展。一是大力发展牛产业。支持树春牧业、嘉和源牧业、大湾、四野牧歌、甘牛养殖公司等养牛企业扩大养牛规模，通过牛场务工、参与养殖、收集蔗叶等带动800户村民每年各增收4000元。大力推行“政府管建、企业管牛、村民管养”的模式，扶持47个贫困村各建成1个50头以上的生态养牛小区，每个小区带动农户10—15户，每户增收3000元。支持亮剑牧业合作社加大蔗叶饲料化加工的力度，新建4个加工能力在1万吨以上的蔗叶及作物秸秆饲料化加工厂，带动1000户蔗农增收2000元以上，围绕饲料加工厂，分别发展5—8户养牛家庭农场，带动30户贫困户增收。二是大力发展黑山羊产业。支持同顾黑山羊通过“企业养殖场＋村养殖小区”在上降、彬桥、八角发展黑山羊产业，带动500户农户增收。推广武德乡盎然、大森林等专业合作社发展黑山羊的经验，在每个乡镇新建以合作社为经营主体的黑山羊养殖小区，每个小区带动10—15户农民共同发展。三是发展蜜蜂养殖。依托龙州县弄岗蜜蜂养殖专业合作社，在全县积极推进蜜蜂养殖，大力发展蜜粉源植物（瓜果）种植，力争带动200家养蜂户，户均增收3000元以上。四是依托甘蔗地和坚果等林果业地及食用菌废料，重点支持县内10—15个养鸡合作社实施蔗海养鸡和林下养鸡，打造蔗香鸡和林下蘑菇鸡品牌，每个合作社带动10户养殖户获得增收。五是推广水口镇罗回肉蛋鸭养殖小区模式，新建肉鸭养殖小区2—3个，每个小区带动30—50户贫困户增加养殖收入或务工收入。六是围绕乡村旅游点开展特色水产养殖和休闲养殖，增加旅游点村民的养殖收入。

——加强边贸扶贫产业发展。一是大力推进边民互市互助发展。继续用好国家给予边民每人每日互市贸易额8000元以下免征进口关税和进口环节税的扶持政策，按照“边民参股、集体经营、贸工结合、规范管理”的模式，组建更多更好互利共赢的边贸互助组，引导边民通过边贸运输、装卸货物、进出口代理、边贸录入指纹等获得多重收入。二是发展进口产品落地加工。充分发挥水口口岸作为粮食、冰鲜水产品和坚果进境指定口岸的优势，积极打造全国最大的坚果贸易加工交易基地，引导进口产品边贸落地加工业集约集聚发展，进而引导边民参与边贸加工实现增收致富。三是创建国家级龙州边境经济合作区。以水口口岸为依托，积极申报创建国家级龙州边境经济合作区，加快建设水口边贸扶贫产业园，大力发展吸纳就业能力强的产业和企业入驻，增加边民就业创业机会，实现驻边、守边、固边、富边。

——加强工业扶贫和务工扶贫。一是促进工业扶贫。加快年产100万吨生态氧化铝（一期）、国轩年产3亿Ah新型锂动力电池项目建设。推进百熠120MWp集中式光伏发电（一期）、中恒万华企业冶炼扩能改造项目竣工投产，围绕打造全国最大的坚果贸易加工交易基地目标，把坚果加工产业作为新兴产业加快培育发展，力争每年增加就业岗位2000个。二是促进务工扶贫。以粤桂扶贫协作为契机，进一步加强劳务输出工作，加大职业技能培训力度，并通过就业援助、企业招聘等方式，推动更多劳动力转移就业，力争全县农村劳动力转移就业新增5000人以上

——加强生态旅游建设。一是加快推进旅游重大项目建设。加快山水连城全域旅游、龙州天琴谷文化旅游度假区、龙州国际旅游商品集散中心、发现·弄岗、天琴谷等重大旅游项目建设，通过发展旅游产业带动项目附近600名以上农户增收致富。二是发展壮大观鸟特色旅游。通过引进

龙州常青百里画廊旅游资源开发有限公司，建设弄岗生态观鸟科普基地，于2020年前争取打造成为广西壮族自治区最大的观鸟拍鸟基地，引导村民通过提供交通、民宿、向导等服务增加收入，力争带动300户每年人均增收3000—10000元。三是打造特色乡村旅游。坚持“突出特色、准确定位、提高品位、完善功能、合理布局”的原则，立足各村屯独特的资源优势，加大乡村旅游的建设力度，加快洞埠－那印－空六－那浪乡村旅游带建设，推动下冻镇跑马洞基础设施等建设，2020年前推动洞埠鼎力休闲山庄成功创建广西壮族自治区四星级乡村旅游区，成功创建跑马洞国家3A级景区，力争通过跑马洞和洞埠鼎力休闲山庄两个景区带动200户农户在乡村旅游产业链条上每年增收2000元。

（2）易地扶贫搬迁后续扶持措施。根据易地扶贫搬迁安置点的特点落实相应的后续产业扶持、促进就业创业和社会保障兜底计划，同时推进就医、就学等后续帮扶，确保2147户7017名搬迁建档立卡贫困人口搬得出、留得住、能发展、可致富，防范“稳不住”的风险。

——促进产业发展扶持和就业创业扶持。结合县域内工业园区、扶贫车间建设和粤桂扶贫协作劳务合作，做好搬迁户县内务工和转移就业的指导服务工作。一是针对县城城北、城南安置点的1099户3636名建档立卡贫困人口，后续扶持以商贸经济扶持为主，劳务输出扶持为辅，即就近安排到安置点小区、金桂农贸市场、龙州国际建材市场、龙州旅游集散中心、万盛商业广场、云天汽车城等从事安保、保洁、搬运等基础岗位工作；引导搬迁户利用小额信贷在金桂农贸市场购买摊位自主创业；通过扶贫产业项目以奖代补政策等，引导搬迁户入股树春牧业、彩港农业等公司获得稳定收益。二是针对水口共宜、武德科甲、下冻布局873户2730名搬迁群众，后续扶持以边贸扶贫为主，边贸旅游为辅，即依托水口、科甲、布局、那花等边贸互市区（点），动员搬迁户加入边贸互助组，通过参与边贸互市贸易和提供边贸服务实现增收；组织搬迁户和边境村庄群众参与“雨露计划”“新型农民职业培训”和订单式技能培训，掌握1—2门实用技术，并进入水口边贸扶贫产业园转移就业，获得相对稳定的工资收入。三是针对彬桥、逐卜、响水安置点147户520名搬迁群众，后续扶持以劳务输出扶持为主，通过开展劳动技能培训班，对接广东省鹤山市帮扶，加强劳务输出工作，以外出务工增加收入。

——加大公共服务后续保障。统筹做好安置点基础设施和公共事业建设，让搬迁群众享有便利的基本公共服务，保证通水、通电、通路、通网，建设垃圾处理中心；落实城南、城北、水口共宜安置点的市场配套，规划城南、城北安置点公交线路，在有条件的安置点内设计自行车租赁服务；开工建设城南新区小学、城南新区幼儿园教育扶贫项目，缓解城南新区易地扶贫搬迁点贫困户及周边适龄儿童就学难问题，提供优质的办学条件。其中，小学计划设置54个教学班约2430个学位，幼儿园计划设置36个班约1000个学位。推进水口中心卫生院（二期）和水口镇共和完全小学（二期）建设，为学校提供师生住宿、道路硬化、通水通电等办学条件，逐步完善新校区的办学功能

——加大管理制度后续保障。建立健全各项规章制度，完善各安置点的管理，加大新村社区建设力度，提升社区服务水平，推进社区卫生、社区文化、社区环境、社区治安、社区保障等服务项目的开展。发挥安置点社区“两委”以及单元长、楼长、栋长的作用，帮助搬迁户协调解决困难问题，保障搬迁农户各项社会服务。加强安置点小区治安管理，排除隐患，让搬迁群众住得舒心、放心、安心。同时，利用电视夜校，对搬迁群众加强日常生活常识、安全常识等培训，不断提高搬迁群众的自身素质，促进农民向市民的稳步转变，进而打造秩序井然、环境优美、安居乐业的幸福和谐家园。

——做好搬迁后续扶持精准到户工作。按照“2+1”政策，安排帮扶联系人对搬迁贫困户进行跟踪帮扶。各乡镇建立完善“一户一档”，做好本地易地扶贫搬迁后续产业发展，搞好就业创业扶持政策到户花名册的编制与录入工作；同时，对每户搬迁贫困户的帮扶、收入、脱贫等情况建立专门档案，规范管理，做到可看可查。

（3）医疗保障后续扶持措施。针对有患病人口的贫困家庭，进一步加强医疗保障后续扶持。一是深入推进县级公立医院改革，全面推行公立医疗机构药品采购“两票制”，推动县人民医院组建紧密型医联体，提升全县医疗卫生水平。二是巩固提升健康扶贫成果，继续深入实施健康扶贫工程，通过新农合制度、大病保险统筹、民政救助、小额人身保险等医疗体系，保障患病人口享有基本医疗卫生服务，逐步提高患病人口的医疗补助、门诊和住院治疗费用报销标准。三是继续实行疾病分类救治和先诊疗后付费的结算机制，进一步扩大推行贫困家庭医生签约服务。四是加强基层医疗卫生人才队伍建设，鼓励医学大中专毕业生到乡镇卫生院就业，支持现有医护人员参加提升学历教育。五是针对残疾脱贫户，持续落实重度护理补贴和困难残疾补贴，全力推进残疾人托养及康复中心项目建设，开展“阳光家园计划”项目、“党员扶残温暖同行”工程，全面提升残疾脱贫户的获得感，帮助残疾脱贫户致富。

（4）义务教育保障后续扶持措施。对有在读学生的贫困家庭，进一步加大后续扶持的力度。一是继续落实职业教育免学杂费政策，全面实行“雨露计划”教育扶持，对农村贫困户家庭子女学历教育实现应补尽补，让未升入普通高中的贫困学生都能进入中等职业学校就读。二是进一步完善定户、定人的教育精准帮扶体系，继续对建档立卡贫困户子女从入学到毕业就业进行全程资助和全程扶持。三是鼓励社会公益资金通过多种形式资助农村贫困家庭学生。四是全面落实控辍保学责任制，加强对学生的教育和管理，对贫困学生悉心关爱，真正让学生留得住、学得好。

（5）兜底保障后续扶持措施。一是加强低保对象动态管理，健全低保对象认定方法，对符合农村低保条件的建档立卡贫困户，按规定程序全部纳入低保范围；对符合建档立卡条件的低保户，按规定程序纳入建档立卡范围，做到应保尽保、应纳尽纳。二是进一步加快实现农村低保制度与扶贫开发政策有效衔接，加大临时救助力度，及时将符合条件的返贫人口纳入救助范围。完善农村低保制度，重点对重度残疾人和三级、四级精神智力残疾人、重病户，因生产条件恶劣家庭生活困难的贫困户、无产业就业且生活困难的易地扶贫搬迁户，以及无法依靠产业扶持和就业帮助脱贫的家庭，给予倾斜兜底保障。三是完善弱势群体保障机制，对农村低保家庭中的老年人、未成年人、重度残疾人和重病患者等重点救助对象，探索建立健全最低生活保障标准动态调整机制，适时提高最低生活保障人均补助标准，保障基本生活，不断增强农村低保兜底保障能力。四是进一步拓宽全社会参与扶贫的路径，紧紧抓住对口帮扶和援建单位在对接企业、社会人士方面的人脉资源优势，动员企业界、工商界和爱心人士参与扶贫，向弱势群体捐款捐物、扶贫救济，解决实际困难，改善生活质量，着力构建全社会共同参与的大扶贫格局。

2. 实施贫困村脱贫摘帽后续扶持计划

（1）加强基础设施建设。实施基础设施巩固提升工程，在巩固脱贫攻坚基础设施建设成果基础上，着重围绕发展农村现代特色产业需要、改善群众生产条件需求，积极统筹整合财政涉农资金和其他相关行业部门资金，充分利用民建公助、以奖代补、村民自建等多种政策扶持模式，结合美丽乡村建设，进一步提升脱贫出列村农村公路、水利、能源、环保、通信等基础设施建设，以及农村基础教育、基层医疗卫生和文化体育、养老服务、福利设施等公共服务能力建设，持续改善脱贫出列村发展条件。

（2）加强基层党组织建设。发挥好基层党建的引领和保障作用，抓好村级党组织建设，持续整顿软弱涣散的村党组织，进一步提升农村党组织“星级化”管理水平。加强村级党员干部管理，开展驻村第一书记、村（社区）党支部书记、村（居）委会主任培训。实施“领头雁”工程和“能人培养计划”，开展致富带头人培训工作，提高农村党员致富带富能力，把经济能人培养成党员，把党员培养成村干部，把村干部培养成村委主任、村支书，把村委主任、村支书培养成致富领头雁，不断提高基层党组织带领群众巩固脱贫成果的能力和水平，进一步增强基层党组织的创造力、凝聚力和战斗力。

（3）加强特色村镇建设。以“广西特色旅游名县”创建成功为契机，结合新型城镇化建设，积极完善城乡规划和城乡综合配套，促进城乡一体化发展。推动全面融入凭祥－宁明－龙州一体化发展，积极培育建设重点特色乡镇和生态村，统筹推进上金特色旅游小镇，水口边贸特色小镇，武德、金龙边境特色乡镇，上龙、逐卜、下冻现代农业特色乡镇，上降、八角、彬桥产业经济特色乡镇建设和一批特色、乡土村屯建设。

（4）发展壮大村集体经济。制定落实发展壮大村级集体经济的政策措施，在委托企业经营、资产出租、光伏发电等已有模式基础上，因地制宜探索多元化的农村集体经济发展模式。支持村集体经济组织统筹利用集体资源，集中开发或引进社会资本合作开发；发展乡村特色种养、乡村旅游、乡村车间等特色产业。支持村集体经济组织以自主开发、出租、合作等方式，盘活利用闲置的各类房产设施和集体建设用地，增加集体收入。支持村集体经济组织创办农村服务实体，发展农村供销、零售、物流等服务业。通过采取资源整合、项目下放的方式，鼓励村集体经济组织参与项目建设和管理。研究制定政策，培养一批懂经营、善管理的村级集体经济带头人。发挥村党组织对村集体经济组织的领导核心作用，建立健全村集体经济组织管理制度，加强村集体经济组织财务规范化管理。确保 47 个贫困村村集体经济收入到 2020 年达到 5 万元 / 年。

（5）办好农民专业合作社。农民专业合作社是适应农业现代化、产业化要求，推进脱贫攻坚的有效载体。龙州县坚决贯彻落实中央和自治区的有关部署要求，认真研究、总结、推广先进经验。一方面对全县 1179 家农民专业合作社加强服务指导和规范化管理，鼓励发展生产、供销、信用“三位一体”的农民专业合作社联合社，推动农民专业合作社向更高阶段发展，进一步提高农村产业发展组织化程度；另一方面组织动员贫困群众积极参与合作社经营和生产，提高吸纳农户参与率，确保合作社发挥作用、产生持续可靠的收益。

（6）加强精神文明建设。建设乡村“新时代讲习所”、新时代文明实践中心，培育和践行社会主义核心价值观；组织党员领导干部到农村开展理论宣讲，推动农村党员和农民群众深入学习习近平新时代中国特色社会主义思想；加强爱国主义、集体主义、社会主义教育和民族团结进步教育。开展文明城市创建行动，加大文明村镇、乡风文明示范村创建力度，开展星级文明户、文明家庭创建活动，加强农村未成年人思想道德建设。通过电视夜校、村民大会等多种形式开展社会公德、职业道德、家庭美德、个人品德教育，激发农村居民，特别是贫困群众感恩意识，弘扬敬老爱老护老等朴实优良传统，评选道德模范、身边好人，让讲道德、守道德成为农民群众自觉追求。建立社会主义核心价值观宣传展示阵地，通过山歌传唱、大榕树课堂、文艺下乡等群众喜闻乐见的形式和活动，传播社会主义核心价值观。开展乡风文明建设、移风易俗专项行动，发挥村规民约、村民议事会、道德评议会、红白理事会、禁毒禁赌协会等群众组织作用，开展乡风评议，弘扬文明和谐乡村新风。推进美丽龙州建设，全面完成“宜居乡村”活动目标任务，积极谋划推进“幸福乡村”活动，持续改善农村人居环境，坚持不懈地推进农村“厕所革命”，稳步实施农村污水处理、改厨、改厕、改畜圈等整治工程。加强乡村法治建设，提高乡村自治德治水平，健全自治、法治、德治相结合的乡村治理体系，促进乡村和谐稳定。

四、摘帽“不摘帮扶”，坚持队伍不解散

1. 健全完善帮扶机制，继续执行驻村帮扶

制定《龙州县2018年精准扶贫结对帮扶工作实施方案》，按照“单位帮村、干部包户、社会参与、民政托底、结对帮扶、精准扶贫、脱贫后跟踪帮扶‘2+1’、同步小康”的要求，继续落实结对帮扶机制，组织全县机关企事业单位、广大党员干部和社会各界全面开展结对帮扶、精准脱贫工作，坚持帮扶队伍不撤人员不散，原贫困村驻村工作队不走，原贫困户帮扶责任人不散。在确保稳定的基础上，及时调整“一帮一联”结对帮扶力量，2018年全县共向12个乡镇新选派320名驻村工作队员，确保每个贫困村有3名队员，非贫困村有2名队员驻村开展工作。坚持精准帮扶网格化管理，扎实做好“一户一册一卡”基础工作，重点推进以村为单位的驻村专业扶贫工作队建设。继续实行领导驻村夜访、脱贫攻坚每周例会、脱贫攻坚微信群众重点工作一天一报、脱贫攻坚网格化管理等工作机制；要求领导干部亲力亲为在脱贫攻坚一线带头抓帮扶工作，县四大班子领导每年各走访全县1/2以上的贫困村，走访200户以上的贫困户，脱贫攻坚汇报会根据工作实际，由半月汇报会调整为月汇报会。乡镇党委书记每年要走访辖区内贫困户总户数的1/3以上，村党组织书记、贫困村第一书记每年要实现走访辖区内贫困户全覆盖。

2. 推动帮扶单位重点开展包村“四帮”

一是联合驻村工作队结合当地实际，帮助帮扶村围绕改善发展条件、提升发展能力制定年度工作计划和整体发展规划，并积极参与规划项目的实施与监督。二是按照建设生态文明美丽乡村的要求，帮助帮扶村大力实施农村危旧房改造工程、村庄清洁工程、道路硬化工程、基本农田水利建设工程、饮水提升工程、电网升级改造工程、农村信息化工程等，加强基础设施建设，改善农村人居环境。三是结合帮扶村村情，着眼于形成“一村一品”，帮助帮扶村发展特色产业，培育主导产业，做强优势产业，并依托农村经济合作组织引导村民以土地、山林流转、入股等多种形式参与产业发展。四是帮助加强村级基层组织建设，切实提高村（社区）“两委”班子推进精准扶贫的能力和水平；帮助制定困难帮扶、文明礼仪、纠纷调解等村规民约，提高帮扶村自我管理服务能力；协助开展平安创建，妥善解决群众关心的热点难点问题，加大矛盾纠纷排查调处力度，不断促进社会和谐。

3. 推动帮扶干部重点开展包户“四送”

一是送温暖。本着尽力而为、量力而行的原则，积极帮助帮扶户解决生产、生活中的实际困难，保证他们有粮吃、有衣穿、有房住，孩子不失学、有病能救治。二是送政策。结合结对帮扶户的生产、生活和思想实际，积极宣传党的惠民政策和县委、县政府的一系列决策部署，宣传经济发展的先进典型和致富经验，帮助解放思想，更新观念，开阔眼界，拓宽思路，特别是克服等、靠、要的观念，使他们增强创业致富的信心。三是送技术。根据结对帮扶户的实际情况，对有条件的住户通过组织参与“雨露计划”“新型农民职业培训”和订单式技能培训以及协调落实工作岗位等途径，帮助提供就业门路和劳务输出；对在农村务农的，引导和帮助他们掌握1—2门实用技术，让他们早日致富奔小康。四是送项目。结合结对帮扶户实际，提供市场信息，帮助他们选准一条增收路子或一个致富项目，尽快改善生产、生活条件。

4. 推动社会积极参与“四扶”

一是扶资金。搭建扶贫慈善活动平台，积极引导非公有制经济组织和社会各界、爱心人士为帮扶村和帮扶户捐款捐物，捐资助学，扶贫济困，帮助发展公益事业。二是扶产业。鼓励非公有制经济组织发挥资金、技术、市场、管理等优势，通过资源开发、产业培育、市场开拓、村企共建等多种形式到帮扶村投资兴业、发展产业，辐射带动帮扶户增收。三是扶就业。鼓励非公有制经济组织大力吸收帮扶户到企业就业，并帮助介绍帮扶户到相关地区、企业就业，拓宽帮扶户就业渠道。四是扶信息。充分发挥非公有制经济组织信息广、渠道多的优势，为帮扶村和帮扶户提供农产品购销、科技推广、劳动力转移等信息服务。

5. 推动粤桂扶贫紧密协作

一是进一步完善粤桂扶贫协作对接机制，深入推进粤桂扶贫协作和定点扶贫；坚持鹤山－龙州扶贫协作联席会议制度，每年开展定期互访，围绕龙州县脱贫摘帽巩固提升，重点深化人才支持、市场对接、劳务协作、资金支持等方面开展扶贫协作。二是优化结对协作关系，实化细化结对帮扶措施，认真对照 2017 年、2018 年扶贫协作工作清单，全面检查，统筹推进硬件建设、产业协作、劳务输出、技能培训、人才培养、教育医疗、社会帮扶等项目实施，促进正在实施项目加快进度、未实施的项目加强对接，推动粤桂扶贫协作取得更多务实成果。三是引导广东省企业精准结对帮扶，加大产销对接力度，推进粤桂扶贫协作北部湾现代农业食用菌扶贫产业项目、县职业教育中心和水口镇扶贫车间建设，发挥鹤山市驻龙州县劳务输出服务站促进就业功能，发挥更大的减贫带富作用。四是继续促成广东地区教育、医疗等机构结对帮扶龙州县提高教育管理、医疗卫生水平，加大对龙州基层干部、专业技术人员、贫困村创业致富带头人培训力度；继续争取广东省更多资金帮扶，办好一批民生实事。

五、摘帽“不摘监管”，坚持工作不松懈

1. 严格扶贫队伍的管理考核

脱贫摘帽后，龙州县继续将脱贫攻坚工作列入领导班子年度考核的重要内容，作为衡量评价有关领导班子和领导干部政绩的重要依据。建立脱贫攻坚考核和责任追究机制，确保责任到位、投入到位、督查问责到位。建立和健全巡察制度、考核验收制度和奖惩制度，分类细化考核指标，强化结果运用。严格执行《龙州县脱贫攻坚（乡村振兴）工作队管理细则》，切实加强脱贫攻坚（乡村振兴）工作队员的管理，通过监管促使工作队员真正进村入户开展走访农户和其他各项工作。加强村“两委”干部管理，加强县委组织部、各乡镇对村“两委”干部的扶贫业务培训和扶贫成效考核，以考核促进村“两委”干部贴近群众、沟通民意，认真履行基层组织助力脱贫攻坚的工作，特别是抓好村党支部书记履行好“五级书记”抓扶贫工作的主体责任，杜绝把扶贫工作丢给第一书记和驻村队员，当甩手掌柜的现象。

2. 加大后续扶持工作的督查督办力度

发挥县委督导组作用，对全县脱贫攻坚工作进行不定期督导检查。县纪委、县委督查室、县政府督查室、县绩效办等有关部门，将脱贫摘帽后续扶持工作列入年度重点督查任务，加大督查督办力度，对督查发现的问题及时反馈，提出整改措施和时限要求，同时做好跟踪问效，促进脱贫摘帽后续扶持各项工作稳步推进。定期开展教育、民政、医疗、残疾、农业、林业、移民等领域后续扶贫政策落实大检查，对照贫困户收入登记，

确保政策落实到户到人，不漏、不偏、不差。坚持奖罚分明的管理机制，通过晒各乡镇、各部门、各单位的工作进度促进脱贫摘帽后续扶持工作的落实，对工作中有实招、干实事、见实效的单位和个人，给予通报表扬；对工作不严不实、工作进展缓慢、资金使用不规范的单位和个人，移交相关部门，严肃处理，以在全县各级领导干部中形成干实事抓落实的浓厚氛围。

3. 加强扶贫领域政治生态建设

全力推进深化扶贫领域腐败和作风问题专项治理工作（以下简称“专项治理工作”），为持续巩固全县脱贫摘帽成果提供坚强纪律保障。制定印发《龙州县深化扶贫领域腐败和作风问题专项治理工作领导小组办公室职责分工》《龙州县深化扶贫领域腐败和作风问题专项治理工作六项制度》，落实专项治理工作例会制度、月报制度、线索排查制度、直查直办制度、通报曝光制度、联动协同制度，认真查摆专项治理工作存在的薄弱环节和突出问题并加以整改，确保专项治理工作高效有序推进。监督执纪，强化公开大接访信访机制、巡察利剑机制、“一月一督查”监督机制、“三张明白卡”监督机制、执纪审查协作机制、监督检查机制，确保监督全覆盖。组织学习研究部署专项治理工作有关文件，对领导干部进行集体约谈，对专项治理工作进行再动员再部署；加大宣传力度，确保专项治理知晓度。2018 年龙州县初核扶贫领域问题线索 191 件，立案 123 件，结案 123 件，给予党纪政纪处分 115 人，延长预备期 6 个月 1 人，免于行政处分进行诫勉 5 人，免于行政处分进行通报批评 2 人，追缴退缴违纪款 72.83 万元，通报曝光 10 期 23 起涉及 55 人。

第十章　2020 年后龙州县的相对贫困治理

2017 年，龙州县顺利实现了“脱贫摘帽”，这是龙州县反贫困史上具有里程碑意义的历史性突破。经过 2018 至 2020 年三年的巩固提升，龙州县现行标准下的“绝对贫困”问题将得到历史性解决，从而使龙州县稳步实现与全国全区一道迈入全面小康社会的目标。届时，龙州县历史又将翻开新的一页。但是，这并不意味着龙州县的贫困就此终结。中共中央、国务院印发的《乡村振兴战略规划（2018—2022 年）》中已经明确提出了“加快建立健全缓解相对贫困的政策体系和工作机制”的新要求。可以预见，2020 年后龙州县的贫困治理将实现新的转变，即从过去以解决绝对贫困为重点，转向以突出解决相对贫困问题为主。

一、相对贫困治理的理论分析

要对龙州 2020 年后相对贫困问题进行研判，必须首先对相对贫困治理理论作一个简要的分析。重点是厘清绝对贫困与相对贫困的基本概念及其相互关系，2020 年后我国相对贫困的总体趋势以及相对贫困治理的重点任务等问题。

（一）绝对贫困、相对贫困及其相互关系

把贫困问题区分为绝对贫困和相对贫困，这是中外学者的一个高度共

识。尽管如此，但在相关概念的内涵、衡量标准和测度方法等方面仍然存在诸多分歧。

1. 关于绝对贫困

学术界一般认为，在世界范围内，对贫困问题的研究起始于布思（C.Booth，1902）和朗特里（B.S.Rowntree，1901）所进行的生计调查。基于这一调查，早期的学者（Booth，1902；Rowntree，1901）将贫困定义为生活资源的匮乏，形成了“绝对贫困”的理论脉络。[①] 从方法论来看，朗特里对贫困所作的定义是“基于经济学和生物学视角的满足维持人生存基本需要的方法”[②]，通过对约克郡贫困状况的调查，他第一个提出了以“基本需要方法”定义的贫困线。20世纪60年代初，美国在实施“向贫困宣战”计划时，采用了经济学家欧桑斯基（Mollie Orshansky）根据满足最低基本需要的食物和非食物需要测算的美国贫困线，并沿用至今。[③] 20世纪70年代，世界银行在着手对全球贫困开展监测时认为“贫困应包括营养不良、文盲、疾病、肮脏的环境等多个维度的特征”，但自1978年发布第一份《世界发展报告》以来，一直以满足最不发达国家人们维持生存的“基本需要方法”来定义和测量贫困。[④] 随着国际反贫困实践的不断深入，学者们的研究也不断得到拓展和深化，对于贫困定义的另一种方法，即“基于人类发展视角的达到一定生活水平的基本能力方法”[⑤] 应运而生。这方面最具代表性的是被誉为穷人经济学家的阿马蒂亚·森，在其1985年出版的《商品和能力》一书中，他认为收入是实现一定生活水平的“手段”，而生活状态才是人类发展的真正目的。个人在将拥有的资源转换为可实现的价值活动方面存在能力差异，这种能力包括获得教育、健康、饮

① 方珂、蒋卓余：《消除绝对贫困与反贫困社会政策的转向》，《云南社会科学》2018年第3期。

②④⑤ 王小林：《改革开放40年：全球贫困治理视角下的中国实践》，《社会科学战线》2018年第5期。

③ 安格斯·迪顿：《逃离不平等：健康、财富及不平等的起源》，中信出版社2014年版。

用水等多方面。[①] 由此可见，就贫困的定义和测度而言，朗特里是从“结果”（即从贫困人口因收入不足而呈现出的贫困生活状态）来审视的，而阿马蒂亚·森则是从“原因”（即导致贫困人口陷入贫困生活状态的各种综合因素）来考量的。尽管二者分析问题的切入点不同，但从绝对贫困的基本特征来看，难以维持“基本生存需求”的生活状况这一点上仍是共通的。当然，阿马蒂亚·森更强调的是导致贫困人口难以维持基本生存状况的因素（即可行能力）。

值得注意的是，在这个层面上，阿马蒂亚·森重点强调要改变贫困人口陷入绝对贫困的生活状态，应从提升其可行能力入手。换言之，二者的立足点都在于解决人的基本生存需求，使之不致陷入绝对贫困的状态，但前者重视的仅是其“收入不足”这一结果，后者重视的则是消除导致“收入不足”的各种综合因素。不能认为阿马蒂亚·森重视贫困人口的可行能力，就是对朗特里关于绝对贫困定义的否定。深刻理解这一点，对于我们准确地、完整地把握我国现行的脱贫标准——“两不愁三保障”，具有十分重要的意义。实际上我国现行的脱贫标准是对两种定义方法的综合应用，保障贫困人口不愁吃、不愁穿是为满足贫困人口基本生存条件而提出来的要求，而保障贫困个体或家庭的义务教育、基本医疗、安全住房是从其基本发展条件的角度提出要求的。可以说，这一标准要求，体现了解决我国绝对贫困问题的一种底线思维。这也是习近平总书记之所以反复强调，既不能降低标准导致影响脱贫攻坚质量，又不能任意提高标准，以致“吊高胃口”，陷入“福利陷阱”的原因所在。笔者理解，如果降低了标准，就会导致我们的脱贫标准突破了绝对贫困的最低底线，无法彻底解决绝对贫困问题，将使部分人口长期处于“贫困陷阱”。反过来，如果任意

---

① Amartya Sen. *Commodities and Capabilities*[M].Amsterdam:North-Holland，1985:353.

拔高标准，超出了现阶段我国经济社会发展水平的要求，一方面可能因为我们的实力不济而难以做到，另一方面还会助长一些贫困人口形成更加严重的“等、靠、要”依赖思想，一味地躺在政府的“福利援助”上不思进取，导致“福利陷阱”的产生，不利于社会整体效率的提升，甚至还会产生社会不公等新矛盾、新问题。

2. 关于相对贫困

学界公认，英国彼得·汤森是最早研究相对贫困理论的著名学者。[①] 20 世纪 50 年代，他开始关注英国的贫困问题，60 年代他就质疑英国社会“贫困已完全消失”这一占主导地位的观点。1979 年，汤森出版了《英国的贫困：一项基于家庭资源和生活水平的调查》一书，首次对相对贫困理论进行了系统阐述，提出了“贫困问题的解决不能停留在基本需要的满足上，一个社会性的人和他们的家庭没有资源，不能参加一般人认为正常的社会活动，便是相对贫困。被社会排斥的弱势群体，如低收入家庭、老人、少数民族、单亲家庭、伤残人士、长期患病者，都生活在贫困中”[②]。汤森特别强调了相对贫困的特征，认为“被剥夺了参加正常社会生活的权利”是相对贫困群体一个十分重要的特征。显而易见，所谓的相对贫困是通过与参照群体相比较而体现出来的一种“相对被剥夺”的社会现象，实质上反映的是社会公平问题。汤森提出的相对贫困理论，拓展了学界对贫困问题研究的深度和广度，是对绝对贫困理论的深化与提升，它使学术界和政界对贫困问题的认识从关注人类生存需要层面转移到收入分配的不平等以及社会剥夺之上，至今仍有极其重要的理论启迪和方法借鉴。此后，阿马蒂亚·森（1981）首次从权利方法来分析贫困与饥荒的产生[③]，并在

---

① 刘杰、李可可：《彼得·汤森的相对贫困理论及其在英国的实践》，《社会保障研究》2016 年第 1 期。

② 关信平：《社会政策概论》，高等教育出版社 2004 年版。

③ [印度] 阿马蒂亚·森：《贫困与饥荒》，王宇、王文玉译，商务印书馆 2004 年版。

1999年发表的《以自由看待发展》著作中提出了能力贫困的这一概念[①]，其中所提出的贫困指数对相对贫困内涵进行了深刻揭示。迪帕·纳拉扬（2001）率领的团队则创造出融合人类学、社会学、经济学等学科知识的"参与式贫困评价法（PPA）"来综合开展贫困问题研究[②]，深刻地阐述了权利贫困的问题。[③]值得指出的是，汤森与阿马蒂亚·森关于相对贫困概念的理解是不一样的。其最主要分歧在于，汤森的相对贫困是一个主观标准，是相对于一定社会的平均生活水平而言的贫困；而阿马蒂亚·森则认为在贫困概念中存在一个不可缩减的绝对贫困的内核，衡量"可行能力"的标准也是绝对的，尽管它会随时空的变化而变化，但是一个人是否具有某种能力却是可以被绝对判断的。

进入20世纪90年代以来，随着中国扶贫开发的深入开展，相对贫困问题受到国内学者的广泛关注，并从不同角度展开了研究。[④]围绕相对贫困概念的内涵，唐钧（1994）、关信平（1999）、陆小华（2001）、童星和林闽钢（2001）等提出了各自的观点。总体来看，唐钧的研究更具开创性，他认为绝对贫困、基本贫困和相对贫困是一个互相衔接的独立概念。绝对贫困是内核，向外扩展第一波是基本贫困，第二波是相对贫困，与此相对应，贫困线可以细化为生存线、温饱线和发展线。[⑤]童星和林闽钢则认为，相对贫困指低于社会公认的基本生活水平，缺乏扩大社会再生产的能力或能力弱。[⑥]上述研究成果，明晰了相对贫困的基本概念，提出了衡量相对贫困的基本思路和方法，但由于当时我国面临的主要是解决绝对贫困的问题，因此这些研究成果大多数只停留在理论探讨上，尚未提升到政策研

---

① ［印度］阿马蒂亚·森：《以自由看待发展》，任赜、于真译，中国人民大学出版社2002年版。
②④ 同春芬、张浩：《关于相对贫困的研究综述》，《绥化学院学报》2015年第8期。
③ ［印度］迪帕·纳拉扬等：《谁倾听我们的声音》，付岩梅等译，中国人民大学出版社2001年版。
⑤ 唐钧：《中国城市居民贫困线研究》，上海科学出版社1994年版。
⑥ 童星、林闽钢：《我国农村贫困标准线研究》，《中国扶贫论文精粹》2001年第10期。

究的层面。

进入“十三五”时期，随着脱贫攻坚的深入推进，围绕2020年我国实现“十三五”脱贫攻坚目标——即解决了绝对贫困之后中国减贫战略和方向等问题，国内学术界开始对此作了进一步的探讨。谷树忠在对2020年后中国贫困问题进行多维度审视和研判之后，提出了应“实施新动能减贫、生态红利减贫、特殊资源减贫和意愿校正减贫的策略”[①]。张琦提出了“减贫战略转型应由主要解决绝对贫困向主要解决相对贫困转变”[②]的观点。左停认为，“应该积极借鉴国内外相关经验，积极创新发展型社会救助，以应对贫困问题”[③]。李小云等提出了“转型贫困”的概念及其治理新目标。[④]白增博、孙庆刚、王芳（2017）提出应借鉴美国贫困救助政策，完善中国贫困救助体系，推动精准扶贫和2020年后反贫困工作，在贫困救助立法、贫困线制度、鼓励就业、分类救助以及多元主体参与等方面的对策建议。[⑤]在实践层面，胥爱贵（2017）回顾总结了江苏省建立缓解相对贫困长效机制的实践探索以及新形势下完善这一长效机制的对策措施[⑥]；黄磊（2018）以无锡市为例，对苏南地区对相对贫困群体开展的精准帮扶进行了系统的总结[⑦]；王毅（2018）以成都市大邑县为例，探讨了精准扶贫背景下相对贫困村脱贫的策略[⑧]。凌经球（2018）提出了以“可持续脱贫”

---

① 谷树忠：《贫困形势研判与减贫策略调整》，《改革》2016年第8期。

② 张琦：《减贫战略方向与新型扶贫治理体系建构》，《改革》2016年第8期。

③ 左停：《反贫困的政策重点与发展型社会救助》，《改革》2016年第8期。

④ 李小云、许汉泽：《2020年后扶贫工作的若干思考》，《国家行政学院学报》2018年第1期。

⑤ 白增博、孙庆刚、王芳：《美国贫困救助政策对中国反贫困的启示——兼论2020年后中国扶贫工作》，《世界农业》2017年第12期。

⑥ 胥爱贵：《探索建立缓解相对贫困的长效机制》，《江苏农村经济》2017年第11期。

⑦ 黄磊：《苏南地区相对贫困群体精准帮扶研究——基于无锡市的探索与实践》，《江南论坛》2018年第4期。

⑧ 王毅：《精准扶贫背景下的相对贫困村脱贫策略研究——以成都市大邑县部分村（社区）为样本》，《青年时代》2018年第1期。

来推动新时代中国贫困治理的观点。[①]

综上所述，国内外既有的关于相对贫困的研究成果从理论上回答了相对贫困是什么、如何看待、怎样治理等问题，为我们深化对2020年后相对贫困的认识提供了比较坚实的理论基础，然而由于国情不同、发展阶段不同，不可以照搬照套国外的相对贫困理论。近年来，国内学者基于2020年后中国减贫战略的理论探索以及部分发达地区对相对贫困治理实践经验的总结提炼，为进一步探讨这一问题提供了方法论基础和可资借鉴的宝贵经验，但现有的研究主要集中在对贫困性质变化（张琦，2018）、减贫战略调整（谷树忠，2018）以及反贫困政策转型创新（左停，2018）等宏观层面的探讨。2020年后随着乡村振兴战略的深入实施，客观上对我国相对贫困治理提出新的更高的要求，在此背景下我国相对贫困的内涵是什么、主要特征是什么、衡量的标准是什么、治理的重点何在，等等，这些问题仍亟须作进一步的深入探讨。

借鉴国内外的既有研究，我们认为，与绝对贫困（也叫作生存型贫困）不同，相对贫困是一种发展型贫困。所谓相对贫困，是指在一定社会发展过程中，一部分家庭（个体）或因收入（财富）分配差距的客观存在，或因基本公共服务获得上的不平等因素等，导致其所享受的福祉水平处在社会平均水准之下。当然，此时这部分家庭（个体）所面临的虽然不是基本生存方面的困境，但与社会发展的平均水平相比，所能维持的必然只是一种低于主流社会阶层的生活水平，陷入这种生活状态的往往是社会上以低收入为主要特征的弱势群体，故可称之为相对贫困群体。因为随着社会经济的不断发展，社会发展的平均水平也将不断提高，所以相对贫困可以称为发展型贫困。有学者认为，我国的相对贫困主要体现在生计贫

① 凌经球：《可持续脱贫：新时代中国农村贫困治理的一个分析框架》，《广西师范学院学报（哲学社会科学版）》2018年第2期。

困、权益贫困和幸福贫困三个层面。[①]在生计贫困层面，主要是收入（财富）分配差异的存在，导致其收入（财富）低于社会平均水平；在权益贫困方面，基本公共服务供给水平的不均等，导致其公平发展机会和能力的不足；在幸福贫困方面，在前二者的综合作用之下，导致与其他社会成员相比其“幸福感”相对低下，甚至影响到其人格尊严。由是观之，2020 年后，我国将开启全面建设社会主义现代化的新征程，在这个进程中由于区域发展、城乡发展不平衡不充分仍将长期存在，相对贫困将长期存在于多元化、差异性的经济社会空间内。

3. 关于绝对贫困与相对贫困的关系

经济、社会和文化诸多方面综合作用而产生的贫困问题，既是对一部分人生活状况的描述，也是对社会分配制度的反映，同时也是一定社会文化心理的表现。因此，绝对贫困与相对贫困在某种意义上是有其共通之处的。首先，从贫困的基本表征来看，贫困问题首先表现为“不足”。这种“不足”既表现为物质层面的“不足”，也表现为精神层面的“不足”，既表现为社会福利水平的低下，也表现为基本能力和基本权利的“被剥夺”。由此看来，贫困具有多元化的特征，无论是绝对贫困还是相对贫困，其贫困的致因都是复杂的、多样的。其次，从衡量标准来看，二者是不同的。某种意义上，绝对贫困的衡量标准具有绝对性，是在既定的生产生活条件下，根据低于生存需要水平的一个固定标准来测度的，比如世界银行现行的贫困线是每人每天 1.9 美元（2015 年以 PPP 价格指数来计算）的消费水平，低于这一标准就被列入贫困人口。而相对贫困则是根据低收入者低于社会成员的平均收入水平的差距来测度的，世界银行将收入少于平均收入的 1/3 的社会成员视为相对贫困，法国则将低于全国收入中位数的一半以

① 赵伦：《相对贫困：从个体归因到社会剥夺》，《商业时代》2014 年第 18 期。

下列为相对贫困人口，等等。实际上这就是基于汤森相对贫困理论的实际应用。再次，从贫困治理的效果来看，绝对贫困具有一定的绝对标准，因而只要一个国家或一个地区的政府，通过采取提高贫困人口收入水平，改善其公共服务水平等贫困干预措施，绝对贫困就可以消除。基于这一基本考量，联合国制定的《2015 可持续发展议程》中，就提出了到 2030 年建设一个没有穷人（这里指的就是绝对贫困人口）的社会的目标。但是，相对贫困人口是在和社会全体成员平均发展水平的比较中识别出来的，随着经济社会的发展，社会平均发展水平不可能是一个固定不变的标准，而是一个动态的标准。从这个意义上讲，相对贫困问题只能缓解而不可能消除。

（二）2020 年后我国相对贫困的总体趋势

把握好 2020 年后我国相对贫困的总体趋势，有助于我们制定符合新时代贫困治理的战略目标、工作重点和政策措施，从而在迈向全面现代化的进程中更加有效地缓解相对贫困问题。那么，应如何判断 2020 年后我国相对贫困的总体趋势？我们认为，可以从以下几个方面来分析。

1. 需要“兜底保障”的贫困人口

习近平总书记在党的十八届五中全会上所作的关于《中共中央关于国民经济和社会发展第十三个五年规划的建议》的说明中，对“十三五”期间需要解决的 7017 万贫困人口提出了“五个一批”的要求，其中需要用社会保障来“兜底”解决的为 2000 万人。从我们深入农村一线开展调研所观察到的实际情况来看，这部分人基本属于因病、因残而失去劳动能力，且无法通过发展生产、易地搬迁、教育扶持、生态扶贫等措施加以解决的贫困人口。虽然通过精准扶贫方略，可以将他们纳入社会保障兜底解决的那“一批”，但保障水平依然是比较低的，只能满足这些贫困人口

“不愁吃、不愁穿”，如果其中的一些家庭有子女在义务教育阶段就学，也可以保证他们能够完成义务教育阶段的学业。同时，基本医疗和住房也都能有保障。因丧失了自身的发展能力，在可预见的未来几乎无法通过自身的努力改变其贫困面貌，只能维持基本的、简单的生活，是这些贫困人口最突出的特征。所以，这些贫困人口无疑是 2020 年后相对贫困人口中处于最低层次、需要给予高度关注的群体。

2. 遭遇风险冲击返贫的贫困人口

在通过“十三五”脱贫攻坚实现脱贫的贫困人口中，由于脱贫的基础依然比较脆弱，一旦受自然风险的冲击（比如，有些地方遇到旱灾或洪涝灾害），或因受社会风险的冲击（比如，有的因为家庭的突然变故——家庭中有的成员遭遇车祸），等等，往往重新陷入贫困之列，虽然此时这些贫困人口并不至于解决不了吃饭、穿衣等基本生存问题，但因脆弱性风险的冲击，无疑使他们无法实现稳定的、可持续的脱贫而成为相对贫困人口。调研中就发现这样的一个案例：该贫困户是 2017 年脱贫的建档立卡户，家庭人口有七人，分别是父母亲、夫妇两人和三个女儿。大女儿 2018 年 7 月大学毕业，并已经找到了工作，二女儿、三女儿仍在大学就读，父母亲已经 70 多岁，两人均享受基本养老金每人每月 90 元。七个人中只有三个劳动力，但大女儿刚刚工作，薪金水平并不高（大约月收入 3000 元，扣除“五险一金”之后，领到手的也就是不到 2000 元）。给他们家带来冲击的是，其母亲先是 2017 年因胃病动了大手术，2018 年又因眼疾医治无效，不得不动更大手术摘掉一只眼球，虽可以报销 90%，但仍要花掉上万元。更不幸的是，作为家庭中“顶梁柱”的男主人，在一次参与建房子的工作中从三层楼跌下来，左手和左脚摔断了，住院治疗了两个多月，虽已经治好，但治疗期间需要女主人陪伴无法劳动而大大减少收入，出院之后也干不了重活儿，失去了主要收入来源而导致全家重陷贫困。这样的家庭无疑是2020年后我国相对贫困的主体。根据我们团队几年来对脱贫对象进行的跟踪调研，发现返贫率大约为1%。按此估算，仅以“十三五”以来的脱贫人数计算，2020年后大约将有500万的返贫人口成为相对贫困人口。

3. 市民化的易地移民搬迁人口

在脱贫攻坚中，全国对“一方水土养不活一方人”的部分贫困人口实施了“易地扶贫移民搬迁安置”的帮扶举措，全国大约搬迁人数为1000万，广西壮族自治区实际搬迁了约70万，大约70%以“无土安置”的方式将这些贫困人口安置在县城或小城镇周边。为了解决这部分人的就业问题，各地采取了引进劳动密集型企业（如一些电子元器件加工厂等）就地创办“扶贫车间”，确保每个家庭至少有一人就业。由于近年来经济下行压力较大，引进的企业往往开工不足，未验收时地方政府与企业达成协议，千方百计保证企业开工。一旦通过了国家第三方脱贫核验之后，这些企业就很难再支撑下去。同时，一些贫困县由于经济发展滞后，县城或小城镇就业规模本来就比较小，可容纳的就业人口不多。此外，易地扶贫移民搬迁的贫困人口文化水平较低，自身文化素质和能力不高，在原居住地从事的大多数是农业生产，转移到城镇后就业竞争力往往比较弱。因此，市民化的易地移民搬迁人口脱贫的稳定性也将难以为继，他们成为相对贫困人口的概率也比较大。

4. 地区发展不平衡导致的贫困人口

2020年农村贫困人口实现脱贫，贫困县全部摘帽，区域性整体贫困得到解决之后，地区发展不平衡将导致西部地区农村居民成为相对贫困人口。我国幅员辽阔，区域发展不平衡是一个不争的事实，而且在未来的相当长一个时期内仍将难以改变。我国西部地区，大多数既是民族地区，也是革命老区、边远山区，这些地区农村与东部发达地区农村相比，差距是十分明显的。在这里以广东省、广西壮族自治区和西部民族地区 G 省为例加以说明。2016 年，广东省农村常住居民人均可支配收入最高的是东莞市，达到 26526 元，最低的揭阳市为 12250 元。而笔者调研的西部民族地区 G 省某个深度贫困县，2016 年该县农民人均可支配收入为 7527 元，仅为东莞市的 28.4%，为揭阳市的 61.45%；该县一个贫困程度较深的乡，农民人均可支配收入仅为 1452 元，仅是东莞市的 5.5%、揭阳市的 11.9%。另外，“十三五”期间江苏省组织实施脱贫致富奔小康工程，决定到 2020 年使全省农村低收入人口人均年收入达到 6000 元，比中央提出的 4000 元标准高出了 50%。西部民族地区农村与沿海发达地区农村之间的差距之大，可见一斑。由此可见，将来对相对贫困人口的界定无论是以人均可支配收入的 50%，还是以人均可支配收入的中位数为标准来测算，西部地区农村的相对贫困人口无疑是十分庞大的。

5. 进城务工市民化的低收入者

国务院《关于深入推进新型城镇化建设的若干意见》（国发〔2016〕8 号）提出：“坚持点面结合、统筹推进。统筹规划、总体布局，促进大中小城市和小城镇协调发展，着力解决好‘三个 1 亿人’城镇化问题，全面提高城镇化质量。”[①] 所谓“三个 1 亿人”指的是，实现 1 亿人左右农业转移人口和其他常住人口在城镇落户，完成 1 亿人居住的棚户区和城中村改造，引导约 1 亿人在中西部地区就近城市化。这其中第一个“1 亿人”和第三个“1 亿人”是在新型城市化推动下实现由农民向市民转化的城市人口，作为城镇居民的“后来者”，他们或许是农村中的“成功人士”，是农村中先富起来的“带头人”，但是他们一旦进入城市之后，无论是物质资

① 国务院 .《关于深入推进新型城镇化建设的若干意见》[EB/OL]. https://mp.weixin.qq.com/s?__biz=MzA4MDA0MzcwMA==&mid=403463118&idx=1&sn=313b7f763f5b403718c542a06b7dff84&scene=21#wechat_redirect。

本（比如住房等）、人力资本（所接受的教育或劳动技能培训以及健康等方面的投资）、社会资本（自身构建起来的社会网络）还是金融资本（自身的储蓄、投资）等，都与城市中的“原住民”有较大差距，他们也将成为城市中的相对贫困人口。

综上所述，2020 年后我国的相对贫困人口可粗略地划分为三类：第一类包括仍需“低保兜底”的贫困人口、因受脆弱性风险冲击的返贫人口和易地扶贫移民搬迁的贫困人口，这类相对贫困人口虽然不多，但他们仍是游走于绝对贫困与相对贫困的边缘上，是最需要特别关注的；第二类是由于东西部区域发展不平衡而产生的相对贫困人口，这部分将是 2020 年后我国相对贫困人口中的大多数；第三类是“十三五”期间在城市化进程的推动下实现了市民化的城市低收入人口，这类人在城市里属于相对贫困人口，但是与第一类、第二类相比还是有优势的，毕竟他们已经有能力在城市中立下脚跟，能够享受到城市居民的基本公共服务，但由于他们在城市中是“后来者”，所以与“原住民”相比较是真正意义上的相对贫困，这类人口与第一类特别是其中仍需“低保兜底”贫困人口是不可同日而语的。

（三）2020 年后我国缓解相对贫困的战略转型重点

根据上述分析，2020 年后缓解相对贫困将是我国贫困治理的一项长期的、艰巨的、复杂的战略任务。与这一战略任务相适应，我们应该选择怎样的战略重点呢？习近平总书记 2017 年 1 月 24 日在河北省张家口市张北县考察时强调指出：“要因地制宜探索精准脱贫的有效路子，多给贫困群众培育可持续发展的产业，多给贫困群众培育可持续脱贫的机制，多给贫困群众培育可持续致富的动力。”[①] 习近平总书记强调的“三个多给”，不

① 新华社：《习近平春节前夕赴河北张家口看望慰问基层干部群众》，http://news.xinhuanet.com/politics/2017-01/24/c_1120377384.htm。

仅是对当下脱贫攻坚提出的更高要求，也是 2020 年后缓解相对贫困的基本遵循。因此，2020 年后我国相对贫困治理应以可持续脱贫为导向，促进贫困治理的战略转型。

根据既有的相关研究，可持续脱贫是指贫困人口持续地脱离贫困生活状态的一个过程（见表 10–1）。只有这种状态（过程）能够在较长一个时期内持续不断地得以延续，并最终实现从量变到质变的飞跃（即贫困人口从贫困阶层转变为非贫困阶层，进而跨入更高层次的富裕阶层），有了这一过程才算是完成，可持续脱贫的目标才得以实现。①

表 10–1　贫困人口的可持续脱贫

类型 指标	绝对贫困		相对贫困		实现非贫困的质变
	未解决温饱	初步解决温饱	初步脱贫	稳定脱贫	
经济收入水平	很低	低	较高	高	达到全国平均水平
生活水平状态	温饱线下	越过温饱线但不稳定，易返贫	越过贫困线，生活开始宽裕	远离贫困线，生活逐步富裕	生活富裕，达到主流社会阶层生活水平
生计资本状况	极为匮乏	缓慢增长	逐步增长	持续稳步增长	生计资本充足
基本公共服务	很低	低	初步实现均等化	实现较高水平均等化	实现与全国完全同步均等化
环境脆弱性	很强	强	弱	很弱	完全消除
自我发展能力	极弱	弱	较强	强	很强

资料来源：根据凌经球（2018）P.104 修订。

从表 10–1 可知，贫困人口的可持续脱贫是一个连续不断的演进过程，

① 凌经球：《可持续脱贫：新时代中国农村贫困治理的一个分析框架》，《广西师范学院学报（哲学社会科学版）》2018 年第 2 期。

包含了三个相对独立但又承前启后的阶段，即绝对贫困、相对贫困、共同富裕的阶段。在不同的阶段，解决问题的侧重点各有所异，故对经济收入、生活状况、生计资本、基本公共服务、脆弱性环境和自我发展能力所提出的要求也是不一样的，总体看来是一个由低级到高级不断演变的过程。同时，促进贫困人口的持续脱贫，相关要素的协同作用不仅是必要条件而且是充分条件。2020 年后，我国贫困治理进入缓解相对贫困的新阶段，提高贫困人口脱贫的持续性和稳定性仍然是十分重要的任务，这将贯穿我国现代化建设的全过程。

实现 2020 年后相对贫困治理的战略转型，需要从治理理念、治理政策、治理模式和治理机制等几个方面下功夫。从治理理念来看，必须强化"坚持以人民为中心的共享发展理念"，以共享发展理念引领和推进相对贫困治理，贯穿于全过程，落实到行动上。表面上看，这似乎是很"虚"的要求，实质上是我们是否坚持党的根本宗旨的试金石，只有始终不渝地坚持这一理念，缓解相对贫困治理才不会"走偏脱靶"，才能在不断推进的过程中让老百姓有更多的"获得感""幸福感"。这是当下脱贫攻坚实践中得出的一个深刻启示。从治理政策来看，迫切需要完善包括相对贫困瞄准政策、鼓励和支持社会资本投资政策、差别化支持政策和社会保护政策等，形成互为支撑、协同发力的缓解相对贫困政策体系。从治理模式来看，应扎实推进常态化治理、生计资本扩张、社区营造、社工参与的专业化治理等模式的创新。从治理机制来看，需要健全法治化治理机制、项目建设的需求导向机制、权责匹配的责任落实机制和管用有效的监督评价机制等。

二、2020 年后龙州县相对贫困的基本态势

（一）经济欠发达的县情特征依然突出

总体来看，龙州县经济发展水平与广西壮族自治区发达地区和全国的差距仍然较大。2017 年龙州县人均地区生产总值达到 44872 元，超过广西壮族自治区平均水平，但仅为全国平均水平的 75.2%。财政收入仅为 47661 万元，人均财政收入不足 1800 元，财政自给率较低。城乡居民人均可支配收入分别为 26902 元和 9799 元，分别为广西壮族自治区平均水平的 88.19% 和 94.09%，虽与广西壮族自治区平均水平差距不大，但与全国平均水平相比，差距则十分明显，仅为 73.91% 和 72.95%。尤为重要的是，产业发展过程中，传统产业仍占主导地位，新兴产业不多，产业结构单一（主要是以制糖业为主），全县耕地面积约为 75 万亩，其中原料蔗种植就达到 55 万亩，占耕地面积的 73.33%，2016 至 2017 年榨季入厂原料蔗 195.06 万吨，产糖 23.16 万吨，产值 9.75 亿元。占用了全县差不多 3/4 的耕地面积来种植糖料蔗，其总产值还不到 10 亿元，可见龙州县的蔗糖产业大而不强，效益不高。此外，龙州县服务业仍处在较低起步发展阶段，三产融合发展度不高，2017 年三次产业结构比为 22.8：40.5：36.7，很显然第一产业比重过高，第三产业发展相当滞后，第二产业大而不强，产业发展的后劲尤为不足。县域经济发展的相对滞后，将会直接影响全县相对贫困的程度。

（二）城乡收入分配的差距依然较大

前述的理论分析表明，收入（财富）的分配差距是引发相对贫困的重要因素之一。尤其是在经济欠发达地区，收入分配差距越大，贫困发生的

概率就会越高。2017 年龙州县城乡居民可支配收入的差距为 1∶2.74，高于全国 1∶2.70 的水平。

更加应该注意的是，即便在一个县域之内，由于各乡镇、各村的资源禀赋差异，农村内部的发展也不平衡。从课题组抽样调查的 10 个村来看（见表 10–2），其差距也是显而易见的。抽样的 10 个村中只有梓丛村的人均可支配收入达到全县平均水平（9799 元），相当于全县平均水平 90% 到 95% 的有八角乡陇均村为 9306 元（94.97%），上龙乡的民权村为 9120 元（93.07%），而最低的是水口镇的独山村仅为 3500 元，分别相当于全县、广西壮族自治区、全国平均水平的 35.72%、30.91% 和 26.06%。若按照占全国平均水平的 60% 为标准来划定相对贫困线，则有独山、安镇、罗回、群合四个村为相对贫困村。

表 10–2　龙州县抽样调查村 2017 年农民人均可支配收入

所在乡镇	行政村名	识别标准	农民人均可支配收入（元）	相当于全县平均水平（%）	相当于广西平均水平（%）	相当于全国平均水平（%）
彬桥镇	岜苗	非贫困村	—	—	—	—
八角乡	陇均	省级贫困村	9306	94.97	82.17	69.28
上龙乡	民权	非贫困村	9120	93.07	80.53	67.90
水口镇	独山	国定贫困村	3500	35.72	30.91	26.06
龙州镇	镇秀	省级贫困村	8360	85.31	73.82	62.24
上降乡	梓丛	国定贫困村	9800	100.01	86.53	72.96
彬桥镇	安镇	国定贫困村	5312	54.21	46.91	39.55
水口镇	罗回	省级贫困村	5600	57.15	49.45	41.69
武德乡	群合	国定贫困村	7500	76.54	66.23	55.84
上金乡	新旺	国定贫困村	8700	88.78	76.82	64.77

资料来源：课题组的抽样调查（2018.12）。

（三）“低保兜底”的贫困人口比重大

在当下推进的脱贫攻坚中，“低保兜底”是“五个一批”中一条重要途径。为充分发挥最低生活保障制度在脱贫攻坚工作中的兜底保障作用，龙州县认真做好农村低保制度与扶贫开发政策的有效衔接工作，组织力量全面复核全县低保对象，复核率达 100%。对原来享受低保对象全面核查其收入和财产状况。在开展低保对象复核工作中，一并对各乡（镇）贫困户全面调查摸底，及时将符合条件的贫困户纳入“低保”范围，防止“漏保”，切实做到“应保尽保”。一是清退精准识别入户评估分数在 74 分以上还在享受低保待遇的农户（该县在精准识别中划定的贫困线为 74 分，2016 年全县共清退 1047 户 3131 人）。二是对精准识别入户评估分数在 74 分以下未纳入保障范围的农户进行全面核查，力争把符合低保条件的贫困户纳入最低生活保障范围。三是对 74 分以上的农户实行一律停发清退，停发清退后，对确实存在困难的农户，履行重新申请手续，经入户调查，符合享受低保条件的，严格按照程序办理纳入保障范围。四是对精准识别评估得分在 50 分以下的贫困户进行入户调查，符合低保条件的全部纳入最低生活保障范围。2017 年初，对全县建档立卡贫困户进行分类施保，把特别困难户纳入 A 类，每人每月补助 230 元，比较困难户纳入 B 类，每人每月补助 190 元，一般困难户纳入 C 类，每人每月补助 160 元。2016 年，把建档立卡贫困户 6501 户 20156 人纳入低保范围，其中纳入 A 类低保 1664 人，纳入 B 类低保 4552 人，纳入 C 类低保 13940 人。2016 年发放最低生活补助 3731.2 万元。2017 年，把建档立卡贫困户 5812 户 17290 人纳入低保范围，发放最低生活保障补助 4186.7 万元。2018 年 1—5 月把建档立卡贫困户 5216 户 15894 人纳入低保范围，截至 2018 年末，纳入低保的建档立卡贫困人口占全县享受农村低保对象的 94.74%，较好地发挥了“低保兜底脱贫一批”的作用。由此来看，龙州县享受最低生活保障对象占贫困人口的比重，最高年份的2016年达到39.78%，2017年占到34.13%，2018年1—5月占到31.37%，也就是31%—39%。调研中了解到，从享受最低生活保障的条件来看，该县把贫困家庭中完全丧失劳动能力的贫困人口纳入享受A类低保范围，部分丧失劳动能力的纳入B类或C类低保范畴。由此可见，该县现有脱贫人口中，至少有30%到40%的贫困家庭是相当不稳定的，一旦“低保”政策退出或有所调整，其中的一些家庭将会重新陷入贫困。

在享受低保政策中尚有一些未脱贫人口，虽然所占比重不大，但必须长期予以“兜底”保障，否则其“两不愁”将难以解决。课题组调研的金龙镇双蒙村2015年精准识别时有贫困户317户1173人，2014年退出15户60人，2015年退出40户152人，2016年退出64户249人，2017年退出175户651人，2018年退出13户36人，截至2018年末仍有10户25人，这10户全部都是因病、因残、因老（孤寡老人）致贫的，对于他们而言，如果不能享受最低生活保障政策，基本生存需求就得不到满足。课题组对贫困村的抽样调查数据表明，身患残疾或慢性病、重病的贫困人口约占抽样调查总人口的2.98%。

（四）贫困人口可持续脱贫能力不强

2015年，精准识别时龙州全县的贫困发生率不高，仅为23.92%，但是具体到村一级就不一样了。从课题组抽样调查的10个村来看（见表10-3），两个非贫困村的贫困发生率都不到1%，但如果去除这两个非贫困村，其余8个贫困村的贫困发生率就高达36.63%，贫困发生率达到40%以上的就有水口镇独山村40.94%、龙州镇镇秀村40.27%、上金乡新旺村45.47%、武德乡群合村46.35%。

表 10-3　龙州县抽样调查村 2015 年贫困发生率

所在乡镇	行政村名	识别类型	总人口数	贫困人口数	贫困发生率（%）
彬桥镇	岜苗	非贫困村	1461	12	0.82
八角乡	陇均	省级贫困村	1730	449	25.95
上龙乡	民权	非贫困村	2447	10	0.41
水口镇	独山	国定贫困村	2306	944	40.94
龙州镇	镇秀	省级贫困村	1721	693	40.27
上降乡	梓丛	国定贫困村	1398	341	24.39
彬桥镇	安镇	国定贫困村	1366	347	25.40
水口镇	罗回	省级贫困村	3861	1361	35.25
武德乡	群合	国定贫困村	1929	894	46.35
上金乡	新旺	国定贫困村	2415	1098	45.47
合计			20634	6149	

资料来源：课题组的抽样调查（2018.12）。

脱贫攻坚战的深入开展，龙州县已经摘帽，上述贫困村也都甩掉了贫困帽，但是他们的脱贫基础是不够牢固的，可持续脱贫的能力还不够强。首先，一些贫困村的生产条件仍然没有得到根本改善。比如县城所在地龙州镇的镇秀村，距离县城仅 5 公里左右，精准识别时之所以贫困发生率这么高，主要是基础设施很差，全村没有一条硬化路，一旦下雨人走路都难，车子就更难走了，饮水也没有解决，尽管原来接通了县城水厂，但因年久失修水管受损，损耗很大，每吨水费高达 6—8 元，用电也因变压器老化，电压不稳定，质量不高，很不安全。全村 409 户就有建档立卡贫困户 169 户，其中 89 户需要进行危房改造。通过脱贫攻坚，与群众生活相关的基础设施已经大大改善，路修通了，生活用水和用电也都解决了，但是生产用水还是一大难题。该村有耕地 4171 亩，种原料蔗就达到 3700

亩，因缺乏灌溉用水，甘蔗产量不高，平均亩产不到3吨，因此尽管该村人均种原料蔗2.4亩，但效益很低。其次，有的村土地资源明显不足。总体来看龙州县土地资源比较丰富，但由于地处滇桂黔石漠化片区，资源分布是不均衡的，一些山区村屯土地资源是比较匮乏的。人均耕地面积最多的是彬桥镇岜苗村为4.25亩，该村地处平坝地带，是原料蔗生产主产地，而同样是彬桥乡的安镇村则地处山区，人均耕地仅为1.01亩。人均耕地最少的上降乡梓丛村仅为0.62亩，基本是旱地，没有水田（见表10–4）。正是因为缺乏土地资源，该村外出务工劳动力占比达到60%以上，虽然该村人均可支配收入在抽样调查村中是最高的，但随着沿海地区用工成本高，企业“机器换人”的趋势在不断增强，加上这些外出务工人员的文化水平本来就不高，难以跟上时代潮流，回到家乡又遭遇资源匮乏的瓶颈制约，因此，他们收入的持续性将难以维持。特别需要指出的是，龙州县是边境县，一些缺乏耕地资源的村往往分布在0—3公里的边境线上，出于守边护边的需要，难以采取易地移民搬迁的措施，这对龙州县相对贫困缓解将是一个比较严峻的挑战。再次，金融资本匮乏也制约着贫困村的产业发展。在抽样调查的10个村中，只有梓丛村和新旺村有过从银行获得商业性贷款（政府行为的小额信贷除外），分别是153万元、368万元。由此可见，虽然全县贫困人口已经实现现行标准下的脱贫，但其可持续脱贫的基础仍不很牢固，贫困人口可持续增收的产业仍不够稳定。乡村产业发展的后劲不足，这也是2020年后缓解相对贫困必须破解的一大难题。

表10–4　龙州县抽样调查村耕地面积情况

所在乡镇	行政村名	耕地面积（亩）	总人口数（人）	人均耕地面积（亩）
彬桥	岜苗	6202	1461	4.25
八角	陇均	3013	1730	1.74
上龙	民权	9291	2447	3.80

续表

所在乡镇	行政村名	耕地面积（亩）	总人口数（人）	人均耕地面积（亩）
水口	独山	3250	2306	1.41
龙州	镇秀	4171	1721	2.42
上降	梓丛	872	1398	0.62
彬桥	安镇	1385	1366	1.01
水口	罗回	6421	3861	1.66
武德	群合	3350	1929	1.74
上金	新旺	9000	2415	3.73
		46955	20634	2.28

资料来源：课题组问卷调查。

（五）村级集体经济依然薄弱

发展壮大村级集体经济是脱贫攻坚中的一项重要任务。龙州县强化顶层设计谋划，积极探索多元化发展模式，形成了提供服务、合作入股、参股分红、资产经营等多模式，破解“空壳村”难题，实现村集体经济稳收增收。截至 2018 年 12 月，全县 127 个行政村的村级集体经济收入在 2 万元以上的有 84 个，其中 47 个贫困村村集体经济收入已全部达到 4 万元以上。可以说，龙州县已经实现了村级集体经济“从无到有”的突破。课题组在调研中发现，龙州县村级集体经济收入来源主要有三条渠道：一是由县政府为贫困村注资 50 万元入股县域内的大型企业——如南华糖业公司等，企业每年以 8%（即每个村 4 万元）作为使用这笔资金的回报付给村集体，时限为 2018—2020 年；二是政府协调制糖企业与各村的村民合作社签订《甘蔗生产管理合作协议》，由村“两委”组织提供甘蔗生产管理服务，企业按照 0.5 元 / 吨标准支付管理服务费，涉及全县 119 个行政村

（社区），占村（社区）的93.7%，一般的村原料蔗1万到2万吨，多的4万到5万吨；三是个别村通过建立合作社，利用对口帮扶单位所支持的资金来发展项目，合作社给予村集体经济一定比例的分红，等等。龙州县村级集体经济有以下特点：一是收入规模不大，除极个别的达到十万元以上外，其余的贫困村基本上就是4万到5万元，非贫困村因为没有政府注入资金获得分红的收益，也就2万到3万元；二是收入来源渠道单一，除了入股企业、甘蔗管理费之外，只有少数村有依托经营大户、村民合作社的经营取得收入，总体看还是比较薄弱的。在未来的缓解相对贫困中，村级集体经济的重要性更加凸显，这是因为无论在任何时候，每个村都有一些处于相对弱势的低收入者，特别是那些丧失劳动能力的贫困人口，虽然通过加强社会保障的功能，这些人的基本生存需求不会有问题，但他们仅仅依靠社会保障生活，只能是维持较低的生活水准。这在当下看来因为村里面大家收入都不太高，所以问题不大，2020年实现全面小康之后，村民普遍越来越富裕，这些依靠低保生活的人与大多数村民生活水平的差距将会越来越大，其相对贫困的程度也会越来越深。因此，通过发展壮大新型集体经济，就可以通过利用集体的积累对这些需要特别关注的贫困人口给予一定补贴，这体现了社会主义共同富裕的根本要求。如何发展壮大新型集体经济，将是2020年后龙州县缓解相对贫困需要破解的难题之一。

三、2020年后龙州县缓解相对贫困的路径选择

2020年后龙州县贫困治理的主要任务是缓解相对贫困，未雨绸缪做好战略设计是有效缓解相对贫困的重要前提条件。就总体思路而言，必须把相对贫困缓解嵌入实施乡村振兴战略的框架下，统筹谋划、一体推进，在推进乡村振兴中缓解相对贫困，以相对贫困的缓解提升乡村振兴的

质量水平，二者双向促进、相得益彰。在具体策略选择上，必须以推动乡村产业振兴为重点，着力提高相对贫困人口的经济收入，夯实缓解相对贫困的物质基础。以完善防范风险冲击机制为抓手，增强贫困人口的可持续脱贫能力。以完善缓解相对贫困治理体系为切入点，提高相对贫困治理的效率。

（一）推动县域乡村产业振兴

中央提出的实施乡村振兴战略目标要求中，“产业兴旺”是摆在第一位的，所以促进乡村产业振兴是实现乡村振兴的物质基础。同时，通过推进产业振兴，加快龙州县域产业发展，持续增加相对贫困人口的经济收入，使其收入水平赶上全国平均水平，是缓解相对贫困的重中之重。

实施乡村振兴战略背景下推进产业振兴是一篇大文章，龙州县怎样才能写好这篇大文章？从区域产业发展的规律来看，充分发挥比较优势，提高区域产业市场竞争力是不二的选择。

1. 立足现有基础，促进制糖等传统产业转型升级

前述对龙州县产业现状的分析表明，蔗糖业无疑是龙州县最重要的传统支柱产业，它覆盖了约 94% 的行政村，涉及约 90% 的农民，几乎占用了龙州县四分之三的耕地资源，为龙州县提供了约 90% 的税收。在制糖行业，流传着这样一种说法——中国糖业看广西（广西壮族自治区制糖产量已经连续近 20 年占全国市场份额 60% 以上），广西糖业看崇左（崇左占广西壮族自治区制糖业份额的 1/3 以上），而龙州则占崇左市约 10% 以上份额。可见，蔗糖产业在龙州县经济发展中占据着十分重要的地位。

龙州县制糖产业的转型升级应“做强一产、延伸二产、开发三产”，走提高制糖产业综合效益的路子。“做强一产”，就是要通过加大土地流转的力度，变小规模的一家一户经营（耕种）为适度规模的公司或合作社经

营（耕种），着力提高甘蔗生产的集约化、规模化、机械化，退出不可机械化生产的山坡地，把生产规模控制在30万亩以内，同时通过加大品种改良力度和科学化的田间管理，把单产提高到平均每亩8吨以上，年入厂原料蔗保持在250万吨左右。糖料蔗生产退出的大约20万亩耕地，可引进社会资本投资建设火龙果、香蕉或者其他附加值更高的经济作物，假如这些土地亩产值能够达到1万元以上（调研中彬桥镇安镇村新引进的牛油果种植，预计每亩产值将达到1.5万至2万元），每年可增加的产值就是20亿元，相当于龙州县每个农业人口在现有基础上大约每年增加1万元。"延伸二产"，就是通过加大供给侧结构性改革力度，引进白糖精深加工企业，开发精制糖及其他下游产品，将现有不到10亿元的制糖业产值增加到20亿元以上。"开发三产"，就是挖掘龙州县制糖生产的历史文化，建设一家制糖工业博物馆，开发工业旅游项目。

2. 利用边境区位优势，发展贸易加工业

龙州县是边境地区，做足"边"的文章是龙州县融入"一带一路"的必然选择。但是，当前的思路只局限于利用越南市场、进口坚果等农产品进行加工，由于国际贸易中存在诸多不利因素，特别是中美贸易摩擦的影响，这些加工项目基本因"无米下锅"而停产。中美贸易摩擦可能将是长期的过程，规避这一不利影响需要创新思路。解决的办法之一就是加大与越南的合作力度，加快建立中越跨境合作加工区，发展两头在外的贸易加工业。同时，还可以加强与一些原本与美国、欧洲等就有关联贸易企业的合作，将其产品组装线引到中越跨境合作区内，将他们生产的零部件组装后贴上越南的牌子出口欧美市场。

3. 发挥资源优势，提质发展旅游业

龙州县的旅游资源十分丰富，既有以花山岩画为代表的骆越文化，又有以弄岗国家自然保护区为代表的山水文化，既有以龙州起义为代表的红色文化，又有以小连城为代表的边关文化；尤其是近代开发史上 26 个“广西第一”更是价值连城的旅游资源。目前制约旅游业发展的因素是资源整合力度不够，小而散、小而弱，没有形成在国内外有影响力的区域旅游品牌。为此，需要在整体谋划上做足文章，在进一步明晰龙州县旅游发展市场定位的基础上，加大资源整合力度，促进各类旅游文化资源互补，打造具有龙州县特色的旅游精品线路，以大项目带动小项目，形成城乡互动、区域联动，全域旅游提质发展的新格局。

4. 依托资源禀赋，发展壮大乡村特色产业

龙州县有 12 个乡镇 127 个行政村，各个乡村都有各具特色的资源禀赋。比如，有的地方适合于种植黑皮果蔗（如逐卜乡的逐卜村），有的地方宜于养鸽子，有的则可以养竹鼠，有的可以养肉牛，等等，不一而足。建议在梳理现有产业发展支持政策基础上，出台一套促进乡村特色产业发展的支持政策体系，完善包括新型经营主体培育、公司与农户利益联结机制、服务体系建设、生产要素配置等方面的政策支持，尤其是在吸引外出务工人员返乡创业，城市工商资本下乡参与产业开发方面要有实质性的突破，以此撬动乡村特色产业的发展。

（二）建立完善防范风险冲击的长效机制

缓解相对贫困除了振兴乡村产业，促进贫困人口经济收入的持续增长之外，还需要建立和完善防范各种风险冲击，防止因灾、因病、因学、因婚（丧）等返贫致贫的长效机制，增强贫困人口可持续脱贫的能力。

1. 构建防止因灾返贫致贫的农业保险长效机制

这里所说的因灾返贫主要是指相对贫困人口由于受到自然灾害风险冲击导致贫困的现象。农业生产由于其自身的特性，相对于工业和服务业而言极易受到自然灾害的影响，抗风险的能力较弱。在现阶段，农村中大多

数人口的生产生活依然有赖于农业生产，因而极易受到自然灾害的冲击。为此，应建立健全多元化、多形式、多层次的农业保险体系，以缓解农业生产的自然和市场风险。这一体系包括三个层次：第一层次是对当地农业支柱产业（如甘蔗）等进行投保，稳定农民的家庭基本收入；第二层次是对农户特色种植（养殖）业的规模和上年度同期商品价格进行投保，如香蕉、果树、农户牲畜、特色农作物（药材等）为主体的险种；第三层次农业保险是指农村自然灾害或事故引起的、与农民生产生活密切相关的其他险种，如对农村住房、农业机械设备等进行投保。通过建立完善这一体系，农村相对贫困人口在遭遇自然和市场风险时，能够最大限度地降低损失。

2. 构建防止因病返贫致贫的医疗保障长效机制

在医疗保障体系方面，现有的针对贫困户的医疗保障政策体系已经比较完备，对缓解因贫返贫致贫发挥了积极作用。在未来的相对贫困缓解中，应在总结经验的基础上，完善基本医疗保障、大病保险和大病救助政策等，将碎片化的政策进一步体系化、规范化，并将其覆盖面逐步扩大到所有农村人口，应是完善这一保障机制的重点。其中，增强乡村医疗卫生机构的实力，为基层群众提供常见病防治的便利条件，切实改变“小病扛、大病挨”的现象，提高农村居民的健康水平，应是治本之策。

3. 构建防止因学返贫致贫的农村教育保障长效机制

教育是阻断贫困代际传递的治本之策，脱贫攻坚中所建立起来的对贫困家庭的教育扶持政策体系，对缓解“因学致贫”起到了积极的作用。在未来的缓解相对贫困治理过程中，重点应在促进城乡、区域教育资源配置的均等化上迈出新步伐，尤其应在对幼儿教育和高中阶段教育的扶持，大学教育阶段的助学贷款等方面形成更加完善的政策支持体系，缓解一些家庭因学致贫的压力。值得注意的是，教育保障方面不应该也不可能完全由政府包揽，可借鉴一些地方的经验，建立非政府组织的龙州县教育基金会，通过基金会这一平台向县内外有志于捐资助学的企事业单位和个人筹集资金，拓宽教育资助的资金来源渠道，按照国家相关规定运营，进一步发挥教育减贫的作用。

4. 完善社会保障兜底体系的长效机制

完善社会保障兜底体系，筑牢返贫“堤坝”是缓解相对贫困的重要举措。必须深入贯彻落实党的十九大关于“全面建成覆盖全民、城乡统筹、权责清晰、保障适度、可持续的多层次社会保障体系”的精神，结合龙州县的实际，坚持以“保基本、兜底线、促公平”为基本准则，坚持“应保尽保、应纳尽纳”的基本原则，坚守“网底不破”的基本要求，重点完善社会救助、养老服务、关爱保护、公共服务四大体系，构建更全面、更高水平的社会保障体系，织密覆盖全民、保障基本民生的“安全网”，强化弱势群体保障，“兜住”特困群体的基本生活，切实防止新贫困人口的产生。

特别需要指出的是，政府建立的社会保障“兜底”体系，“兜”的只是最基本的、底线的民生，如果超越社会生产力发展的水平提供更高福利保障，这将会导致“福利陷阱”的产生。从这个意义上讲，提升农村中相对弱势群体的福祉，最大限度地缩小他们的生活水平与当地中等水平的差距，进而使他们有更多的“获得感”“幸福感”，根本出路在于进一步发展壮大村级集体经济，从而才有更雄厚的经济实力来对这些弱势群体给予更多福利支持。这就是习近平总书记之所以反复强调，“必须把好乡村振兴的政治方向，坚持农村土地集体所有的性质，大力发展新型集体经济，走共同富裕道路”的原因所在。

5. 构建防范因“俗”返贫致贫的长效机制

切实加强乡风文明建设，加快乡镇、村、屯文化活动中心（活动室）建设，常态化开展农村“五好家庭”、模范村民评比表彰活动，以村民身边的先进典型引领农村文明。以自然屯为单位，全覆盖开展村规民约制定活动，并在其中突出体现社会主义核心价值观的具体要求，同时充分发挥农村党员干部的模范带头和各类村民自治组织的积极作用，推动村规民约的贯彻落实。加强乡镇党委对移风易俗工作的领导，突出把移风易俗工作摆在乡风文明建设首位，从多方面引导农村居民的消费观、人情观和价值观，特别要引导农村青年树立正确的恋爱观、婚姻观，摒弃旧的婚姻习俗。通过建立农村红白事理事会，形成农村居民自律机制，刹住婚姻彩礼和人情送礼的攀比之风，切实有效遏制因“俗”返贫致贫现象。

（三）完善缓解相对贫困的治理体系

适应农村贫困治理由绝对贫困向相对贫困转型的需要，加快完善缓解相对贫困的治理体系。

在治理目标上，要把缓解相对贫困治理纳入乡村振兴战略的总目标，做到统筹规划、通盘考虑、一体布局、一并实施。具体来说，就是要把缓解相对贫困作为乡村振兴的重要内容，作为衡量乡村振兴的一项重要指标，避免出现“两张皮”现象。

在治理体制上，要在总结脱贫攻坚成功经验基础上，着力“县抓落实、乡村具体实施”的体制安排。中央提出的关于实施乡村振兴的具体要求中，已经把“中央统筹、省负总责、市县抓落实”的体制安排确定下来了，而缓解相对贫困是实施乡村振兴战略的重要内容之一，因此把这一体制落实到缓解相对贫困治理体系之中，是合乎逻辑的。但也应看到，随着脱贫攻坚目标的实现，贫困治理也将由“运动式治理”转变为“常态化治理”，因此，尽管在体制安排上依然沿用三句话“中央统筹、省负总责、市县抓落实”的提法，但其内涵也应发生相应变化，其中最重要的是要发挥好市场在资源配置中的决定性作用，加快探索形成“政府－市场－社

会 – 群众”多元主体协同发挥作用的治理格局。

在治理范围上，要将乡村相对贫困治理拓展延伸至城镇，把城镇中的低收入者纳入治理范围。尤其是在脱贫攻坚中，龙州县大约将 7000 名的农村贫困人口安置在县城及其他乡镇，这些人在城镇落户之后，尽管就业基本有保障，收入水平也比原来要高，但是他们在城镇里仍然属于低收入群体，成为城镇中的贫困对象。因此，统筹城乡相对贫困治理，将相对贫困治理范围拓展到城镇势在必行。

在基层微观治理层面上，要探索形成发挥群众主体的微观治理体系，通过充分发挥贫困群众的主观能动性，将外部的支持帮助转化为群众积极参与的自我行动。关键环节是要完善缓解村级相对贫困的多元和微观治理主体。其中，农村基层党支部要真正发挥带领群众脱贫致富的核心作用，村民委员会应成为治理的骨干力量；各类经济组织（包括经济能人）则应成为治理的重要载体或依托；各类自治组织（比如宗族组织等）发挥补充力量作用，农村中的乡贤（退休干部、教师以及返乡创业的骨干分子等）应起到联结纽带作用。通过多元治理主体的协同作用，形成带领广大群众主动参与缓解相对贫困治理的强大合力。

主要参考文献

[1] 中央党史和文献研究院．十八大以来重要文献选编[M].北京：中央文献出版社，2018.

[2]中共中央宣传部，中央文献研究室，中国外文局．习近平谈治国理政：第一卷[M].北京：外文出版社，2014.

[3]中共中央宣传部，中央文献研究室，中国外文局．习近平谈治国理政：第二卷[M].北京：外文出版社，2017.

[4]习近平．摆脱贫困[M].福州：福建人民出版社，1992.

[5] 中央党史和文献研究院．习近平扶贫论述摘编[M]. 北京：中央文献出版社，2018.

[6]中共中央党史和文献研究院．十八大以来重要文献选编[M]. 北京：中央文献出版社，2018.

[7]中共中央，国务院．中国农村扶贫开发纲要（2011—2020年）[M].北京：人民出版社，2011.

[8]中共中央宣传部. 习近平新时代中国特色社会主义思想三十讲[M]. 北京：学习出版社，2018.

[9]国务院扶贫办政策法规司，国务院扶贫办全国扶贫宣教中心．脱贫攻坚前沿问题研究[M]. 北京：研究出版社，2018.

[10]费孝通. 乡土中国[M].北京：三联书店，1985.

[11]张巍．中国农村反贫困制度变迁研究[M].北京：中国政法大学

出版社，2008.

[12]关信平．社会政策概论[M]北京：高等教育出版社，2004：393.

[13]（印度）迪帕·纳拉扬．谁倾听我们的声音[M].付岩梅，等译．北京：中国人民大学出版社，2001.

[14]（印度）阿马蒂亚·森．贫困与饥荒：论权利与剥夺[M]．王宇等译．北京：商务印书馆，2004.

[15]（印度）阿马蒂亚·森．以自由看待发展[M].任赜，于真译．北京：中国人民大学出版社，2002.

[16]（英）罗伯特·帕特南．使民主运转起来[M].王列等译．北京：中国人民大学出版社，2015.

[17]（瑞典）冈纳·缪尔达尔．世界贫困的挑战——世界反贫困大纲[M]．顾朝阳等译．北京：北京经济学院出版社，1991.

[18]唐钧．中国城市居民贫困线研究[M].上海：上海科学出版社，1994.

[19]龙州县地方志编纂委员会．龙州县志[M].南宁：广西人民出版社，1993.

[20]黄承伟．党的十八大以来脱贫攻坚理论创新和实践创新总结[J].中国农业大学学报（社会科学版），2017(05)：5-16.

[21]凌经球．乡村振兴战略背景下中国贫困治理战略转型探析[J].广西师范学院学报（哲学社会科学版），2018，39(2):97-111.

[22]张琦．减贫战略方向与新型扶贫治理体系建构[J].改革，2016（8）.

[23]黄祖辉．准确把握中国乡村振兴战略[J].中国农村经济，2018(04)：2-12.

[24]凌经球．乡村振兴战略背景下中国贫困治理战略转型探析[J].中

央民族大学学报（哲学社会科学版），2019，46(03):5-14.

[25] 同春芬，张浩．关于相对贫困的研究综述[J]. 绥化学院学报，2015（8）：15.

[26] 汪三贵，郭子豪．论中国的精准扶贫[J]. 贵州社会科学，2015(05)：147-150.

[27] 黄承伟．习近平扶贫思想论纲[J]. 福建论坛（人文社会科学版），2018(01)：1-7.

[28] 左停．反贫困的政策重点与发展型社会救助[J]. 改革，2016(8):80-83.

[29] 雷明．论习近平扶贫攻坚战略思想[J]. 南京农业大学学报（社会科学版），2018(01)：1-11.

[30] 向德平，华汛子．党的十八大以来中国的贫困治理：政策演化与内在逻辑[J]. 江汉论坛，2018(9)：131-136.

[31] 谷树忠．贫困形势研判与减贫策略调整[J] 改革，2016（8）：65-67.

[32] 陆汉文．落实精准扶贫战略的可行途径[J]. 前沿理论，2015(38)：28-31.

[33] 白增博，孙庆刚，王芳．美国贫困救助政策对中国反贫困的启示——兼论 2020 年后中国扶贫工作[J] 世界农业，2017（12）：105-111.

[34] 庄天慧，杨帆，曾维忠．精准扶贫内涵及其与精准脱贫的辩证关系探析．内蒙古社会科学（汉文版），2016(5).

[35] 黄承伟，覃志敏．论精准扶贫与国家扶贫治理体系建构[J]. 中国延安干部学院学报，2015(1).

[36] 刘杰，李可可．彼得·汤森的相对贫困理论及其在英国的实践

[J]. 社会保障研究，2016（1）：1-2.

[37] 郑维宽 . 论龙州在近代广西历史上的重要地位 [J]. 广西地方志，2014（06):36-41+51.

[38] 黄丹 . 龙州文化特色及其在广西文化建设中的地位分析 [J]. 大众文艺，2014（11）：68.

[39] 李小云，许汉泽 .2020 年后扶贫工作的若干思考 [J]. 国家行政学院学报，2018（1）：62-66.

[40] 黄磊 . 苏南地区相对贫困群体精准帮扶研究——基于无锡市的探索与实践 [J]. 江南论坛，2018（4）：7-9.

[41] 童星，林闽钢 . 我国农村贫困标准线研究 [A]. 中国扶贫论文精粹 [C]. 北京：中国扶贫基金会，2001(18).

[42] 习近平 . 决胜全面建成小康社会夺取新时代中国特色社会主义伟大胜利——在中国共产党第十九次全国代表大会上的报告 [N]. 人民日报，2017-10-28（01）.

[43] 习近平 . 在深度贫困地区脱贫攻坚座谈会上的讲话 [N]. 人民日报，2017-09-01(2).

[44] 习近平 . 携手消除贫困促进共同发展 [N]. 人民日报，2015-10-17(2).

[45] 中共中央，国务院 . 乡村振兴战略规划 (2018—2022 年）[N]. 人民日报，2018-09-27(01).

[46] 中共中央、国务院 . 中共中央国务院关于打赢脱贫攻坚战三年行动的指导意见 [N]. 人民日报，2018-08-20(01).

[47] 刘永富 . 中国特色扶贫开发道路的新拓展新成就 [N]. 人民日报，2017-09-4（2）.

[48] 汪洋 . 在广西壮族自治区成立 60 周年庆祝大会上的讲话 [N]. 广

西日报，2012-12-11（01）.

[49] 杨维汉等．习近平总书记为庆祝广西壮族自治区成立60周年欣然题词 建设壮美广西 共圆复兴梦想[N]广西日报，2012-12-10（01）.

[50] 新华社．国家主席习近平发表二〇一八年新年贺词[EB/OL]. http://www.xinhuanet.com/politics/2017-12/31/c_1122192418.htm.

[51] 新华社，习近平春节前夕赴河北张家口看望慰问基层干部群众[EB/OL]. http://news.xinhuanet.com/politics/2017-01/24/c_1120377384.htm.

[52] 中共国务院扶贫办党组．脱贫攻坚砥砺奋进的五年[EB/OL]. http://cpc.people.com.cn/n1/2017/1017/c414305-29590538.html.

[53] 新华网．习近平：提高脱贫质量聚焦深度地区 扎扎实实把脱贫攻坚战推向前进[EB/OL].http://www.xinhuanet.com/2018-02/14/c_1122418496.htm.

[54] 龙州县政府门户网站．龙州概况[EB/OL].[2019-3-15].http://www.longzhou.gov.cn/zjlz/lzgk.

[55] 新华网．习近平在博鳌亚洲论坛2018年年会开幕式上的主旨演讲[OE/BL].http://theory.gmw.cn/2018-10/23/content_31806973.htm.

[56] 新华网．国务院扶贫办：我国中西部40个贫困县实现脱贫摘帽[OE/BL].http://www.xinhuanet.com/politics/2018-08/17/c_1123286908.htm.

[57] 国务院．关于深入推进新型城镇化建设的若干意见[EB/OL]. https://mp.weixin.qq.com/s?__biz=MzA4MDA0MzcwMA==&mid=403463118&idx=1&sn=313b7f763f5b403718c542a06b7dff84&scene=21#wechat_redirect.

[58] 崇左新闻网．龙州加快建设口岸经济大县和特色旅游名县[OE/BL]. http://dy.163.com/v2/article/detail/DS2FT4200530VUCI.html.

附录一　龙州县脱贫摘帽大事记

（1985—2019 年）

1985 年

1 月，龙州县山区办公室成立。与龙州县民委合署办公，隶属龙州县农委，先后更名为龙州县贫困地区经济开发办公室、龙州县扶贫开发办公室。

1986 年

2 月 25—26 日，龙州县农业发展优势论证座谈会召开。探讨“七五”期间全县粮食发展问题，确定全县粮食自给自足目标。

7 月 23—25 日，龙州县发生百年不遇的洪涝灾害。龙州镇青龙桥水位达 127.85 米，处于低洼的 21 条街道被洪水淹没，县城公路交通和县城与乡镇之间有线通信全部中断，经济损失高达 7530 余万元。

1987 年

2 月，龙州县橡胶所“茶叶丰产开发实验”项目被广西壮族自治区农垦局授予科技进步三等奖。

1988年

1月19日，广西农垦国有先锋农场麻绳厂扩建中的纺纱车间发生倒塌事故，直接经济损失10万余元。

4—7月，全县高温无雨，早稻田龟裂面积2688公顷，玉米卷叶面积6000公顷，全部失收面积2373公顷；有56个行政村380个自然屯7.8万人无水饮用。

5月，龙州县开始在全县范围内抢修中小学危房。

11月，龙州县甘蔗种植领导小组成立。全县甘蔗种植面积达7660公顷。

1989年

12月20日，龙州县投资50余万元，兴建左江龙州港。

1990年

8月1日—9月15日，龙州县发生持续高温干旱天气，造成农业生产间接经济损失600余万元。

1992年

7月30日，龙州县水口开发区建设指挥部成立。

1993年

2月15日，龙州县开放粮油购销市场。停止非农人口粮油定量供应，改为粮油自由市场供应。

6月8日，龙州县投资120万元，兴建中越国界水口驮隆大桥。12月

1 日，举行中越国界水口驮隆大桥通车仪式。

12 月底，龙州县建立香蕉试管组培育苗基地。县科协从广东省引进香蕉试管组培苗技术，全县种植香蕉 166.67 公顷，这是龙州县种植香蕉组培育的开端，也是经济发展的开端。

1994 年

1994 年，龙州县扶贫开发领导小组成立。实施“八七”扶贫攻坚战。

1995 年

10 月，龙州县获农业部授予的“全国省柴节煤灶先进县”称号。

1996 年

龙州县上龙村率先进行土地置换，土地“小块并大块”，开创了中国土地流转新模式。

1997 年

龙州县扶贫开发办公室更名为龙州县扶贫开发领导小组办公室，为正科级行政单位，属县政府议事机构。

10 月，龙州县实施以工代赈项目人畜饮水工程大会战，总投资 1507 万元。

1998 年

实施人畜饮水工程。共修建人畜饮水工程 187 处，完成投资 1507 万元，解决了 187 个屯 51355 人、28816 头牲畜饮水难问题。

实施茅草房改造大会战。

开始实施扶贫易地安置工作。

5 月 6 日，自治区党委、自治区政府授予龙州县“扶贫先进县”荣誉称号。

5 月 19 日，自治区扶贫办主任杨才寿，到龙州县考察库区移民安置和易地开发工程。

5 月 29 日，举行“国家贫困地区义务教育工程”龙州县水口镇独山完小教学大楼奠基仪式。

9 月 14 日，龙州县实施村级道路建设大会战。完成投资 980 万元，解决 21 个村 250 个屯 6856 户 34214 人的交通难问题。

1999 年

春种期间，降雨量 4.8 毫米，气温持续偏高，是 1960 年以来，旱情较为严重的一年，龙州县 96 座塘坝多座干枯，多条河溪断流；大量农作物枯黄，其中旱地面积 6333 公顷，水田面积 2755 公顷；全县 13 个乡镇 115 个村的 764 个自然屯 2.58 万农户 10.63 万人和 3.92 万头牲畜饮水困难。

4 月 28 日，南宁市第六职业高中师生捐赠 24000 多元现金，资助金龙中学 60 名贫困辍学生重返校园。

10 月，龙州县开展大石山区地头水柜建设大会战。总投资 2500 余万元，建成地头水柜 9100 个，总容量 31.85 万立方米。

2000 年

2 月 17 日，龙州县启动地头水柜、造林种竹、屯级道路建设“三大会战”。

2 月 27—28 日，自治区检查验收团到龙州县验收生态农业建设，对 4

个乡镇12个村248个沼气池随机抽样检验，质量合格率100%。

8月28日，龙州县委、县政府召开全县边境建设大会战动员大会。

9月8日，广西壮族自治区边境线上第一所寄宿制学校——金龙镇民建寄宿制完全小学举行开学典礼。

9月14日，龙州县边境建设大会战乡镇卫生院建设第一个项目——金龙镇中心卫生院综合楼留医楼正式破土动工。

2001年

1月3—4日，自治区党委书记曹伯纯到龙州县检查指导边境建设大会战项目。

1月18日，龙州县城至南友高速公路夏石出入口处的二级公路（简称龙夏二级路）开工建设，全长31.26千米，其中龙州县境内21.75千米。

2月27日，南宁地区边境建设大会战公路建设现场会在龙州县召开。

3月19日，龙州县从1998年开始启动的茅草房改造大会战通过自治区、南宁地区、南宁市联合验收。

4月29日，国家计委考察组到龙州县考察沿边公路建设情况，落实龙州县沿边三级公路项目资金11680万元。

5月18日，龙州县小连城大桥开工典礼。

6月，龙州县糖厂、龙州县第二糖厂、龙州县霞秀糖厂产权转让改制完成。由海南洋浦南华糖业有限责任公司并购。

6月23日，自治区水利厅在龙州县召开全区边境建设大会战水利工程现场会。

7月6日，龙州县受7号台风“玉兔”的影响，造成洪涝灾害，直接经济损失1500余万元。

7月28日，龙州县召开抗洪救灾重建家园动员会，各界人士为抗洪救灾捐款 35 万余元。

8 月 13 日，自治区边防办到龙州县检查指导水口镇、武德乡机关回迁工程，落实工程项目资金 985 万元。

11 月 5 日，自治区副主席吴恒对龙州县边境建设大会战教育项目建设工作进行专项调研。

12 月 18 日，自治区民委到龙州县水口镇、武德乡检查“兴边富民行动”项目实施进展情况。

全年，共完成茅草房改造 2000 户。

2002 年

国务院扶贫办将原来的国定贫困县名称更改为国家扶贫开发工作重点县，并重新确定龙州县等全国 592 个原国定贫困县为国家扶贫开发工作重点县。

确定龙州县新阶段 74 个贫困村，全面完成龙州县 74 个贫困村十年扶贫开发规划编报工作。

1 月 10 日，龙州县实施中小学危房改造工程。

1 月 20 日，自治区党委书记曹伯纯，广西军区政委周传统，自治区党委常委、秘书长邱石元，自治区副主席周明甫，对龙州县沿边三级公路建设进行调研。

9 月 25 日，自治区副主席吴恒率督查组到龙州县督查自治区边境建设大会战总结表彰大会筹备工作。

10 月 4 日，南宁地委书记罗殿龙、南宁地区行署专员张秀隆等一行，到龙州县检查茅草房改造、水口镇直机关回迁等工作。

10 月 8 日，自治区党委书记曹伯纯，自治区主席李兆焯，自治区政协主席陈辉光，自治区党委副书记马庆生、陆兵、刘奇葆，自治区副主席王汉民、周明甫、吴恒，到龙州县检阅边境建设大会战成果。

完成沿边公路建设。广西沿边公路起点是东兴市竹山村，终点为百色市那坡县弄布村，总里程 725 千米，龙州境内为 129.8 千米。

2003 年

完成新阶段县级十年扶贫开发规划编报工作。

4 月 20 日，龙州县实施金龙水库第 1 期除险加固工程，投资 1431 余万元。

8 月 21 日，龙州县召开评估会，确认克标、陇罕、那念、园艺场等四个县内易地安置场完成易地安置 280 户 1400 人。

12 月 20 日，自治区人大常委会副主任甘幼玶到龙州县军民共建小康文明示范村——霞秀乡东合村农顿屯、水口口岸等地考察。

2004 年

5 月 22 日，在龙州镇城东开发区独山路兴建龙州汽车客运站，占地面积 1.33 公顷，投资 500 余万元。

2005 年

扎实推进贫困村扶贫开发工作，制定《龙州县首批“整村推进”贫困村扶贫开发工作实施方案》(龙政办发〔2005〕71 号)，以贫困村扶贫开发规划为载体，整合资金，集中力量，采取“整村推进”的方式，实施首批 32 个贫困村的扶贫开发“整村推进”。

完成 2004—2005 年度扶贫基础设施项目建设大会战工作任务。(1)财政扶贫资金项目总投资 38 万元，新修屯级道路 2 条 3 公里，人畜饮水工程 3 处。(2)以工代赈资金项目总投资 1003 万元，其中以工代赈资金 800 万元，地方配套 203 万元。新、改、扩建乡村道路 9 条 64 公里。人畜饮水工程 19 处。小水利、小流域治理项目 2 个。

开展农村沼气池建设工作，建成贫困村沼气池 1183 座，配套改厕 1183 个。

实施产业化扶贫。牛品种改良项目共引进良种母牛 121 头，纯种公牛 4 头，冻配牛 4771 头，胚胎移植 200 头，配套种植牧草 5150 亩。

12 月 11 日，龙州县水口镇罗回村集中供水工程开工。

12 月，荣获“全国民族团结进步模范县”称号。

2006 年

完成首批 32 个贫困村“整村推进”扶贫开发工作。

完成 2006—2007 年度扶贫基础设施项目建设大会战工作任务。（1）财政扶贫资金项目总投资 328 万元，新修屯级道路 10 条 27.8 公里，人畜饮水工程 22 处。（2）以工代赈资金项目总投资 892 万元，新、改、扩建乡村道路 9 条 72 公里，人畜饮水工程 12 处，小水利、小流域治理项目 3 个。（3）民族资金项目投资 192 万元。具体项目是：投资 20 万元完成 2 条屯级道路建设，投资 36 万元完成 3 处人饮工程，投资 20 万元完成 2 个农田水利项目，投资 96 万元完成 4 处学校建设项目，投资 20 万元完成 1 处医疗卫生项目。

继续开展农村沼气池建设工作。到 11 月 20 日，建成贫困村沼气池 1025 座，配套改厕 1025 个，占任务的 100%。

10 月，龙州县城至水口二级公路建成通车，全长 34.96 千米。

11 月 23—24 日，全国“西部地区‘两基’攻坚暨农村义务教育经费保障机制改革现场会”在龙州县召开，国务委员陈至立在教育部部长周济、自治区政府主席陆兵、副主席吴恒的陪同下到龙州县响水中学检验农村教育成果。

2007 年

启动实施第二批（2007—2008 年）21 个“整村推进”贫困村扶贫开发工作。

1 月，龙州县成立新农村合作医疗管理委员会办公室，启动新农合医疗保险项目。

做好 2007 年贫困村 450 座沼气池建设项目的组织实施工作。

组织实施 2007 年龙州县贫困地区基础设施建设项目。完成投资 479 万元，完成村屯道路 15 条，人畜饮水工程 22 个。

2008 年

1—2 月，遭受罕见的冰冻灾害。

开展边境线 0—3 公里范围内兴边富民行动基础设施建设大会战。

9 月 24 日，受 14 号台风“黑格比”的影响，龙州县遭遇自 1992 年以来最大的洪灾，12 个乡镇 127 个行政村（社区）受灾，受灾人口 16.3 万人，造成直接经济损失 4.76 亿元。

完成第二批 21 个贫困村“整村推进”扶贫开发工作。

组织实施“兴边富民”工程建设大会战农村危房改造项目。完成农村危房改造项目共 521 户，项目总投资 521 万元。

开展“县为单位、整合资金、整村推进、连片开发”扶贫开发试点工作。项目总投资 3416.92 万元，其中财政扶贫资金 1000 万元，各部门整合资金 1900.42 万元，自筹资金 328.5 万元。

2009 年

2 月 25 日，广东省鹤山市人力资源和社会保障局局长施邦云到龙州县进行劳务合作洽谈，建立长期友好的劳务合作关系。

6 月 15 日，总投资 7270 万元的龙州县污水处理厂及配套管网一期工程、总投资 7901.8 万元的城镇生活垃圾卫生填埋场项目正式开工。

7 月，开展边境 3—20 公里范围兴边富民行动基础设施建设大会战，并列入为民办实事 10 件大事。

全面启动实施 21 个第三批（2009—2010 年）贫困村的整村推进工作。

实施贫困村社区主导参与式扶贫创新试点工作。试点村屯实施的项目由群众自主选定报自治区外资管理中心审批。

启动贫困村村级发展互助资金工作。

2010 年

1 月 26 日，举行龙州县 2010 年春风行动暨企业用工现场招聘活动，签订劳务输出意向协议 3000 多人。

成立县新农村合作医疗管理中心。

4 月，中央农村工作领导小组办公室到龙州县调研，称赞龙州县上龙乡“小块并大块”土地流转模式“开了全国先河”，“在中国是首例”。

6 月 11 日，启动农村最低生活保障制度和扶贫开发政策有效衔接试点工作。

9 月 30 日，中国红十字会基金会“央企援助基金”第三批 541 个价值 11 万元的“春雨礼包”分别发放给受旱灾最严重的水口镇北胜村、响水镇图强村、武德乡群合村 541 户 2326 人。

到 2010 年底，全部完成龙州县 74 个贫困村（共三批）“整村推进”

扶贫工作任务，贫困人口从2005年的113351人减少至2010年的83316人，农民人均纯收入由2005年的2097元增加到2010年的4083元。贫困农民人均纯收入3210元。

完成“两项制度”有效衔接试点工作，年底完成12个乡镇119个村（居）委10509户32657人的对象识别工作和信息录入工作。

2011年

实施边境0—20公里新农合政府补助政策，农村居民参保由自治区补助80%，县补助20%，由政府代缴参合费。

2月24日，举行贫困中小学生结对帮扶启动仪式。首批500名贫困中小学生与全县领导干部结成帮扶对子。

6月，自治区重新确定“十二五”时期贫困村3000个，其中龙州县33个。

8月16日，龙州县被列入滇桂黔石漠化片区县。

2011年，全年投入财政扶贫资金404万元，新建屯级道路28条28.4公里，解决28个屯1508户6033人行路难问题。同年完成第三批21个“整村推进”贫困村扶贫开发工作任务，顺利通过自治区、崇左市的全面验收。

完成2000万元的扶贫小额信贷贴息贷款任务，覆盖龙州县12个乡镇109个贫困村，受益2166户8669人。

2012年

1月4日，龙州县召开扶贫开发工作会议，深入学习贯彻中央、自治区、崇左市扶贫开发工作会议精神，总结近年来扶贫开发工作取得的成就和经验，部署新一轮扶贫开发工作。

2月22日，自治区党委常委、副主席黄道伟到龙州县就新一轮扶贫开发工作进行调研，并出席龙州县新一轮扶贫开发攻坚战启动仪式。

2月27日，龙州县首次获得“全国双拥模范县”殊荣。

3月，实施新一轮兴边富民行动大会战。

3月15日，龙州县举办农村扶贫对象识别和建档立卡工作骨干培训班。

3月28日，龙州县召开选派机关干部担任贫困村党组织第一书记暨新一轮新农村建设指导员工作动员会。

6月7日，广西陆军预备役师师长林先秋大校到龙州县开展“三包一定”帮扶开发调研活动。

6月18日，广西军区组织全区部队“包村包户包人定点扶贫工程”在龙州县水口镇合平村实施，并向龙州县捐赠140万元和首批助学款12.4万元。

6月27日，贯彻实施全国土地整治规划加快建设高标准基本农田现场会在湖北省咸宁市召开，龙州县以“小块并大块”土地流转模式做典型发言。

10月23日，龙州县在彬桥乡安镇村举行产业扶贫寄养模式启动仪式，标志着龙州县已由过去单一、分散、短期的扶贫开发方式转变为造血式扶贫。

龙州县列为雨露计划实施方式改革试点县，完成以农村贫困劳动力转移为目的的“雨露计划”培训400人，各类扶贫干部培训250人次，职业技能培训1300人，农村实用技术培训5000人次，阳光工程大培训1100人次。

全年投入基础设施建设财政扶贫资金1432万元，建设屯级道路54条50.77公里；全年投入产业开发财政扶贫资金370万元，实施产业开发扶贫项目 5 个。

2013 年

1 月 9 日，崇左市残联到龙州县开展春节慰问基层残疾人工作者和贫困残疾人活动，共向困难残疾人发放 33 万元慰问金及价值 22 万元的慰问品。

1 月 11 日，龙州县人民政府办公室印发《关于成立龙州县兴边富民大会战指挥部的通知》（龙政办发〔2013〕1 号）。

7 月，中国人寿保险（集团）公司与龙州县结为对口帮扶。

7 月 8 日，印发《关于做好干部包户扶贫帮扶有关工作的通知》（龙扶领办发〔2013〕1 号），落实机关、企事业单位定点帮扶贫困村工作任务。

龙州县兴边富民行动会战共完成建制村沥青路（水泥路）8 条 55.54 公里，建设农村饮水安全项目 29 个，危房改造 1600 户。

全年投入财政扶贫资金 2332 万元，建设屯级道路 87 条 80.35 公里，解决 5473 户 22502 人行路难问题。

完成产业扶贫投资 218 万元，其中竹狸养殖 3500 只、龟鳖养殖 2600 只、甘蔗种植 1500 亩，通过丰植物营养液增产项目 20000 亩。

2013 年末贫困人口为 68540 人（新的贫困线标准为年人均纯收入在 2300 元以下）。

2014 年

年初，龙州县进入精准扶贫新阶段。

中国人寿保险（集团）公司捐赠扶贫资金 325 万元，对口帮扶龙州县八角乡板其屯民俗村配套基础设施改造项目、政策性边贸小额贷款支持项目和边民小额爱心保险项目 3 个项目。

2月27日，印发《关于成立龙州县“十百千”产业化扶贫示范工程项目建设领导小组的通知》（龙办发〔2014〕6号）。

3月，龙州县扶贫办申报的2014年广西“十百千”产业化扶贫工程——澳洲坚果种植项目成功入选，该项目扶持资金共1200万元。

4月7日，召开龙州县新农村建设指导员和第一书记工作总结表彰暨选派“美丽广西”扶贫工作队动员会。

5月15日，龙州县“第一书记产业联盟”正式挂牌成立。由龙州县委、县人民政府为主导，以第一书记为主体，推行“联盟成员（第一书记）+农民合作社+党支部”模式，构建产业化扶贫新格局，变“输血”为“造血”，创出一条具有龙州特色的产业扶贫之路。

6月10日，印发《〈2014年龙州县贫困村互助资金试点村工作实施方案〉的通知》（龙扶办发〔2014〕3号）。

龙州县安排贫困村互助资金120万元（新增试点村），将八角乡八角村、上降乡上降村、彬桥乡安镇村、下冻镇峡岗村和那花村、武德乡科甲村、金龙镇新兴村、上金乡云江村等8个村列入贫困村互助资金试点项目村。

6月24日，围绕全县33个贫困村的群众脱贫致富目标，以“整村推进”扶贫开发贫困村为主战场，以扶贫开发规划为工作基础，以产业开发、基础设施建设和劳动力培训转移为工作重点，坚持扶贫开发综合治理。

7月31日，印发《关于成立龙州县大扶贫开发攻坚工作指挥部的通知》（龙办文〔2014〕59号）。

8月1日，崇左市第一书记产业联盟做法推广工作座谈会在龙州县下冻镇峡岗村召开。

8月8日，印发《关于成立龙州县精准扶贫建档立卡工作督导组的通知》(龙扶领发〔2014〕2号)。

7—9月，受9号台风“威马逊”、15号台风“海鸥”的影响，龙州县遭遇了2次洪水袭击，其中最为严重的是受9号台风的影响，左江最高洪峰达到了121.71米，造成县城12条街道和上金、响水等沿河乡镇低洼地带被淹，全县共有12个乡镇78个村412个屯61555人受灾，其中农作物受灾面积10.87公顷，甘蔗受灾面积10866.6公顷，直接经济损失1.319亿元。

9月4日，印发《龙州县农村土地承包经营权确权登记颁证试点工作实施方案》(龙办发〔2014〕30号)。

落实“领导挂点、单位包村、干部包户”扶贫工作挂钩联系制度。全县参与定点帮扶的单位共有45个，定点扶贫33个贫困村，其中，中直单位1个，区直单位6个，市直单位14个，县直单位24个。上半年定点扶贫单位共投入资金1465.71万元。

全年共完成扶贫生态移民搬迁工程8个点，分别是下冻镇扶伦村、上龙乡民权村、上降乡上降村、水口镇共宜新村、武德乡武德村、龙州镇河屯村、金龙镇贵平村、响水镇弄岗小镇。

2015年

1月7日，龙州县列入广西特色旅游名县“创建县”。

1月，龙州至科甲二级公路建成通车，其中在龙州县境内里程54.5公里。

4月，叫堪至那花至布局二级公路开工建设，总长25.47公里，其中主线长15.97公里。

5月，龙州县首个村民自发筹资建设的村级农家乐——板省天然休闲农家乐开张营业，共吸纳5户贫困户入股经营，累计聘用贫困家庭劳动力

17人。

7月17日，市委书记、市人大常委会主任黄克率市、县、乡、村、屯五级领导干部到龙州县下冻镇调研精准扶贫综合示范点建设工作。

9月19日，印发《成立龙州县精准扶贫综合示范点建设领导小组》（龙办文〔2015〕45号）。

10月18日起，按照《龙州县开展精准识别贫困户贫困村工作实施方案》，共完成入户评估39227户149117人；完成2013年建档立卡户确认18167户67540人；确定2015年末贫困人口14018户50828人。

全面完成所有贫困户建档立卡信息采集及信息录入。完成一个贫困县和47个贫困村、574个自然村屯及240个移民搬迁屯的信息采集、录入及所有建档立卡户照片采集上报工作。

11月4日，召开龙州县贯彻落实全区扶贫产业开发现场会，共安排970万元的产业扶贫项目。产业扶贫项目包括竹鼠养殖、坚果种植、甘蔗低产改造、养鱼、养猪、食用菌种植等13个项目。

11月10日，印发《龙州县机构编制委员会关于同意成立龙州县扶贫信息机构的批复》（龙编复〔2015〕18号），成立龙州县扶贫信息中心以及派驻乡镇扶贫信息站。

12月17日，中国共产党龙州县第十二届委员会第十次全体会议通过《中共龙州县委员会关于贯彻落实中央、自治区、崇左市扶贫开发工作重大决策部署 坚决打赢“十三五”脱贫攻坚战实现2018年全县脱贫摘帽的决定》（龙发〔2015〕9号）。提出全县脱贫攻坚总目标：按照“363”（2016年底实现上龙乡、逐卜乡、响水镇三个乡镇贫困村全部出列，贫困人口大幅下降；2017年底实现龙州镇、彬桥乡、下冻镇、水口镇、武德乡、上金乡6个乡镇贫困村全部出列，贫困人口大幅下降；2018年底实现金龙镇、上降乡、八角乡3个乡镇贫困村全部出列，全县贫困人口全部脱贫）工作计划，扎实推进脱贫攻坚3年行动，鼓励有条件的贫困村通过努力，提前出列；确保到2018年底全县实现贫困县、贫困村全部摘帽；全县6.7万贫困人口全部脱贫；提前两年在全区率先实现脱贫目标。

12月29日，崇左至水口高速公路项目开工仪式在上龙乡停弄屯举行。

投入财政专项扶贫资金1029.84万元，修建屯级道路17条25.535公里。

开展“百企联百村”工作，全县31个帮扶企业与31个贫困村结成帮扶对子。

非公有制经济人士支持光彩事业和捐助贫困学生108.48万元。

全年完成扶贫生态移民搬迁工程6个点，分别是龙州镇新民村，彬桥乡绕秀村，上降乡里城村、江村村，武德乡三联村，响水镇图强村。

荣获自治区年度党委和政府扶贫成效考核一等奖。

2016年

4月27日，全面完成建档立卡信息数据平台的数据录入、清洗等工作，全面建成县级扶贫信息系统。

5月，龙州县首个扶贫车间——广西龙州四叔食品厂（辣椒厂）揭牌开业。

6月1日、7月7日，自治区党委副书记李克先后两次到上龙乡民权村开展精准扶贫调研工作。

6月15日，印发《成立龙州县易地扶贫搬迁专责领导小组的通知》（龙政办发〔2016〕9号），成立龙州县易地扶贫搬迁专责领导小组。开工建设城南、城北、水口、科甲、布局、上金、响水、彬桥、逐卜9个易地扶贫搬迁点。

6月15日，自治区党委常委、宣传部部长黄道伟在龙州县实施“易地搬迁＋边贸扶贫”模式经验材料上作出批示：转自治区扶贫办家柏同志阅，“龙州易地搬迁＋边贸扶贫”模式很有启发。

7月11日，在广西2016年中央专项彩票公益支持贫困革命老区县实施扶贫项目公开竞选会议上，龙州县成功争取到中央专项彩票公益金2200万元，用于支持现代农业食用菌扶贫产业园项目。

7月11日，水口口岸获得国务院发文批复同意扩大开放，口岸性质为国际性常年开放公路客货运输口岸。水口—驮隆中越界河公路二桥建成投入使用后，一桥为人员和客运车辆通行通道，二桥为货物和货运车辆通行通道。

7月15日，左江花山岩画成功申报世界文化遗产。

7月18—19日，全国人大常委会委员、民建中央副主席张少琴到龙州县开展脱贫攻坚工作调研。

8月15日，崇左市贫困户脱贫“双认定”验收试点暨第三方评估模拟现场会在龙州县召开。

8月30日，自治区“十二五”贫困村整村推进扶贫开发和“十百千”产业化扶贫示范工程项目抽查核验工作汇报会在龙州县召开。

9月19日，印发《龙州县扶贫开发领导小组关于印发〈龙州县脱贫攻坚产业扶贫项目实施方案（暂行）〉的通知》（龙扶领发〔2016〕24号）。

9月20—24日，以中国保监会副主席陈文辉为组长的国务院脱贫攻坚督查组到龙州县督查，对龙州县的“易地搬迁＋边贸扶贫＋固边守疆”模式给予高度评价。

10月13—14日，钟磊县长在自治区易地扶贫搬迁暨村屯道路建设现场推进会上作典型发言。

10月14日，全面启动龙州县脱贫摘帽帮扶广场活动。

10月19日，中国人寿保险（集团）公司在北京举办线上扶贫暨扶贫地区特色产品上线首发仪式，龙州县的桄榔粉、茶叶和柠檬酱等具有地方特色的农副产品成为公司电商平台的热销产品。通过中国人寿电商平台帮助扶贫企业和贫困户拓宽产品销售渠道，为龙州县转变经济发展方式，优化产业结构，带动创新就业，增加农民收入提供了新的思路和方式。

10月22日，成立龙州县脱贫攻坚指挥部，并印发《关于成立龙州县脱贫攻坚指挥部的通知》（龙委〔2016〕160号）。从县直各有关单位抽调25名工作人员到龙州县脱贫攻坚指挥部集中办公，指挥部下设办公室及11个工作小组。

10月，水口边贸加工扶贫产业园一期标准厂房建设，建设规模5万平方米，赞美实业是第一家入户企业。

11月7—9日，全区2016年边贸扶贫现场推进会在龙州县召开，钟磊县长代表龙州县作典型发言。

11月25日，印发《关于对〈龙州县脱贫攻坚产业扶贫项目实施方案（暂行）〉的补充通知》（龙扶领发〔2016〕44号），全年共发放产业奖补资金3841万元。

落实“4321”帮扶机制，共向全县12个乡镇派驻12个扶贫工作队，296名“美丽广西”扶贫工作队员，137个县直及中央、自治区、市直驻龙州单位与龙州县127个村进行定点帮扶，8000多名县乡村党员干部与贫困户结对帮扶。

整合3.72亿元投入47个贫困村产业项目、村屯道路建设等项目，其中基础设施2.82亿元、产业发展0.9亿元。建成59条65.8公里通屯硬化路、20处农村安全饮水工程、5个公共服务中心。发放扶贫小额信贷6448户2.65亿元，为3476户贫困户发放边贸小额贷款1.27亿元。

实施农村饮水安全巩固提升工程 17 个，总投资 220.7953 万元，解决饮水不安全人口 2410 人。饮水净化示范项目 3 个，总投资 150 万元。农村饮水安全维修工程 11 个，总投资 120 万元。

12 月 29 日，自治区副主席，公安厅党委书记、厅长胡焯到上龙乡新联村陇孟屯种鸽养殖示范基地调研。

全年完成贫困人口脱贫 2405 户 9559 人。

自治区党委办公厅、自治区人民政府办公厅印发《关于 2016 年度设区市党委和政府扶贫开发工作成效考核情况的通报》《关于 2016 年度全区 54 个贫困县党委和政府扶贫开发工作成效考核成果的通报》，龙州获年度考核一等奖。

龙州县扶贫开发办公室获崇左市 2016 年做好“两篇大文章”打好“四大攻坚战”先进集体荣誉称号。

2017 年

1 月，国家卫计委会同国务院扶贫办在中西部 22 个省份启动了健康扶贫工作示范县创建工作。通过省级严格遴选推荐，广西壮族自治区龙州县等 22 个省份的 64 个健康扶贫工作基础好、脱贫攻坚任务重的国家扶贫开发重点县和集中连片特困县列入国家健康扶贫工作先进县建设项目。

2 月 22 日，中国 – 龙州第一届“秘境弄岗”国际观鸟节在龙州县举办。

3 月，列入广西 2017 年计划脱贫摘帽 6 个县（区）中唯一一个国家扶贫开发工作重点县。

3 月 15 日，印发《龙州县扶贫开发领导小组关于印发〈龙州县 2017 年脱贫攻坚产业扶贫项目实施方案〉的通知》（龙扶领发〔2017〕9 号）。

4 月 6 日，崇左市委常委、龙州县委书记秦昆在自治区脱贫攻坚推进会上向自治区党委书记彭清华递交脱贫摘帽责任状。

4月9日，全国政协常委、住建部原部长姜伟新到龙州县开展扶贫监督性调研。

4月25日，崇左市扶贫领导小组产业开发专责小组印发《崇左市产业开发专责小组关于推荐设立第一个贫困村村民合作社的通知》，要求各县推荐设立第一个贫困村村民合作社。

5月26日，龙州县农业局牵头会同县委组织部、县民政局等单位，率先启动设立贫困村村民合作社，在每个乡镇设立一个试点村。

6月13日，13个村民合作社试点村全部顺利完成选举工作。8月9日印发《龙州县设立村（居）民合作社工作方案》（龙政办函〔2017〕49号）。8月中旬，全县47个贫困村村民合作社全部完成设立发证。11月底，全县80个非贫困村村民合作社全部完成设立发证。

6月14—15日，自治区党委书记、人大常委会主任彭清华到龙州县调研脱贫攻坚工作并召开脱贫摘帽工作座谈会，孙大伟、范晓莉、王可、黄世勇、李克、王跃飞、张秀隆等自治区有关领导参加会议。

6月19日，印发《龙州县2017年脱贫摘帽工作方案》（龙扶领发〔2017〕23号）。

6月28日，自治区党委办公厅、自治区人民政府办公厅印发《关于2017年度设区市党委和政府扶贫开发工作成效考核情况的通报》《关于2017年度全区105个有扶贫开发工作任务的县（市、区）党委和政府扶贫开发工作成效考核结果的通报》的通知，龙州县获年度考核一等奖。

7月，举办脱贫摘帽转移就业招聘会16场。

7月26—28日，全区健康扶贫工作现场推进会在龙州县召开。

8月，组织非公企业、商会组织、非公经济人士深入乡镇开展慰问贫困生活动，共慰问贫困生63人，发放慰问金72188元。

8月4日，自治区副主席张秀隆到上龙乡新联村种鸽养殖基地调研。

8 月 14 日，印发《龙州县扶贫开发领导小组关于调整〈龙州县 2017 年脱贫攻坚产业扶贫项目实施方案〉的补充通知》(龙扶领发〔2017〕40 号)，全年共发放产业奖补资金 4343 万元。

8 月 15 日，出台《龙州县“十三五”产业精准扶贫规划（2016—2020 年）》。

8 月 25 日，龙州县召开脱贫摘帽百日攻坚战誓师大会。印发《龙州县脱贫摘帽百日攻坚工作方案》(龙扶领发〔2017〕70 号)。

9 月，在崇左市率先将重度残疾补贴从 50 元提高到 80 元。

9 月 7 日，粤桂扶贫协作鹤山市杨海泉、麦和灿、陈世杰三位领导干部到龙州县报到，开展东西部扶贫协作工作。

9 月 23 日，粤桂扶贫协作鹤山市驻龙州县劳务输出服务中心成立。

10 月 9 日，龙州县粤桂扶贫协作领导小组成立，同时成立鹤山市粤桂扶贫协作领导小组。

10 月 25 日，举办龙州腾飞奔小康 2017 国家扶贫日广西卫视《第一书记》产业扶贫电商大直播之决胜脱贫摘帽誓师活动。非公企业等社会力量捐款 370 余万元，捐赠电视机 308 台、电风扇 110 台、被子 472 床，捐赠 20 千瓦光伏变电站 1 座和教学物品、化肥等物资一批，折合人民币 338 万余元。

10 月，印发《关于乡村基层组织学习贯彻党的十九大精神暨参加脱贫致富奔小康电视夜校学习的通知》(龙扶领发〔2017〕105 号)、《龙州县以网格化管理开展“四个一遍”“双认定”和电视夜校等脱贫攻坚工作的目标要求》(龙扶领发〔2017〕129 号)。

10 月 29—31 日，由中国食用菌协会主办的 2017 年中国 – 东盟食用菌产业发展大会暨食用菌行业秋季博览会在龙州县成功举行。

开展“百企扶百村”工作，新增 23 个结对帮扶的非公企业。

11 月初，龙州县第一个粤桂扶贫车间成立。

11 月 5 日，自治区人民政府主席陈武到龙州县调研脱贫攻坚工作。

11 月 10 日，中国人寿保险（集团）公司总裁袁长清一行深入龙州县开展精准扶贫调研和扶贫捐赠活动，代表集团公司分别向龙州县捐赠了 100 万元党费扶贫款，用于援建安镇村与驮江村党员活动基地，改善贫困村基层党支部条件，加强基层党建，提升组织凝聚力与战斗力；捐赠 278 万元支持龙州镇卫生院业务综合楼重建项目，着力改善龙州镇 6 万人口的医疗条件。并实地调研大森山中蜂养殖基地和柑橘种植扶贫基地，以实际行动落实央企责任担当。

11 月 15 日，广西首场残疾人就业专场招聘会举办，有 28 名贫困残疾人被广东省江门市荣盛实业有限公司录用。

11 月 23 日，龙州县响水镇易地扶贫搬迁安置中心举行搬迁入住仪式，实现了“四个第一”：第一个率先供地，第一个建成，第一个抽签分房，第一个真正实现整体入住。

12 月 2 日，将糖料蔗、澳洲坚果、食用菌、香料、果蔗、生态鸡养殖、乡村旅游与休闲农业等七个产业认定为龙州县“5+2”特色产业。

12 月 14 日，粤桂扶贫协作龙州县驻鹤山市劳务输出工作站成立。

12 月 28 日，认定全县 47 个贫困村“3+1”特色产业。

全年集中扶贫专项资金 3.89 亿元，整合财政涉农资金 3.8 亿元，投向贫困村、贫困户，用于产业发展、住房保障、基础设施建设等领域。

全年共发放产业奖补资金 4653.5 万元，覆盖贫困户 11783 户。

投入 13120 万元实施村屯道路硬化 386 公里；投入 5310 万元解决 132 个村屯人畜饮水困难问题；投入 1320 万元改造和提升村级公共服务设施。“双认定”脱贫户、27 个脱贫摘帽村基础设施条件全部达到脱贫摘帽标准。

累计发放小额信贷 30849 万元，共设立风险补偿金 3138 万元。

整合涉农资金 2000 万元，给予 2000 户贫困户每户 1 万元作为委托经营资金投入北部湾现代农业公司、彩港公司，每年获得 8% 或 10% 的分红。

完成农村危房改造 2535 户（其中贫困户 1725 户）并全部入住；房屋修缮 936 户。

完成 2014—2017 年精准扶贫档案建设。

完成 10097 户贫困户 37554 名贫困人口脱贫，全县贫困发生率降为 1.88%。

完成 27 个摘帽贫困村脱贫（龙州镇的贯明村、镇秀村，八角乡的陇均村，上降乡的梓丛村，彬桥乡的安镇村、安民村，下冻镇的洞埠村、扶伦村、驮江村、峡岗村，水口镇的独山村、思奇村；上龙乡的新联村、武权村，武德乡的三联村、近梅村、武德村，金龙镇的光满村、敢赛村、高山村、板梯村，逐卜乡的三叉村、崇德村，响水镇的高峰村、红阳村，上金乡的新旺村、中山村）

完成易地扶贫搬迁数为 2221 户 7292 人，其中，建档立卡贫困户 2147 户 7017 人，同步搬迁 74 户 275 人；2016 年建档立卡 489 户 2059 人；2017 年建档立卡 1658 户 4958 人，同步搬迁 74 户 275 人。龙州县全部完成自治区下达的“十三五”时期易地扶贫搬迁项目建设任务，完成 9 个易地扶贫搬迁安置点的建设任务，总投资约 5.2 亿元，投资完成率 100%。

（1）龙州县城南易地扶贫搬迁安置点安置 551 户 2343 人。其中，建档立卡贫困户 525 户 2238 人，同步搬迁 26 户 105 人；建档立卡贫困户搬迁涉及 12 个乡镇 78 个行政村 1 个居委会。

（2）龙州县城北易地扶贫搬迁安置点安置 601 户 1497 人。其中，建档立卡贫困户 574 户 1398 人，同步搬迁 27 户 99 人；建档立卡贫困户搬迁涉及 12 个乡镇 84 个行政村 1 个居委会。

（3）龙州县水口镇共宜新村易地扶贫搬迁安置点安置 772 户 2391 人。其中，建档立卡贫困户 753 户 2328 人，同步搬迁 19 户 63 人；建档立卡贫困户搬迁涉及 11 个乡镇 85 个行政村 2 个居委会。

（4）龙州县武德乡科甲新村易地扶贫搬迁安置点安置 77 户 240 人。其中，建档立卡贫困户 77 户 240 人；建档立卡贫困户搬迁涉及 3 个乡镇 11 个行政村。

（5）龙州县下冻镇易地扶贫搬迁安置点安置 43 户 162 人。其中，建档立卡贫困户 43 户 162 人；建档立卡贫困户搬迁涉及 1 个乡镇 2 个行政村。

（6）龙州县上金乡古街易地扶贫搬迁安置点安置 30 户 139 人。其中：建档立卡贫困户 28 户 131 人，同步搬迁 2 户 8 人；建档立卡贫困户搬迁涉及 1 个乡镇 3 个行政村。

（7）龙州县响水镇中心村易地扶贫搬迁安置点安置 72 户 255 人。其中，建档立卡贫困户 72 户 255 人；建档立卡贫困户搬迁涉及 1 个乡镇 8 个行政村 1 个居委会。

（8）龙州县彬桥乡集镇易地扶贫搬迁安置点安置 50 户 171 人。其中，建档立卡贫困户 50 户 171 人；建档立卡贫困户搬迁涉及 1 个乡镇 7 个行政村。

（9）龙州县逐卜乡中心村易地扶贫搬迁安置点安置 25 户 94 人。其中，建档立卡贫困户 25 户 94 人；建档立卡贫困户搬迁涉及 1 个乡镇 9 个行政村。

龙州县扶贫开发办公室荣获“崇左市 2017 年做好‘两篇大文章’打好‘四大攻坚战’先进集体”荣誉称号。

2018 年

龙州县被列为帮扶 App 使用试点县。

1 月，亚洲最大的印刷企业鹤山雅图仕印刷有限公司到龙州县开展粤桂扶贫协作“万企扶万村”活动，并与金龙镇、逐卜乡建立长期劳务合作关系。

2 月，举办粤桂扶贫协作龙州县－鹤山市 2018 年“春风行动”。

2 月 12 日，金龙镇党委书记黎峰参加习近平总书记在成都召开的打好精准脱贫攻坚战座谈会。

3 月 14—18 日，中国－龙州第二届“秘境弄岗”国际观鸟节在龙州县举办。

3 月 16 日，崇左市委书记刘有明到龙州调研脱贫攻坚工作。

3 月 20 日，印发《龙州县扶贫开发领导小组关于印发〈龙州县 2018 年脱贫攻坚产业扶贫项目实施方案〉的通知》（龙扶领发〔2018〕23 号）。

3 月 21 日，国家发改委地区司巡视员邹勇到龙州县调研易地扶贫。

3 月 29—30 日，自治区党委常委、宣传部部长范晓莉到龙州县调研脱贫攻坚工作。

4 月 9—10 日，自治区扶贫办在龙州县举办全区脱贫攻坚工作专题研讨班及现场教学，全区有扶贫开发任务的 105 个县（市、区）党委或政府主要领导，30 个深度贫困乡镇党委书记，自治区发展改革委（移民局）、教育厅、人社厅、住建厅、农业厅、卫计委、扶贫办等区直单位参加。

4 月 26 日，中共广西壮族自治区委员会、自治区人民政府《关于表彰 2016—2017 年全区脱贫攻坚先进集体和先进个人的决定》（桂委〔2018〕316 号），龙州县荣获“县级扶贫开发领导小组先进集体”，县扶贫办主任黄永亮、金龙镇板梯村驻村第一书记赵民航获贡献率先进个人等荣誉称号。

4月28日，成功选举产生龙州县城南易地搬迁安置点社区居委会，为全区首创。

5月14日，印发《龙州县扶贫开发领导小组关于〈龙州县2018年脱贫攻坚产业扶贫项目实施方案〉的补充通知》(龙扶领发〔2018〕30号)。

5月16日，自治区党委书记鹿心社到龙州县调研脱贫攻坚工作，对龙州县驻村第一书记“照片上墙马甲上身，亮明身份办实事解民忧”的做法作出批示。

6月9日，龙州县“因地制宜助力脱贫致富”在央视“新闻联播”节目播出。

6月12日，举行挂职乡镇扶贫副书记、贫困村村委会“第一主任”授旗仪式。

6月17—25日，国务院扶贫开发领导小组组织第三方评估机构，对龙州县脱贫摘帽退出情况开展专项评估检查。

7月25日，国务院扶贫开发领导小组第三次全体会议审议通过龙州县脱贫摘帽第三方评估检查结果，认定龙州县综合贫困发生率为1.91%，错退、漏评不显著，群众认可度达到96.34%，符合贫困县退出条件，原则同意龙州县脱贫摘帽。

8月4日，经自治区人民政府同意，龙州县脱贫摘帽，成为广西国家扶贫开发工作重点县中第一个脱贫摘帽的县。

8月17日，国务院扶贫办召开新闻发布会，宣布龙州县脱贫摘帽。

8月20日，龙州县印发《龙州县人民政府办公室关于印发〈龙州县农村集体资产清产核资工作方案〉的通知》(龙政办函〔2018〕59号)。

9月13日，印发《龙州县新时代讲习电视夜校方案》(龙办文〔2018〕57号)，将原来的脱贫致富奔小康电视夜校改版为新时代讲习电视夜校，对夜校时间、夜校内容、夜校形式、组织形式进行优化整合，全面改进和提升电视夜校活动质量，健全办好电视夜校长效机制。

9月23日，崇左市委常委、龙州县委书记秦昆到广西电视台录制“第一书记”节目。

10月10日，崇左市委常委、龙州县委书记秦昆在全区易地扶贫搬迁后续扶持工作现场会上作经验介绍。

10月10日，崇左市委书记刘有明到龙州县调研脱贫攻坚工作。

10月17日，龙州县第一个“爱心超市”启动仪式在城南幸福家园举行。

10月17日，有全区区直后援单位、非公企业、社会组织和爱心人士参加的2018年“扶贫日”扶贫助困活动暨爱心超市启动仪式如期举行，并开展现场捐赠活动，其中非公人士捐款金额达190.54万元。

10月23—24日，全区2018年计划退出贫困县脱贫摘帽工作推进会暨业务培训会在龙州县召开。

10月24日，国家卫生健康委员会、国务院扶贫办联合印发《关于通报表扬健康扶贫工作表现突出的河北省阜城县等45个贫困县的通知》(国卫办财务函〔2018〕879号)。广西壮族自治区龙州县等22个省份的64个健康扶贫工作基础好、脱贫攻坚任务重的国家扶贫开发重点县和集中连片特困县列入国家健康扶贫工作先进县建设范围。

10月30日，德天至花山一级旅游大道龙州县响水镇路段开工建设。

11月，龙州县健康扶贫政府兜底“一站式”即时结算全面启动。

11月27—28日，广西区直机关抓党建促脱贫乡村振兴现场会在龙州县召开。

12月2日，龙州县“因地制宜走出扶贫路”在中央电视台“新闻联播”节目播出。

12 月 10 日，中国人寿崇左分公司在全区首创的健康扶贫“一站式”即时结算服务模式在龙州县正式启动。

12 月 10 日，中央电视台“朝闻天下”代言广西壮族自治区播出龙州县“观鸟经济致富一方”。

12 月 14 日，中国人寿保险（集团）公司袁长清总裁深入广西壮族自治区龙州县，实地考察中国人寿定点帮扶工作，先后实地走访调研县人民医院健康扶贫“一站式”即时结算服务窗口、龙州镇卫生院援建项目、彬桥乡安镇村“生态农业 +”精品示范园暨党员教育基地项目、国寿电商 E 站等，详细了解帮扶工作开展情况。

12 月 22 日，根据《广西壮族自治区生态环境厅关于命名 2018 年自治区级生态县及生态乡镇的通告》（桂环通告〔2018〕9 号）精神，龙州县荣获“自治区级生态县”称号。

12 月 24 日，建立贫困户产业发展指导员制度，落实 217 名农村产业发展指导员。

根据《江门鹤山对口崇左龙州扶贫协作规划（2017—2020 年）》（鹤发〔2017〕6 号）和《2017 年鹤山对口龙州扶贫协作计划》，认真抓好东西部扶贫协作，巩固脱贫成果，2018 年广东省划拨了 3230 万元财政资金用于龙州县 14 个项目建设。

12 月 25 日，根据广西壮族自治区人民政府下发《关于公布第五批广西特色旅游名县的通知》（桂政发〔2018〕59 号），龙州县获得“广西特色旅游名县”称号。

根据《关于同意 2018 年贫困人口、贫困村脱贫摘帽的批复》（龙扶领发〔2018〕8 号），经自治区、崇左市扶贫开发领导小组审核同意，核定龙州县 2018 年脱贫 308 户 885 人，摘帽 20 个贫困村，包括八角乡屏案村、菊埂村、龙边村，上降乡上降村、江村村、鸭水村，彬桥乡青山村、绕秀村，水口镇罗回村、北胜村、康宁村，武德乡保卫村、群合村、农干村，金龙镇侵笔村、武联村、双蒙村、民建村，上金乡卷逢村、两岸村。贫困发生率降至1.48%，全县所有贫困村脱贫摘帽。

自治区党委办公厅、自治区人民政府办公厅印发《关于2018年度设区市及有扶贫开发工作任务的县（市、区）党委和政府扶贫开发工作成效考核结果的通报》，在33个国家扶贫开发工作重点县、滇桂黔石漠化片区县考核结果，综合评价好的一共有13个县，其中龙州县排在第三名。

年底，易地搬迁安置点社区化管理、“马甲书记”亮明身份服务群众的做法获自治区党委书记鹿心社批示肯定。

2019年

2月14日，龙州县扶贫开发办公室荣获“崇左市2018年做好‘两篇大文章’打好‘四大攻坚战’先进集体”荣誉称号。

2月，龙州县扶贫开发办公室荣获“崇左市2018年新时代新担当新作为先进集体”荣誉称号。

3月，龙州县扶贫开发办公室荣获“龙州县2018年新时代新担当新作为先进集体”荣誉称号。

3月6—10日，中国-龙州第三届“秘境弄岗”国际观鸟节在龙州县举办。

3月6日，崇左市委常委、龙州县委书记秦昆录制广西卫视“讲政策”节目，讲述龙州县“易地搬迁+边贸扶贫+驻边守疆模式”及“观鸟经济”。

3月11日，龙北工业园区“龙州-鹤山扶贫产业”开工，总投资6200万元。

3月12日，龙州县扶贫开发办公室荣获“2018年龙州县旅游扶贫先进集体”荣誉称号。

3月，龙州县扶贫开发办公室荣获“龙州县脱贫摘帽工作先进集体”荣誉称号。

4月13日，印发《龙州县精准防贫工作实施方案》。

4月18日，市委书记刘有明到龙州县召开崇左市巩固脱贫成果工作座谈会。

4月28日，龙州县驻鹤山市招商工作站挂牌成立并开始工作。

5月10日，崇左市委常委、龙州县委书记秦昆在全区2019年脱贫攻坚推进大会上接受龙州县2017年脱贫摘帽牌匾。

5月23—24日，全区兴边富民工作会议在龙州县召开，鹿心社、陈武、孙大伟、黄伟京、方春明、黄俊华、周成方、彭晓春、黄克等自治区党政领导出席会议。

6月3日，崇左市委常委、龙州县委书记秦昆录制国务院扶贫办《中国扶贫》杂志社、广西壮族自治区扶贫办联合开办的“脱贫攻坚我来说”节目。

6月10日，龙州县召开巩固提升脱贫攻坚成效推进大会。

6月20日，印发《龙州县巩固脱贫成果推进乡村振兴工作实施方案》。

附录二　农户调查问卷分析

为深刻认识龙州县脱贫攻坚的历史成就，客观评估脱贫攻坚战对龙州县域发展与县域治理产生的多方面效应，全面总结龙州县脱贫摘帽经验，课题组综合运用定量定性研究办法开展调查研究。针对农户的定量研究方面，课题组主要使用《中国贫困村综合状况调查——住户调查问卷》进行调查。2018 年 12 月上旬，课题组在龙州县 10 个乡镇随机选取陇均、独山、镇秀、梓丛、安镇、罗回、群合、新旺 8 个脱贫村和岜苗、民权 2 个非贫困村共 100 个住户进行入户调查。8 个贫困村中，每个村完成调查问卷 10 份，其中建档立卡贫困户 6 份，非贫困户 4 份；2 个非贫困村中，每个村完成调查问卷 10 份。调查共发放问卷 100 份，回收问卷 100 份，有效回收率为 100%。

一、住户家庭基本情况

（一）家庭成员社会人口特征

1. 家庭多为“四口之家”“五口之家”

调查数据显示，33.33% 的受访村民表示家庭成员人数为 4 人，22.22% 的受访村民表示家庭成员人数为 5 人，18.18% 的受访村民表示家庭成员人数为 3 人，家庭成员人数为 2 人和 6 人的户数比例均为 9.09%，家庭成员人数少于 2 人或多于 6 人的户数比例都不到 5.0%（见附图 1–1）。数据表明，较大比例的农户家庭是“四口之家”“五口之家”，城市常见的“三口之家”在农村也有一定比例，家庭人口数超过 5 人的“大家庭”比例则较少。

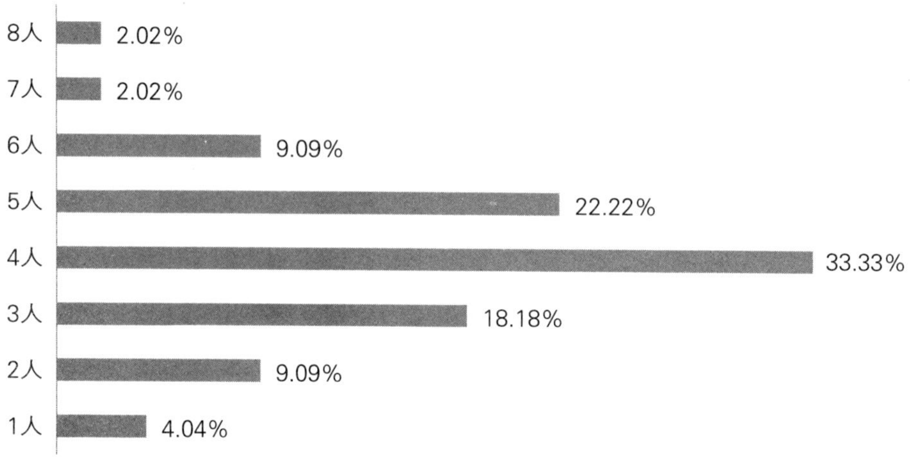

附图 1–1　住户家庭人口规模

2. 教育程度多为初中和小学

在教育程度上，调查对象包括受访者本人及其家庭成员共 415 人。调查数据显示，教育程度为初中的人数占调查对象总人数的 38.80%，教育程度为小学的人数占调查对象总人数的 32.29%，未上过学的人数占调查对象总人数的 11.08%，教育程度为高中的人数占调查对象总人数的 6.51%，教育程度为职高技校的人数占调查对象总人数的 1.20%，教育程度为大学专科、大学本科的人数分别占调查对象总人数的 2.65% 和 1.20%（见附图 1–2）。数据表明，较大比例的村民的受教育程度是初中和小学，接受过大学教育和职高技校教育的人数比例都比较低，小学以下教育程度的人数也占一定比例。整体来看，农村居民的教育水平仍然较低，尤其在接受职高技校教育方面，人数比例偏低，有待提高。

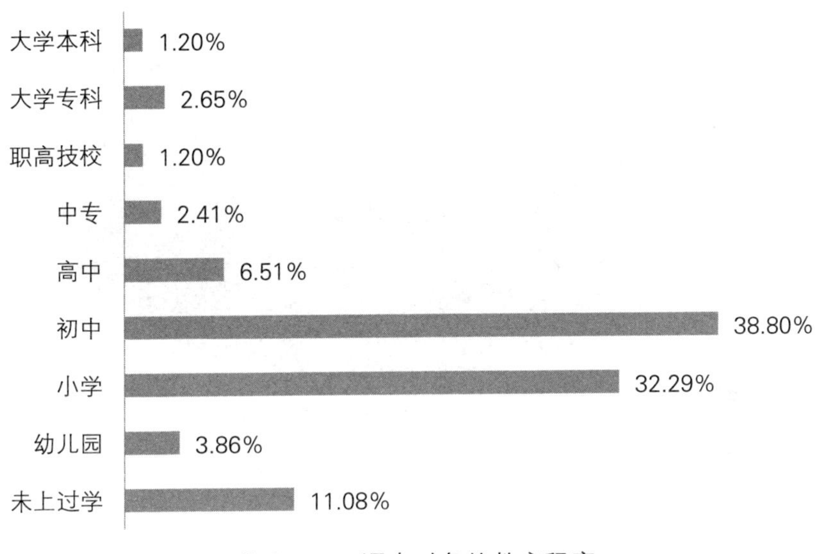

附图 1–2　调查对象的教育程度

3. 就业状况多为全职务农

在就业状况上，调查对象包括受访者本人及其除学前儿童和在校学生之外家庭成员共 204 人。调查数据显示，全职务农的人数占调查对象总人数的 65.69%，非农就业的人数占调查对象总人数的 15.69%，兼业（农业和非农业）的人数占调查对象总人数的 4.9%，受访时没有就业的人数占调查对象总人数的 11.76%（见附图 1–3）。数据表明，较大比例（> 65%）村民的就业状况为全职务农，非农就业的人数比例相对较低，农和非农兼业的人数比例不足 5%，未就业人口主要是老人及丧失基本劳动能力的人。

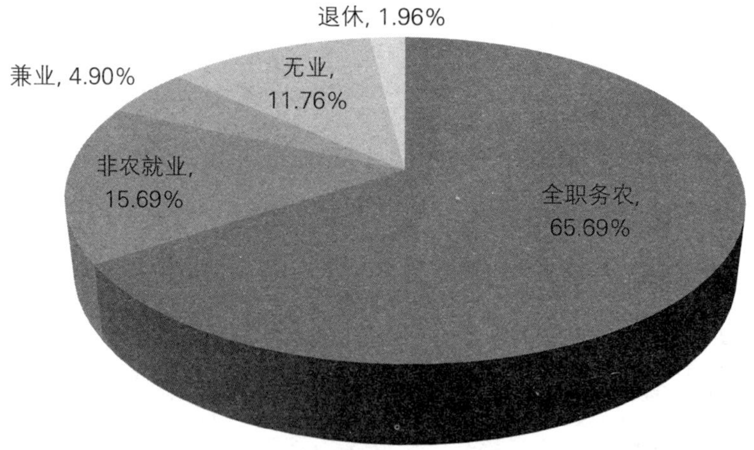

附图 1-3　调查对象的就业状况

4. 家庭成员的性别、民族、身份及姓氏情况

在性别、民族及身份上，调查对象包括受访者本人及其家庭成员共 415 人。调查数据显示，调查对象为女性的人数占调查对象总人数的 51.34%，调查对象为男性的人数占调查对象总人数的 48.66%；调查对象为壮族的人数占调查对象总人数的 99.52%，调查对象为汉族的人数占调查对象总人数的 0.48%；调查对象的身份为普通村民的人数占调查对象总人数的 92.05%，调查对象的身份为村民代表的人数占调查对象总人数的 2.17%，调查对象的身份为村普通干部（小组长、会计等）的人数占调查对象总人数的 4.82%，调查对象的身份为村主要干部（书记、主任等）的人数占调查对象总人数的 0.96%。在姓氏排位上，61.29% 的受访村民表示自家在本村属于大姓氏，38.71% 的受访村民表示自家在本村不属于大姓氏（见附表 1-1）。

附表 1-1　住户家庭成员的社会人口特征

调查对象的社会人口特征		比例（%）
性别	女	51.34
	男	48.66
民族	壮族	99.52
	汉族	0.48
身份	普通村民	92.05
	村民代表	2.17
	村普通干部	4.82
	村主要干部	0.96
姓氏	大姓氏	61.29
	非大姓氏	38.71

（二）家庭致贫原因

第一大致贫原因中，27.14% 的受访村民表示是因“缺技术”致贫，22.86% 的受访村民表示是“因学”致贫，18.57% 的受访村民表示是“因病”致贫，15.71% 的受访村民表示是因“缺劳动力”致贫，8.57% 的受访村民表示是因“缺土地”致贫，2.86% 的受访村民表示是因“自身发展动力不足”致贫，表示因残、因灾、因婚、因丧、缺资金、交通条件落后等原因致贫的人数比例较低（ < 2% ）（见附表 1-2）。

第二大致贫原因中，34.29% 的受访村民表示是因“缺技术”致贫，2.86% 的受访村民表示是“因学”致贫，8.57% 的受访村民表示是“因病”致贫，20.00% 的受访村民表示是因“缺劳动力”致贫，14.29% 的受访村民表示是因“缺土地”致贫，11.43% 的受访村民表示是因“自身发展动力不足”致贫，5.71% 的受访村民表示是“因残”致贫，表示因灾、因婚、因丧、缺资金、交通条件落后等原因致贫的人数比例较低（< 3%）（附表 1–2）。

第三大致贫原因中，28.57% 的受访村民表示是因“缺技术”致贫，28.57% 的受访村民表示是“因学”致贫，7.14% 的受访村民表示是“因病”致贫，14.29% 的受访村民表示是因“缺土地”致贫，14.29% 的受访村民表示是因“自身发展动力不足”致贫，7.14% 的受访村民表示是因“缺资金”致贫，表示因残、因灾、因婚、因丧、因缺劳动力、交通条件落后等原因致贫的人数比例较低（< 2%）（附表 1–2）。

附表 1–2　住户家庭成员的社会人口特征

选项	第一大致贫原因（%）	第二大致贫原因（%）	第三大致贫原因（%）
因病	18.57	8.57	7.14
因残	1.43	5.71	0.00
因学	22.86	2.86	28.57
因灾	0.00	0.00	0.00
因婚	0.00	0.00	0.00
因丧	0.00	0.00	0.00
缺土地	8.57	14.29	14.29
缺水	1.43	0.00	0.00
缺技术	27.14	34.29	28.57
缺劳动力	15.71	20.00	0.00
缺资金	1.43	2.86	7.14
交通条件落后	0.00	0.00	0.00
自身发展动力不足	2.86	11.43	14.29

（三）家庭收支情况

1. 家庭收入情况

（1）工资性收入情况：2014 年，家庭的工资性收入在 1—10000 元的受访村民的人数比例为 45.45%，10001—20000 元的人数比例为 20.45%，20001—30000 元的人数比例为 13.64%，30001—40000 元的人数比例为 4.55%，40001—50000 元的人数比例为 6.82%，50001—60000 元的人数比例为 6.82%，60001—70000 元的人数比例为 2.27%。2017 年，家庭的工资性收入在 1—10000 元的受访村民的人数比例为 20.00%，10001—20000 元的人数比例为 30.00%，20001—30000 元的人数比例为 16.67%，30001—40000 元的人数比例为 13.33%，40001—50000 元的人数比例为 10.00%，50001—60000 元的人数比例为 6.67%，60001—70000 元的人数比例为 1.67%。数据显示，从 2014 年到 2017 年，农户家庭的工资性收入呈增长趋势，收入水平多在每年 40000 元以下。

（2）生产经营性收入情况：2014 年，家庭的生产经营性收入在 1—10000 元的受访村民的人数比例为 36.25%，10001—20000 元的人数比例为 26.25%，20001—30000 元的人数比例为 17.50%，30001—40000 元的人数比例为 13.75%，40001—50000 元的人数比例为 3.75%，50001—60000 元的人数比例为 2.50%。2017 年，家庭的生产经营性收入在 1—10000 元的受访村民的人数比例为 18.39%，10001—20000 元的人数比例为 18.39%，20001—30000 元的人数比例为 19.54%，30001—40000 元的人数比例为 17.24%，40001—50000 元的人数比例为 11.49%，50001—60000 元的人数比例为 9.20%，60001—70000 元的人数比例为 3.45%，70001—80000 元的人数比例为 1.15%，80001—90000 元的人数比例为 1.15%。数据显示，从 2014 年到 2017 年间，农户家庭的生产经营性收入呈增长趋势，超过 4 万元收入的人数比例增加尤为显著。

（3）其他收入情况：财产性收入方面，只有 3 位村民表示 2014 年有财产性收入，收入水平都在 3 万元以下。6 位村民表示 2017 年有财产性收入，收入水平都在 1 万元以下；1 位村民表示 2017 年有财产性收入，收入水平在 10001—20000 元。分红收入方面，只有 1 位村民表示 2014 年有分红收入，收入水平在 1 万元以下。6 位村民表示 2017 年有分红收入，收入水平都在 1 万元以下；1 位村民表示 2017 年有财产性收入，收入水平在 10001—20000 元。数据显示，从 2014 年到 2017 年，农户家庭有财产性收入和分红收入的比例都比较少，收入水平也不高。

2. 家庭支出情况

（1）生产经营性支出情况：2014 年，家庭的生产经营性支出在 1—5000 元的受访村民的人数比例为 52.70%，5001—10000 元的人数比例为 36.49%，10001—15000 元的人数比例为 8.11%，15001—20000 元的人数比例为 2.70%。2017 年，家庭的生产经营性支出在 1—5000 元的受访村民的人数比例为 54.69%，5001—10000 元的人数比例为 39.06%，10001—15000 元的人数比例为 3.13%，15001—20000 元的人数比例为 1.56%。数据显示，从 2014 年到 2017 年间，农户家庭的生产经营性支出的整体变化不大，只有 10001—15000 元支出水平的人数比例增加有些明显。

（2）报销后医疗支出情况：2014 年，自报有报销后医疗支出的受访村民有 49 人，其中 48 人表示报销后医疗支出在 5000 元以下，1 人表示报销后医疗支出在 5001—10000 元。2017 年，自报有报销后医疗支出的受访村民有 35 人，他们都表示报销后医疗支出在 5000 元以下。

（3）教育支出情况：2014 年，自报有教育支出的受访村民 42 人，其中 27 人表示教育支出在 5000 元以下，占受访人数的 64.29%，6 人表示教育支出在 5001—10000 元，占受访人数的 14.29%，7 人表示教育支出在

10001—15000 元，占受访人数的 16.67%，1 人表示教育支出在 15001—20000 元，1 人表示教育支出在 20001—25000 元。2017 年，自报有教育支出的受访村民有 50 人，其中 22 人表示教育支出在 5000 元以下，占受访人数的 43.14%，17 人表示教育支出在 5001—10000 元，占受访人数的 33.33%，5 人表示教育支出在 10001—15000 元，占受访人数的 9.8%，1 人表示教育支出在 15001—20000 元，3 人表示教育支出在 20001—25000 元，1 人表示教育支出在 30001—35000 元，1 人表示教育支出在 35001—40000 元。

（4）养老、医疗保险支出情况：2014 年，家庭养老、医疗保险支出在 5000 元以下的受访村民的人数比例为 92.59%，5001—10000 元的人数比例为 3.70%，10001—15000 元的人数比例为 3.70%。2017 年，家庭养老、医疗保险支出在 5000 元以下的受访村民的人数比例为 92.00%，5001—10000 元的人数比例为 4.00%，15001—20000 元的人数比例为 4.00%。

（四）家庭生产生活条件

1. 家庭生产条件情况

在耕地面积上，40.40% 的受访村民自报家庭耕地面积在 0.1—5 亩，23.23% 的受访村民自报家庭耕地面积在 6—10 亩，13.13% 的受访村民自报家庭耕地面积在 11—15 亩，11.11% 的受访村民自报家庭耕地面积在 16—20 亩，4.04% 的受访村民自报家庭耕地面积在 21—25 亩，5.05% 的受访村民自报家庭耕地面积在 26—30 亩，1.01% 的受访村民自报家庭耕地面积在 31—35 亩，1.01% 的受访村民自报家庭耕地面积在 36—40 亩。在水面面积上，有 11 位受访村民自报家庭水面面积在 0.1—5 亩。在林地面积上，有 18 位受访村民自报家庭林地面积在 0.1—5 亩，有 7 位受访村民自报家庭林地面积在 6—10 亩，有 2 位受访村民自报家庭林地面积在

11—15 亩，有 2 位受访村民自报家庭林地面积在 21—25 亩，有 1 位受访村民自报家庭林地面积在 26—30 亩，有 1 位受访村民自报家庭林地面积为 60 亩。在家庭生产经营方面，51.58% 的受访村民表示已经加入农民专业合作组织；24.72% 受访村民表示家庭生产经营上有龙头企业带动。在土地流转方面，12 位受访村民表示家庭土地流转面积在 5 亩以下，1 位受访村民表示家庭土地流转面积在 11—15 亩，9 成以上的土地流转每亩价格在 501 元—1000 元之间。

2. 家庭生活条件情况

在入户道路上，97.80% 的受访村民表示入户道路是硬化路，只有 2 位受访村民表示自家的入户道路是砂石路和泥土路。在住房面积上，23.40% 的受访村民自报住房面积为 51—100 平方米，26.60% 的受访村民自报住房面积为 101—150 平方米，34.04% 的受访村民自报住房面积为 151—200 平方米，9.57% 的受访村民自报住房面积为 201—250 平方米，5.32% 的受访村民自报住房面积为 251—300 平方米。在住房安全性上，95.0% 的受访村民表示自家住房不属于危房。用电用水方面，通电率已达 100%，98.02% 的受访村民表示已解决安全饮用水问题，92.63% 的受访村民表示家中已有管道供水，90.72% 的受访村民表示不存在取水困难的问题。能源燃料方面，主要以罐装液化石油气（54.55%）、柴草（32.32%）为主。在生活垃圾处理方面，主要以送到垃圾池（65.98%）和定点堆放处（30.93%）为主。在生活污水处理方面，主要是管道排放（27.37%）、排到家里渗井（32.63%）和院外沟渠（28.42%）。

在厕所类型上，91.84% 的受访村民表示家庭使用的是卫生厕所。在淋浴设施上，82.47% 的受访村民表示家庭有淋浴设施。

二、就业与迁移情况

（一）全年劳动时长多在 10 个月以上

在劳动力人数上，调查对象包括受访者本人及其家庭成员共 213 人。调查数据显示，2017 年调查对象全年劳动时间在 8—10 个月的劳动力人数占调查对象总人数的 23.38%，全年劳动时间在 10 个月以上的劳动力人数占调查对象总人数的 70.15%，全年劳动时间在 3 个月及以下的劳动力人数占调查对象总人数的 3.48%，全年劳动时间在 4—7 个月的劳动力人数占调查对象总人数的 2.99%。数据显示，较大比例农村劳动力的劳动时长都超过了 10 个月，这也说明当地农村居民还是比较勤奋的。

（二）本地自营农业劳动时长多在 10 个月以上

调查数据显示，2017 年调查对象全年花在本地自营农业的劳动时间在 8—10 个月的劳动力人数占调查对象总人数的 16.75%，劳动时间在 10 个月以上的劳动力人数占调查对象总人数的 57.87%，全年劳动时间在 3 个月及以下的劳动力人数占调查对象总人数的 15.23%，全年劳动时间在 4—7 个月的劳动力人数占调查对象总人数的 10.15%。数据显示，较大比例农村劳动力花在本地自营农业的劳动时长都超过了 10 个月。

（三）其他就业类型的劳动时长情况

调查数据显示，在劳动力人数所涉及的调查对象中，在本地自营非农业的劳动力人数是 15 人，其中 12 人的劳动时长为 12 个月，另外 3 人的劳动时长分别为 7 个月、8 个月、11 个月。在劳动力人数所涉及的调查对象中，在本地打零工的劳动力人数是20人，其中3人的劳动时长在9—11个月，7人的劳动时长在1—3个月，10人的劳动时长在4—6个月。在劳动力人数所涉及的调查对象中，在本乡镇内固定工资性就业的劳动力人数是11人，其中4人的劳动时长为1个月，另外7人的劳动时长为12个月。在劳动力人数所涉及的调查对象中，在县内本乡镇外打工或自营的劳动力人数是6人，其中1人的劳动时长为2个月，1人的劳动时长为8个月，另外4人的劳动时长为12个月。在劳动力人数所涉及的调查对象中，在省内县外打工或自营的劳动力人数是6人，其中1人的劳动时长为9个月，3人的劳动时长为10个月，另外2人的劳动时长为12个月。在劳动力人数所涉及的调查对象中，在省外打工或自营的劳动力人数是30人。其中劳动时长为1个月有1人，劳动时长为3个月有3人，劳动时长分别为4个月、9个月、11个月、8个月的各1人，劳动时长为8个月的有1人，劳动时长为10个月的有7人。

（四）从业类型、工资、保险等其他情况

调查数据显示，在劳动力人数所涉及的调查对象中，68.35%的劳动力从事农、林、牧、渔业，14.39%的劳动力从事制造业，1.44%的劳动力从事电力、热力、燃气及水的生产和供应业，2.16%的劳动力从事建筑业，3.60%的劳动力从事批发和零售业，2.88%的劳动力从事交通运输、仓储和邮政业，3.60%的劳动力从事居民服务、修理和其他服务业，1.44%的劳动力从事卫生和社会工作，从事金融、房地产、文化娱乐等其他行业的人数比例都不到1%。

在劳动力人数所涉及的调查对象中，40.91%的劳动力表示目前的就业状况为受雇状态。受雇劳动力中，17.31%的劳动力自报日均工资在1—50元，46.15%的劳动力自报日均工资在51—100元，25.00%的劳动力

自报日均工资在 100—150 元，3.85% 的劳动力自报日均工资在 151—200 元，5.77% 的劳动力自报日均工资在 201—250 元，1.92% 的劳动力自报日均工资超过 250 元。九成以上的受雇劳动力表示没有遭遇过拖欠工资的问题。

受访村民中，只有 8 个受访者表示家里有至少 2 人在本乡镇以外同一个地方工作生活半年以上，就业地点均为临近的广东省，其中大部分人外出务工的首要目的是工作挣钱，没有长期定居和落户的意向。

三、子女教育情况

（一）上学地点以本县域内为主

调查数据显示，调查时正处于就学状态的学生中，4% 的学生在本村上学，22.67% 的学生在本乡镇上学，56% 的学生在本县城（市、区）上学，10.67% 的学生在省内县外上学，1.33% 的学生在省外上学。不在本村就读的学生中，87.84% 的学生没有人陪读。87.84% 的学生在公办学校上学。

（二）大部分人（ > 60%）认为学校条件较好

调查数据显示，12% 的受访村民认为子女所在学校的条件在本地属于非常好的档次，57.33% 的受访村民认为子女所在学校的条件在本地属于比较好的档次，30.67% 的受访村民认为子女所在学校的条件在本地属于一般档次。数据表明，大多数受访者比较认可子女所在学校的办学条件。

（三）对孩子日常学习生活表现的评价

对孩子的学习成绩。20.55% 的受访村民表示是处于班级靠前的水平，57.55% 的受访村民表示是处于班级中等的水平，9.59% 的受访村民表示是处于班级靠后的水平，12.33% 的受访村民表示不知道孩子的成绩情况。

对孩子的学习情况。20.27% 的受访村民表示非常满意，33.78% 的受访村民表示比较满意，18.92% 的受访村民表示一般满意，17.57% 的受访村民表示不太满意，5.41% 的受访村民表示非常不满意。

对孩子性格、协作、人际关系等方面的评价。82.19% 的受访村民认为自己的孩子是一个比较乐于助人的人，89.04% 的受访村民比较肯定自己的孩子跟其他孩子可以很好地玩在一起，5.48% 的受访村民觉得自己的孩子经常受到其他孩子的欺负，89.04% 的受访村民认为自己的孩子是快乐健康的。

（四）对孩子花钱求学的态度

调查数据显示，68.06% 的受访村民表示家里对花钱给小孩上学持非常支持的态度，15.28% 的受访村民表示家里对花钱给小孩上学持比较支持的态度，12.50% 的受访村民表示家里对花钱给小孩上学持一般、不置可否态度，2.78% 的受访村民表示家里对花钱给小孩上学持不太支持的态度，1.39% 的受访村民表示家里对花钱给小孩上学持非常不支持的态度。调查中，98.48 的受访村民表示家里孩子没有辍学经历。

四、健康与养老

统计数据显示，家庭成员患大病、长期慢性病和残疾的人数有 44 人。

在自理能力上，有劳动能力占31.82%，部分丧失劳动能力占20.45%，剩下的无劳动能力但有自理能力或无自理能力占47.73%（见附表4–1）。治疗总费用（含报销部分）基本上集中在4001—6000元、6001—8000元两个档次，比例均为20.59%；而自费部分中，73.53%的人治疗花费不超过2000元（见附表4–2），充分说明城乡医疗保障服务水平显著提升，农民“看病贵”的问题得到有效缓解。而那些没有采取治疗的原因中，43.75%患者认为“小病不用医”，而由于“经济困难”不去治疗的占18.75%（见附表4–3）。

附表4–1　患大病、长期慢性病和残疾人员的自理能力

患大病、长期慢性病、残疾人员的自理能力	频数	比例（%）
有劳动能力	14	31.82
部分丧失劳动能力	9	20.45
无劳动能力但有自理能力	18	40.91
无自理能力	3	6.82
合计	44	100.00

附表4–2　治疗总费用（含报销部分）及其中自费部分情况

治疗总费用（含报销部分）	频数	比例（%）	其中自费部分金额（元）	频数	比例（%）
1—2000	12	35.29	0—2000	25	73.53
2001—4000	2	5.88	2001—4000	3	8.82
4001—6000	7	20.59	4001—6000	2	5.88
6001—8000	7	20.59	6001—8000	2	5.88
8001—10000	3	8.82	20000	1	2.94
10001—20000	2	5.88	60000	1	2.94

续表

治疗总费用（含报销部分）	频数	比例（%）	其中自费部分金额（元）	频数	比例（%）
20001—30000	1	2.94%	合计	34	100.00%
合计	34	100.00%			

附表 4-3　发病没去治疗的主要原因

发病没去治疗的主要原因	频数	比例（%）
经济困难	3	18.75
医院太远	0	0.00
没有时间	0	0.00
不重视	0	0.00
小病不用医	7	43.75
其他	6	37.50
合计	16	100.00

问卷调查中，通过对农户家庭赡养老人情况了解，发现 53.85% 的家庭没有赡养老人的压力，36.26% 的家庭只赡养 1 个老人，赡养负担较小。对这些老人自理情况的数据分析，近 57.69% 的老人是无劳动能力但有自理能力，而对于没有自理能力的老人，由子女照顾的方式占 96.30%，这也表明当下农村的养老模式还是以家庭养老为主（见附表 4-4、附表 4-5）。

附表 4-4　家中 65 岁及以上，家庭需承担赡养义务的老人人数

家中老人数	频数	比例（%）
0	49	53.85
1	33	36.26

续表

家中老人数	频数	比例（%）
2	9	9.89
合计	91	100.00

附表 4-5　65 岁以上老人的自理能力及对没有自理能力老人的照料方式

65 岁以上老人的自理能力	频数	比例（%）	如果没有自理能力，老人照料方式	频数	比例（%）
有劳动能力	6	11.54	子女照料	26	96.30
部分丧失劳动能力	12	23.08	孙辈照顾	0	0.00
无劳动能力但有自理能力	30	57.69	保姆照顾	0	0.00
无自理能力	4	7.69	老伴照顾	1	3.70
合计	52	100.00	疗养院	0	0.00
			其他	0	0.00
			合计	27	100.00

五、生活状况

家庭经济生活水平是农户幸福感的重要指标。通过调查农户对于自身家庭收入的满意度，可以充分了解农民对生活的主观感受。调查中，38.04% 的受访者觉得家里收入在村里处于“一般”，认为“中等水平”的占 32.61%，而觉得“较低水平”和“非常低水平”的占 29.35%，村民的主观剥夺感较明显。当问到“你对你家的家庭收入满意吗”，35.87% 的受访对象觉得“一般”，而“不太满意”“很不满意”分别占 21.74% 和

7.61%，受访者对家庭收入满意度普遍偏低（见附表 5-1）。

附表 5-1　对自家在村里收入水平的评判及对家庭收入的满意程度

对自家在村里收入水平的评判	频数	比例（%）	对家庭收入的满意程度	频数	比例（%）
富裕水平	0	0.00	非常满意	8	8.70
中等水平	30	32.61	比较满意	24	26.09
一般	35	38.04	一般	33	35.87
较低水平	20	21.74	不太满意	20	21.74
非常低水平	7	7.61	很不满意	7	7.61
合计	92	100.00	合计	92	100.00

农民生活水平提升的一个重要指标就是家用电器等现代化设备的拥有量，在对家庭财产数据统计中，手机、彩电、电冰箱或冰柜、联网的智能手机的占比率超过 90%，分别为 99.00%、95.96%、94.95% 和 93.00%，农民生活得到显著改善。随着经济社会的发展，不少家庭还购买农用机械投入农业生产，其中 33.00% 的家庭拥有拖拉机，18.00% 的家庭拥有耕作机，有效提升了农业劳动的效率（见附表 5-2）。当问到受访者关于家庭存款（包括借出的钱）问题时，大家的回答都比较谨慎和保守，30.23% 的受访者说没有任何存款，26.74% 的人有 1—10000 元档次的存款，档次越高人数越少，而家庭存款有 150000 元的仅占比 1.16%（见附表 5-3）。

附表 5-2　家里有常用电器和农用机械的情况

选项	频数	比例（%）
彩色电视机	95	95.96
空调	32	32.65
洗衣机	66	66.67
电冰箱或冰柜	94	94.95
电脑	12	12.24
手机	99	99.00
联网的智能手机	93	93.00
摩托车 / 电动自行车（三轮车）	80	80.80
轿车 / 面包车	23	23.00
卡车 / 中巴车 / 大客车	3	3.03
拖拉机	33	33.00
耕作机	18	18.00
其他农业机械设施	5	5.15

附表 5-3　家庭存款

家庭存款（元）	频次	占比（%）
0	26	30.23
1—10000	23	26.74
10001—20000	13	15.12
20001—30000	10	11.63
30001—40000	5	5.81
40001—50000	4	4.65
50001—60000	1	1.16

续表

家庭存款（元）	频次	占比（%）
60001—70000	2	2.33%
70001—80000	0	0.00%
80001—90000	0	0.00%
90001—100000	1	1.16%
150000	1	1.16%

对于贷或借款问题，48.39% 的受访对象没有任何贷款或借钱，有贷款的贷款金额比较集中在“20001—30000 元”“40001—50000 元”，分别为 15.05% 和 20.43%，借贷主体首选“银行（信用社）”占 87.04%，其次选择“私人”的占 11.11%，主要用途放在“发展生产”比例最高，达到 63.64%，用于“建房”的占 14.55%，7.27% 的主要用于孩子上学读书。这些贷款大部分没有到期偿还，比例高达 96.3%（见附表 5–4）。

附表 5–4　家庭贷款情况及借贷主体

当前家庭贷款（包括借入的钱）(元)	频数	比例（%）	借贷主体		
0	45	48.39	选项	频次	占比率（%）
1—10000	4	4.30	银行（信用社）	47	87.04
10001—20000	3	3.23	私人	6	11.11
20001—30000	14	15.05	贫困村互助资金		0.00
30001—40000	4	4.30	小额贷款公司	1	1.85
40001—50000	19	20.43	其他（注明）		0.00
50001 及以上	4	4.30			

房屋是农户家庭重要的固定财产，其中 90.32% 的农户拥有 1 套，9.68% 的农户拥有 2 套。建造和购买的时间多数集中在 2006 年之后，所占比例超过 89%。在建房成本上，花费 50001—100000 元的占 37.62%，花费 100001—150000 元的有 21.78%。资金来源上，37.86% 的家庭主要依靠“自有资金 + 借款”，28.16% 的家庭单靠“自有资金”，18.45% 的家庭通过“自有资金 + 借款 + 政策扶持”建房，而 15.53% 的家庭则依靠“自有资金 + 政策扶持”（见附表 5–5）。

附表 5–5　建房花费金额及建造 / 购买资金来源

建房花费金额（元）			建造 / 购买资金来源		
选项	频数	比例（%）	选项	频数	比例（%）
1—50000	19	18.81	自有资金	29	28.16
50001—100000	38	37.62	自有资金 + 政策扶持	16	15.53
100001—150000	22	21.78	自有资金 + 借款	39	37.86
150001—200000	13	12.87	自有资金 + 借款 + 政策扶持	19	18.45
200001—250000	3	2.97	政策扶持		0.00
250001—300000	2	1.98			
300001—350000	1	0.99			
350001—400000	1	0.99			
630000	1	0.99			
代建	1	0.99			

六、安全与保障

调研中，当问到家庭是否遭受过意外事故时，97.70% 的受访者表示没有遇到这些问题，而遇到问题的家庭，主要是由于工伤或者交通事故，好在不算严重，以普通外伤为主。而问到家里是否遇到偷抢等公共安全问题，受访者全部都回答没有遇到过，这表明农村的治安状况好。

当问到“你居住的地方，天黑以后一个人走路，你觉得安全吗”，76.53% 的受访者认为“非常安全”，20.41% 的受访者认为“比较安全”，受访者的安全感很强。而问到“是否受到来自他人或团体威胁”，95.88% 的受访者没有受到这方面问题干扰，整个农村社区的安全保障比较到位。

对于农户而言，自然天气的好坏对农产品的生产销售有着重要的影响。83.51% 的农户都表示没有受到坏天气过多的干扰。50.00% 的农户没有遇到农产品难卖问题，有 22.62% 的农户回答说遇到“有销路、价格下跌”的困难，直接影响预期收益（见附表 6–1）。而家庭受到自然灾害发生财产损失的比例也很低，仅 3.75% 的农户受到影响，损失金额在 2000—5000 元。

附表 6–1　农产品销售问题

选项	频次	占比率（%）
没销路		0.00
有销路、价格下跌	19	22.62
没有遇到	42	50.00
不适用	23	27.38
合计	84	100.00

七、公共生活分析

（一）村庄政治生活分析

1. 超过 1/4 的农户家中有党员

抽样调查显示，有 84 户农户对“你家里有几位党员”的问题进行了回答，有 23 户农户家中有党员，占总数的 27.38%。其中，有 19 户农户家里有 1 名党员，占总数的 22.62%；有 3 户农户家里有 2 名党员，占 3.57%；有 1 户农户家里有 5 名党员，占 1.19%。

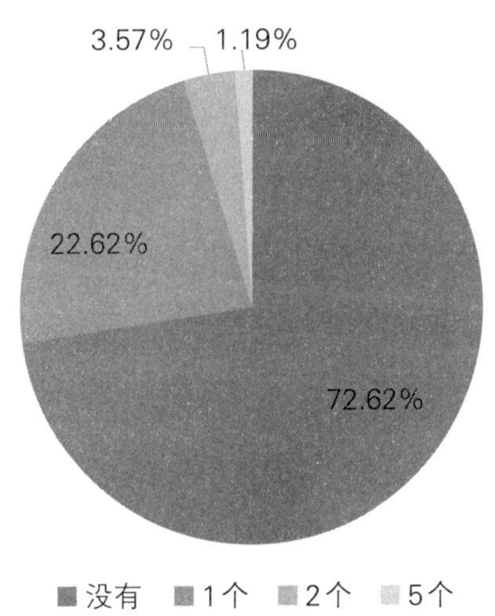

附图 7–1　农户家庭中拥有党员数量情况

2. 约一半的农户家里有亲戚担任干部

抽样调查显示，有 95 户农户对“亲戚中是否有干部”的问题作了回应，有 39 户农户家里有亲戚担任干部，占 95 户农户的 41.05%。其中，有 30 户农户家里有亲戚担任村干部，占 95 户农户的 31.58%；家里有亲戚担任乡镇干部的农户有 4 户，占 4.21%；有 1 户农户家里有亲戚担任县干部，占 1.05%。可见，抽样农户中有近 50.00% 的农户家里有亲戚担任干部，但仍以村级干部为主。

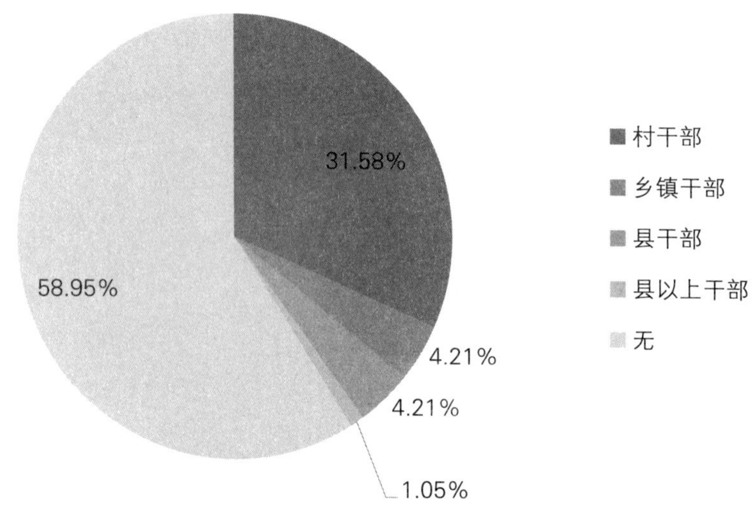

附图 7–2　农户中有亲戚担任干部的情况

3. 农户对村委换届选举的参与情况

对于“家中是否有人参加了最近一次村委会换届选举投票”的问题，有 97 户农户作了回应，75 户农户家里有人参加了最近一次村委会换届选举投票，占 97 户农户的 77.32%；有 15 户农户家里没有人参加最近的选举投票，占 15.46%。此外，有 7 户被调查农户不知道家里是否有人参加了最近的村委换届选举投票。可见，村民参与村委会换届选举投票的比重较高，同时，仍有少部分农户家里没人参加村委会的换届选举投票，在今后的工作中，仍要加大换届选举投票的宣传力度。

4. 精准扶贫以来村里的干部和群众关系更加融洽

（1）村里的会议变多了。对于“村里开会的情况”的问题，有 87 户农户认为精准扶贫以来村里开会的次数变多了，占所有抽样农户的 87.00%，其中有 49.00% 的农户认为开会的频率高了很多，有 38.00% 的农户认为多了一些。

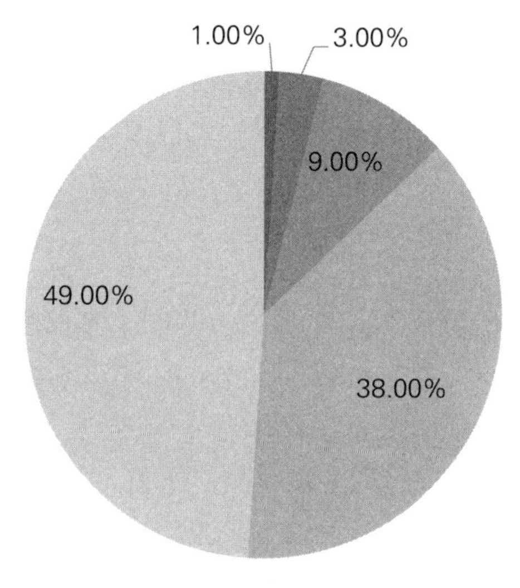

附图 7-3　农户对村里开会频率的评价

（2）农户“参政议政”的频率提高了。对于“家里人在开会时发言的情况”的问题，有 96 户农户作了回应，有 55 户农户家里人在会上发言的频率变多了，占 96 户农户的 57.29%。其中，有 45 户农户认为家里人在会上发言的频率多了一些，占 96 户农户的 46.00%；有 10 户农户认为家人发言频率多了很多，占 11.29%。此外，有 30 户农户认为家里人发言次数和以前相比差不多，有 13 户农户认为家人发言的频率少了。

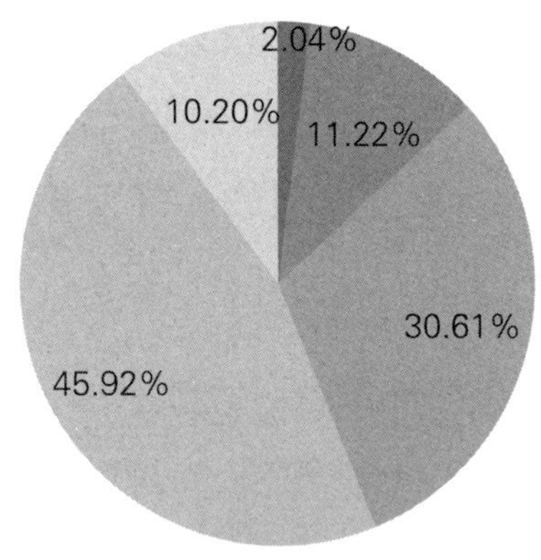

附图 7–4　农户家里人在会上发言的频率

（3）农户对政策更加关注。对于“家里人平时讨论政策的情况”的问题，74 户农户认为家里人平时讨论政策的频率变多了，占全部抽样农户的 74.00%。其中 59.00% 的农户认为家人讨论政策的频率多了一些，15.00% 的农户认为家里人讨论政策的次数多了很多。

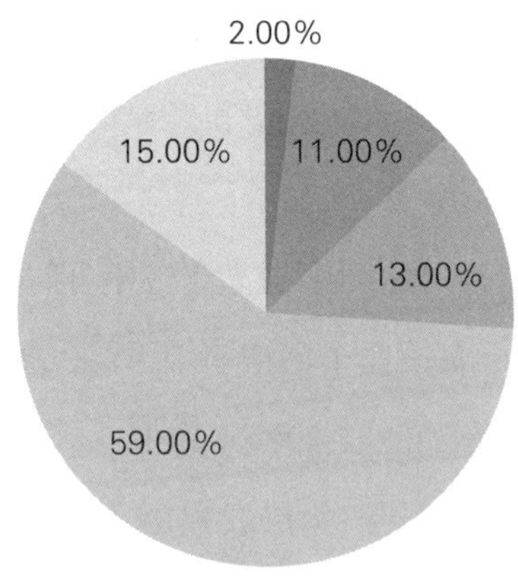

附图 7–5　农户家里人讨论政策的频率

（4）农户家人与村干部的关系更加融洽。对于“家里人与村干部的接触情况”的问题，91户农户认为家里人与村干部的接触变多了。其中，47.00%的农户认为家人与村干部的接触多了很多，44.00%的农户认为家人与村干部的接触多了一些。

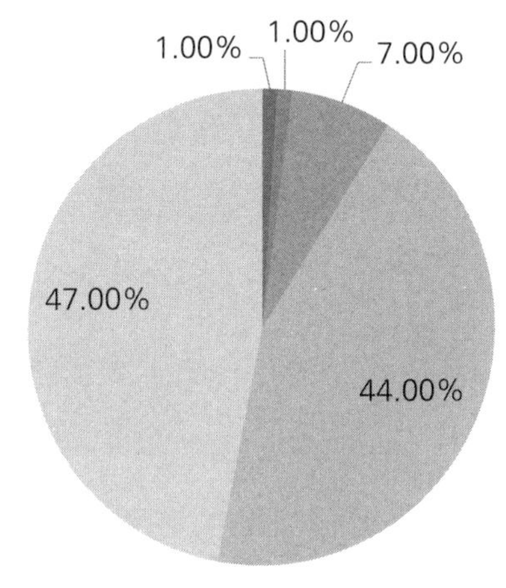

附图7-6　农户家里人与干部接触的频率

（5）农户所在村庄的农户对政策的关注度提高了。对于“村里人平时讨论政策的情况”的问题，有91户农户认为村里人平时讨论政策的频率变多了，占所有抽样调查农户的91.00%。其中，29.00%的农户认为村里人平时讨论政策的频率多了很多，62.00%的农户认为村里人讨论政策的频率多了一些。

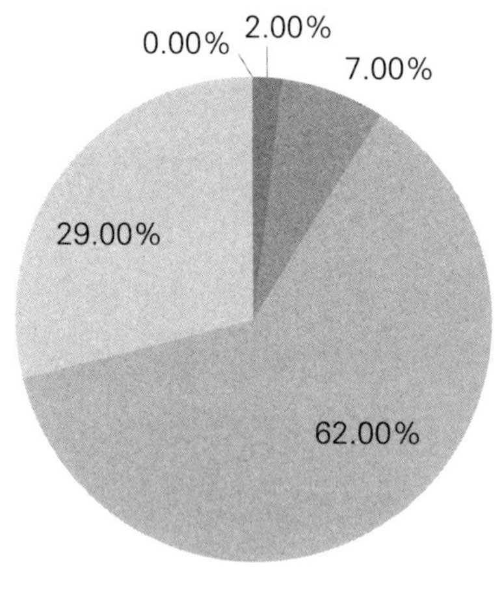

附图 7-7　村里人讨论政策的频率

（6）农户所在村的村民与村干部的关系更加融洽。对于“村民与村干部的接触情况”的问题，有 94 户农户认为村民与村干部的接触变多了。其中，50.00% 的农户认为村民与村干部的接触多了很多，44.00% 的农户认为村民与村干部的接触多了一些。

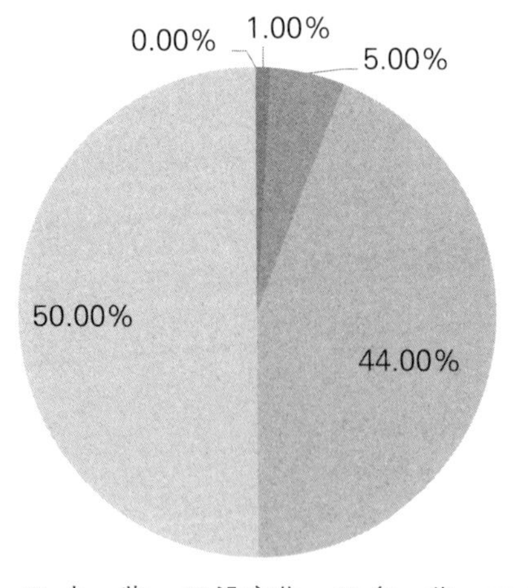

附图 7-8　村民与干部接触的频率

（二）村庄社团生活

1. 村里组织发展与村民参与情况分析

（1）大部分村庄有文化娱乐或兴趣组织且村民参与度较高。对于“本村或邻近有没有”文化娱乐或兴趣组织的问题，有 97 户农户对该问题作了回答。其中，有 74 户农户认为本村或邻近有文化娱乐或兴趣组织，占 97 户农户的 76.29%；有 18 户农户认为本村或邻近没有文化娱乐或兴趣组织。对于“自家是否有人参加”文化娱乐或兴趣组织的问题，有 87 户农户回答了该问题。其中有 55 户农户认为家人参加过文化娱乐或兴趣组织，占 87 户农户的 63.22%。对于“参加活动的频次”的问题，有 86 户对该问题作了回应。其中有 26 户农户认为家人经常参加文化娱乐或兴趣组织，占 86 户农户的 30.23%；有 39 户农户认为家人偶尔参加文化娱乐或兴趣组织，占 45.35%。

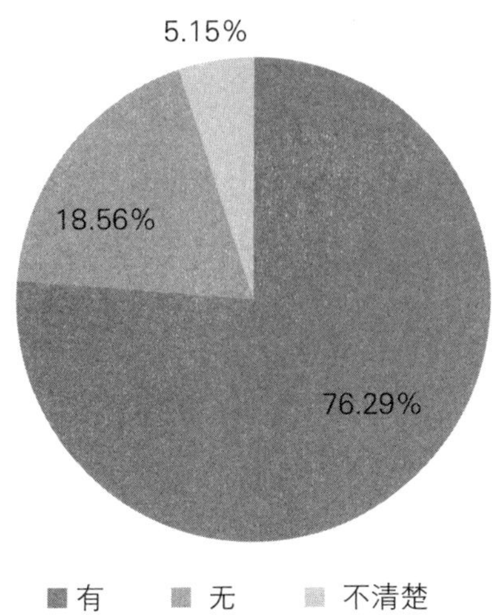

附图 7–9　农户中认为本村或邻近是否有文化娱乐或兴趣组织情况

（2）少部分村庄有宗教团体，但村民参与度不高。对于“本村或邻近有没有”宗教团体（佛教、基督教、民间信仰等）的问题，有 81 户农户对该问题作了回应；其中，有 17 户农户认为本村或邻近有宗教团体，占 81 户农户的 20.99%。对于“自家是否有人参加”宗教团体的问题，有 61 户农户做了回答；其中，有 10 户农户认为家人参加宗教团体，占 61 户农户的 14.71%。对于“参加活动的频次”的问题，有 52 户对该问题作了回应；其中有 5 户农户认为家人经常参加宗教团体活动，占 52 户农户的 9.62%，有 13 户农户认为家人偶尔参加宗教团体活动，占 25.00%。

附表 7–1　村庄宗教团体及农户参与情况

	a. 本村或邻近有没有				b. 自家是否有人参加			c. 参加活动的频次			
选项	有	无	不清楚	合计	是	否（跳过 c）	合计	经常	偶尔	几乎没有	合计
频次	17	63	1	81	10	58	68	5	13	34	52
占比率（%）	20.99	77.78	1.23	100.00	14.71	85.29	100.00	9.62	25.00	65.38	100.00

（3）抽样村庄没有其他组织。对于“本村或邻近有没有”其他组织的问题，有 14 户农户对该问题作了回应，表示本村或邻近没有其他组织。对于“自家是否有人参加”其他组织的问题，有 10 户农户对该问题作了回应，表示家里人没有参与其他组织。

2. 大部分村民没有宗教信仰

对于“你的宗教信仰”的问题，有 93 户农户作了回答。其中，有 66 户农户没有宗教信仰，占 93 户农户的 70.97%；有 22 户农户有民间信仰，占 93 户农户的 23.66%；有 3.23% 的农户信仰佛教。

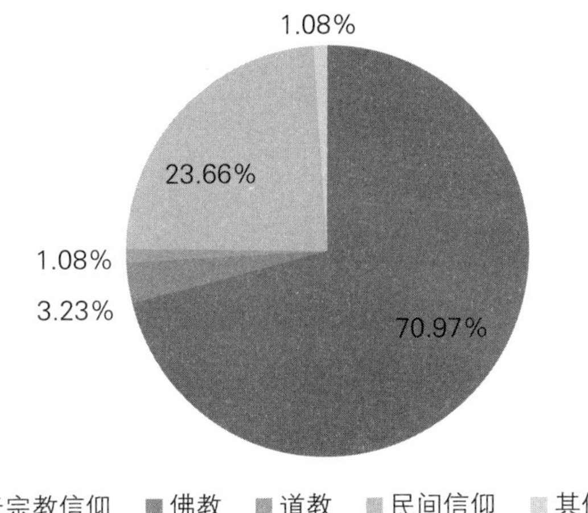

附图 7-10　农户是否有宗教信仰情况

（三）社会关系分析

1. 家里临时有事时，农户大多首选直系亲属帮忙

对于“家里临时有事时，一般找谁帮忙”的问题，有 78 户农户选择找直系亲属帮忙，有 54 户农户选择其他亲戚帮忙，有 38 户农户选择找邻居或老乡帮忙。找村干部帮忙的农户有 36 户。

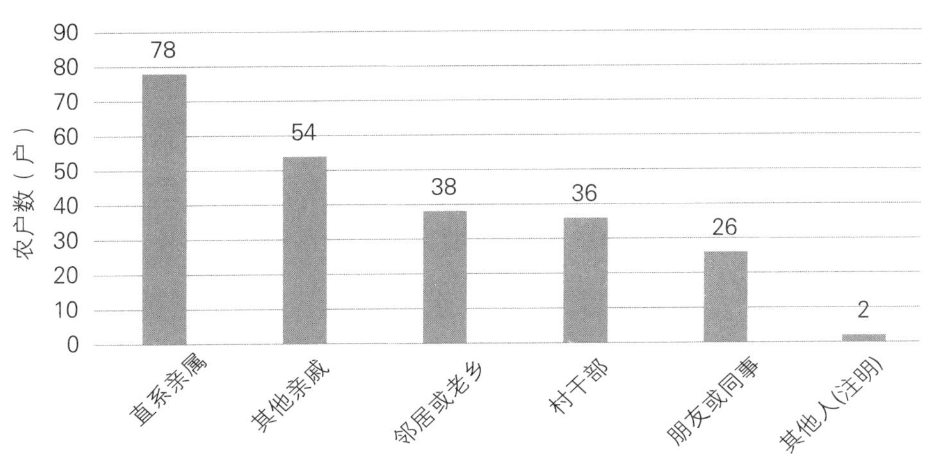

附图 7-11　农户需要帮助时的求助人选

2. 家里急需钱时农户首选直系亲属

对于“家里急需钱时你向谁借”的问题，有 81 户农户选择向直系亲属借钱，有 53 户农户选择向其他亲戚借钱，有 27 户农户选择向朋友或同事借钱。

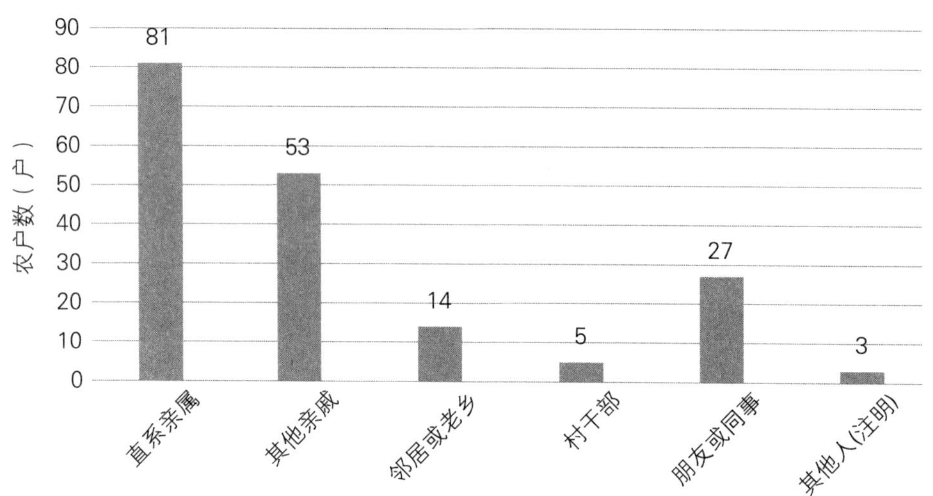

附图 7–12　农户急需钱时的求助人选

八、扶贫脱贫分析

（一）发展生产情况分析

近 90% 的农户参与了以扶贫为目的的发展生产项目。对于“您家是否参与发展生产”的问题，有 86 户农户作了回答；其中，有 76 户农户表示参与了发展生产项目，占 86 户农户的 88.37%。

农户参与的扶贫产业以种植业为主。对于“2014 年以来参加产业的类型”，有 73 户农户参与了种植业，有 11 户农户参与了养殖业。

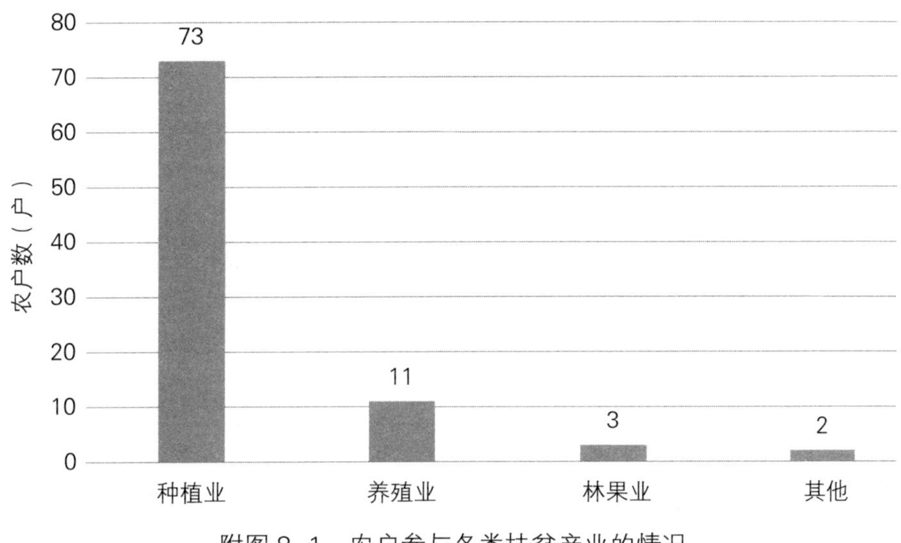

附图 8-1　农户参与各类扶贫产业的情况

农户接受的产业扶持方式以资金扶持为主。对于“产业发展”的扶持方式，有 50 户农户接受了资金扶持，有 36 户农户接受了技术支持，有 12 户农户接受了企业带动扶持。

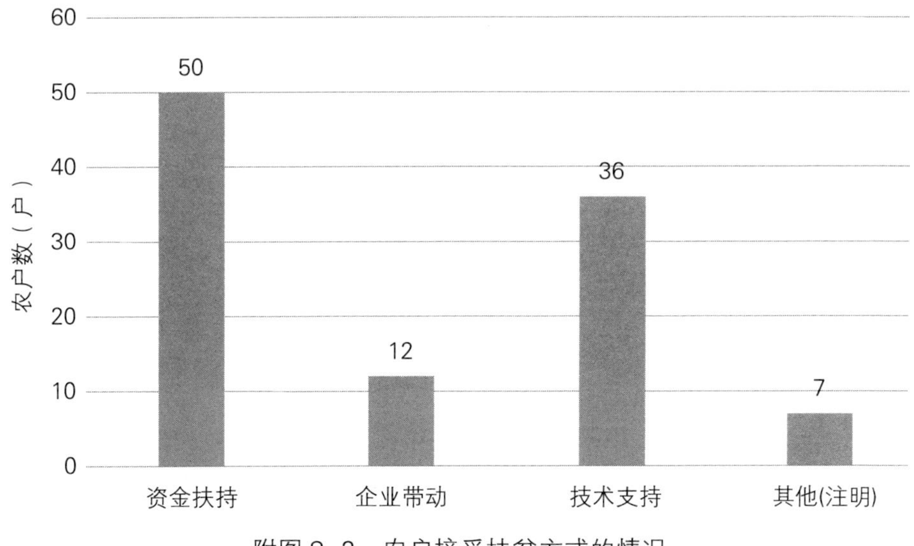

附图 8-2　农户接受扶贫方式的情况

农户自筹资金额度较低。对于农户“自筹资金”额，有51户农户做了回答。其中，有22户农户的自筹资金在5000元以下，占51户农户的43.14%；有9户农户的自筹资金介于5000—10000元，占17.65%；有7户农户自筹资金介于15000—20000元，占13.73%。

附表8–1 农户中自筹资金用于发展生产的情况

资金（元）	0	1—5000	5001—10000	10001—15000	15001—20000	20001—25000
农户数（户）	5	22	9	3	7	0
资金（元）	25001—30000	30001—35000	35001—40000	100000	120000	给苗
农户数（户）	1	0	1	1	1	1

农户获得扶持资金用于发展的金额较低。对于农户“扶持资金”的问题，有50户农户作了回答。其中，有35户农户获得的扶持资金在5000元以内，占50户农户的70.00%；有7户农户获得的扶持资金介于5000—10000元，占14%。

附表8–2 农户中扶持资金用于发展生产的情况

资金（元）	0	1—5000	5001—10000	10001—15000	15001—20000	20001—25000	25001—30000
农户数（户）	7	35	7	1	1	0	2
资金（元）	30001—35000	35001—40000	40001—45000	45001—50000	80000	给苗	
农户数（户）	0	1	0	1	1	1	

大部分农户认为项目与本地条件相适应。对于“项目与本地条件相适应状况”的问题，有71户农户作了回应。其中，有24户农户认为非常适合，占71户农户的33.80%；有36户农户认为比较适合，占50.70%。

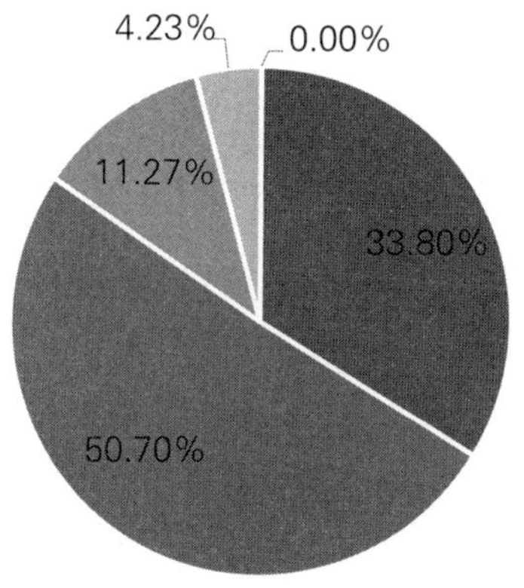

附图 8-3　农户中认为项目与本地是否相适应的情况

大部分农户对项目效果持满意态度。对于“项目效果评价”的问题，有 72 户农户作了回答。其中持满意态度的农户有 52 户，占 72 户农户的 74.29%。

大部分农户对项目未来持续增收有信心。对于“对项目产业未来持续增收的信心”的问题，有 70 户农户作了回答。其中有 52 户农户对项目产业未来持续增收有信心，占 70 户农户的 72.86%。

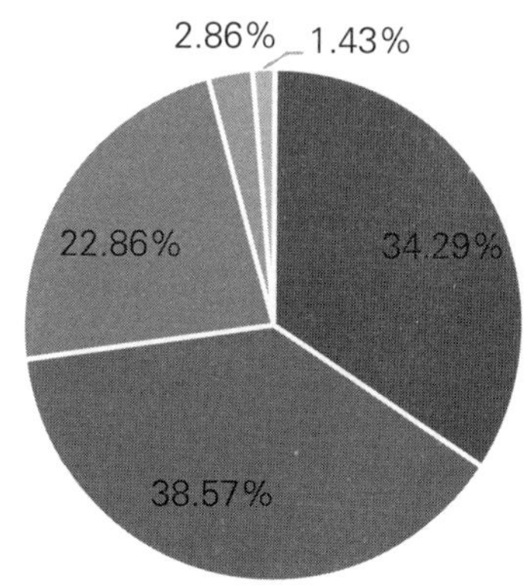

附图 8-4　农户中对项目产业未来持续增收的信心程度

（二）带动就业分析

对于“您家是否有带动就业”的问题，有83户农户作了回答。其中有10户农户带动了就业，占83户农户的12.05%。对于“带动的就业者”的问题，有6户农户做了回答。其中1户农户带动了配偶就业，5户农户带动了子女就业。对于“就业地点”的问题，有13户农户作了回答。其中有4户农户在本村就业，占13户农户的30.77%；在本乡镇和外省就业的各有3户，在本县（市、区）的农户2人，省内县外1人。对于“就业方式”的问题，有13户农户作了回答。其中，打零工和固定就业的农户各有5户，季节性工有2户，其他就业方式1户。对于“开始就业时间”，13户农户中有6户农户在2015年开始带就业，占13户农户的46.15%；2016年和2017年各有3户农户开始就业，2018年有1户农户开始就业。对于“去年带动就业时间”的问题，有12户农户作了回答。其中有6户农户带动就业的时间在10个月以上，占12户农户的50%。对于“去年带动就业的收入”的问题，有12户农户作了回答。其中10户农户的收入在3万元以下。对于“扶贫带动就业的评价”的问题，有12户农户作了回答，其中有11户农户持满意态度。

（三）易地搬迁分析

对于“您家是否有进行易地搬迁”的问题，有83户农户作了回答，其中有5户进行易地搬迁，占83户农户的6.02%。对于“搬迁时间”的问题，有4户农户作了回答，其中1户于2016年进行了搬迁，3户农户于2017年进行了搬迁。对于“搬迁类型”的问题，有5户农户作了回答，其中4户为一般扶贫搬迁，1户为生态扶贫搬迁。对于“现居住地”的问题，5户农户均为搬迁后住址。对于“安置方式”的问题，5户农户均为集中安置。对于“安置类型”的问题，5户农户中有3户农户为购买商品房，自建房和政府建房各有1户。对于“安置地点”的问题，5户农户中有3户农户为乡外县内，行政村内和村外乡镇内各有1户。对于“安置房面积”，5户农户中有2户面积为75平，其余3户面积分别为100平、120平和192平。对于“搬迁自筹金额”，有2户自筹7500元，2户自筹1万元，1户自筹10万元。对于“原房是否拆除或复垦”的问题，有3户表示不拆除，1户已拆除且复垦，1户表示不清楚。对于“是否重新安排土地”的问题，有7户农户作了回答，其中有4户表示没有重新安排土地，有2户表示重新安排了土地，1户表示不清楚。对于“是否提供就业机会”的问题，有7户农户作了回答，其中有3户回答提供了就业机会，1户回答提供了培训机会，3户回答没有提供。对于“搬迁效果评价”的问题，有6户农户作了回答，其中有4户非常满意，有1户比较满意，1户不清楚。对于“搬迁对增收的影响”的问题，有6户农户作了回复，其中4户表示影响程度一般，有1户表示增加收入，1户表示增收较多。对于“搬迁对未来发展的信心”的问题，有6户农户作了回答，其中有5户持有信心态度，1户持一般态度。

（四）技能培训分析

对于“您家是否有人参加过技能培训”的问题，有86户农户作了回答，其中有63户农户家人参加过技能培训，占86户农户的73.26%。对于“参加的培训者”，有17户农户作了回答，其中14户农户为配偶参加培训，3户为子女参加培训。

农户主要参加种植及养殖技术培训为主。对于“参加培训类别”，有52户农户参加了种植、养殖技术培训，有15户农户参加了务工培训。

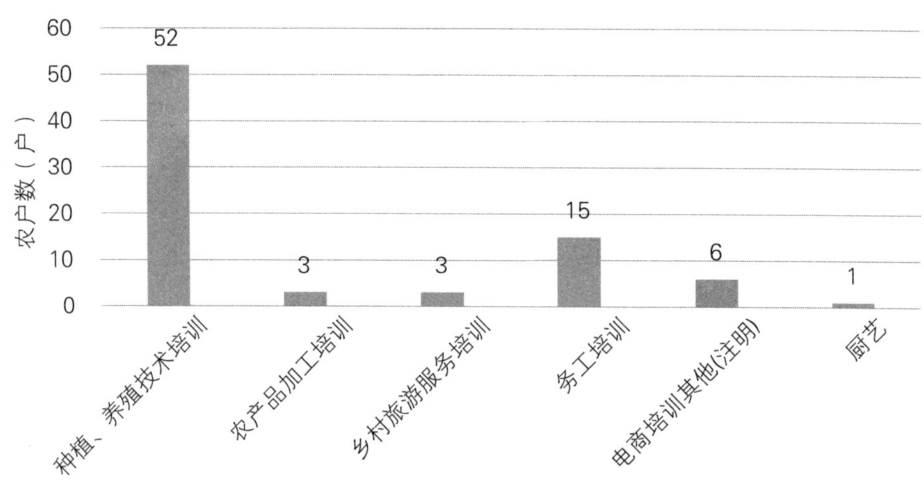

附图 8–5　农户中参加技能培训情况

技能培训以短时培训为主。对于“培训时长”的问题，有 65 户农户进行了回答。其中 34 户农户参加了 5 天以内的培训，占 65 户农户的 52.31%；有 13 户农户参加了 26—30 天的培训，占 20%。

附表 8–3　农户参加技能培训时长情况

天数（天）	0—5	6—10	11—15	16—20	21—25	26—30
农户数（户）	34	6	8	3	1	13

培训补助金额较低。对于“培训补助资金”的问题，有 58 户农户进行了回答，有 27.60% 的农户没有获得培训补助资金，有 44.55% 的农户补助资金在 100 元以内。

附表 8-4　农户参加技能培训获得补助资金情况

金额（元）	0	1—50	51—100	101—150	151—200	201—250
农户数（户）	16	14	13	2	5	0
占比率（%）	27.60	24.14	22.41	3.45	8.62	0.00
金额（元）	251—300	301—350	750	800	1000	1500
农户数（户）	2	1	1	2	1	1
占比率（%）	3.45	1.72	1.72	3.45	1.72	1.72

农户自筹培训资金较低。对于“自筹资金”的问题，有 49 户农户进行了回答，其中有 37 户农户表示没有自筹资金，占 49 户农户的 75.51%，有 10 户农户的自筹资金在 500 元以内，占 20.41%。

附表 8-5　农户参加技能培训自筹资金情况

金额（元）	0	1—500	501—1000	1501—2000	合计
农户数（户）	37	10	1	1	49
占比率（%）	75.51	20.41	2.04	2.04	100.00

大部分农户认为培训有用。对于“总的来看，对经营或者务工是否有帮助”的问题，有 65 户农户进行了回答，其中有 55 户农户认为有帮助，占 84.62%。对于“如果有帮助，与培训前的增收情况是”问题，有 59 户农户作了回答，其中有 48 户农户认为收入提高了，占 81.35%。

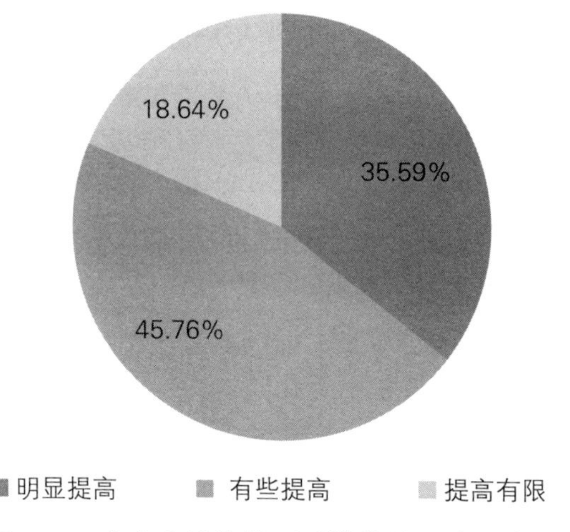

附图 8-6 农户中认为培训对增收的影响程度评价

九、问题与挑战分析

（一）农户对当前农村存在的一些问题的看法

1.“等、靠、要思想”减轻

根据抽样调查数据显示，对于当前农村“等、靠、要思想”是否严重的问题，有 99 户农户进行了回答。其中，有 44 户农户认为没有“等、靠、要思想”，占 99 户农户的 44.44%；有 28.28% 的农户认为该问题严重程度一般；有 17.17% 的农户认为该问题严重。

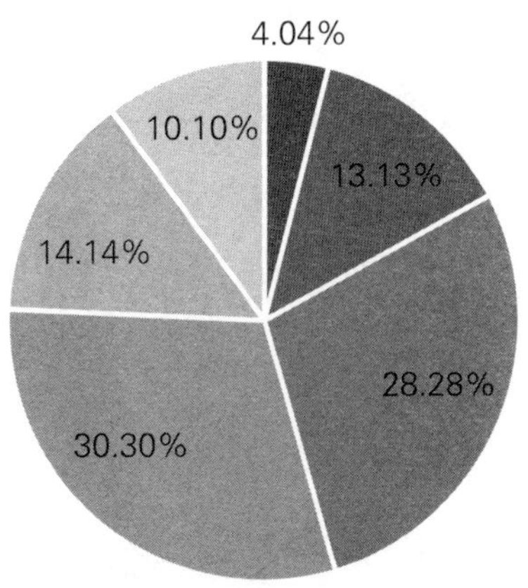

附图 9-1　农户中“等、靠、要思想”程度的评价

2. 互相攀比现象一般

对于当前农村“互相攀比现象”是否严重的问题，有 99 户农户进行了回答。其中，有 44 户农户认为没有互相攀比现象，占 99 户农户的 44.44%；有 36 户农户认为该问题严重程度一般；有 14.14% 的农户认为该问题严重。

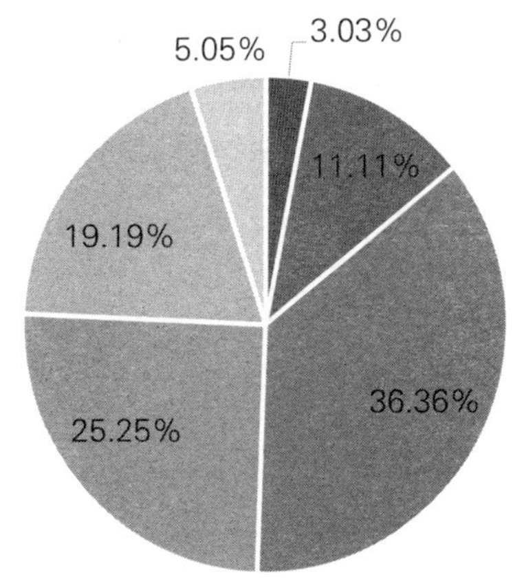

附图 9-2　农户中互相攀比程度的评价

3. 婚丧嫁娶大操大办现象减少

对于当前农村“婚丧嫁娶大操大办”是否严重的问题，有 99 户农户进行了回答。其中，有 57 户农户认为婚丧嫁娶没有大操大办现象，占 99 户农户的 57.57%；有 24 户农户认为该问题严重程度一般；有 17.17% 的农户认为该问题较严重。

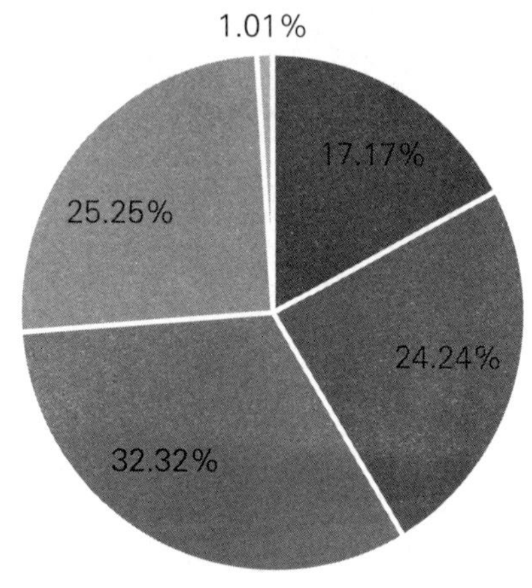

附图 9–3　农户中婚丧嫁娶大操大办程度的评价

4. 随地扔垃圾、吐痰等不文明现象较少

对于当前农村“随地扔垃圾、吐痰等不文明现象”是否严重的问题，有 99 户农户进行了回答。其中，有 68 户农户认为没有随地扔垃圾、吐痰等不文明现象，占 99 户农户的 68.68%；有 22 户农户认为该问题严重程度一般；有 8.08% 的农户认为该问题较严重。

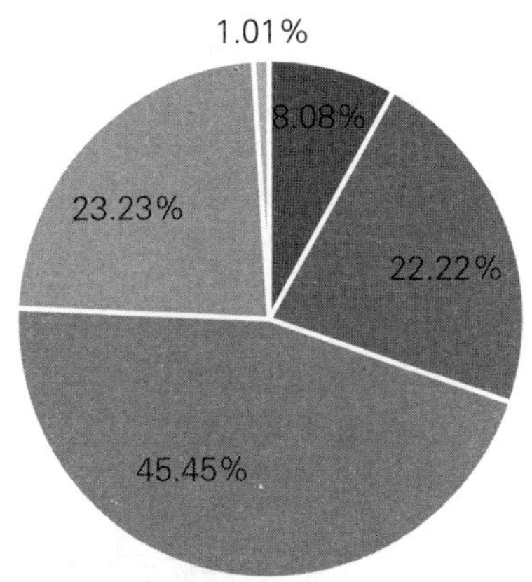

附图 9–4　农户中随地扔垃圾、吐痰等不文明现象程度的评价

5. 夫妻打架、虐待老人和儿童现象很少

对于当前农村“夫妻打架、虐待老人和儿童现象”是否严重的问题，有 99 户农户进行了回答。其中，有 81 户农户认为没有夫妻打架、虐待老人和儿童现象，占 99 户农户的 81.81%；有 11 户农户认为该问题严重程度一般；有 4.04% 的农户认为该问题较严重。

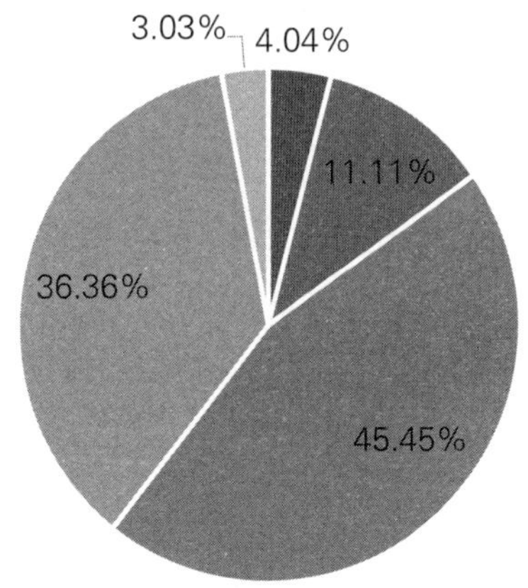

附图 9–5　农户中夫妻打架、虐待老人和儿童现象的评价

6. 无所事事游手好闲现象有所减少

对于当前农村“无所事事游手好闲现象”是否严重的问题，有 98 户农户进行了回答。其中，1.02% 农户认为该现象比较严重，31.63% 农户认为一般，36.73% 农户认为基本没有，27.55% 认为完全没有。

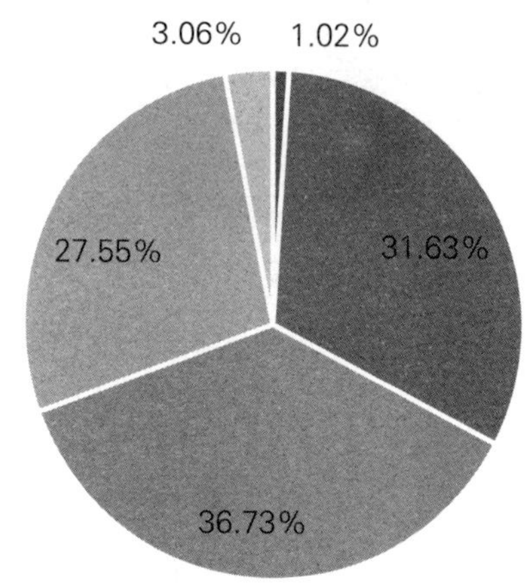

附图 9-6　农户中无所事事游手好闲现象的评价

7. 红白事等陋俗现象有所减少

对于当前农村“红白事等陋俗”是否严重的问题，有 99 户农户进行了回答。其中，有 62 户农户认为没有红白事等陋俗较多现象，占 99 户农户的 62.62%；有 26 户农户认为该问题严重程度一般；有 8.08% 的农户认为该问题较严重。

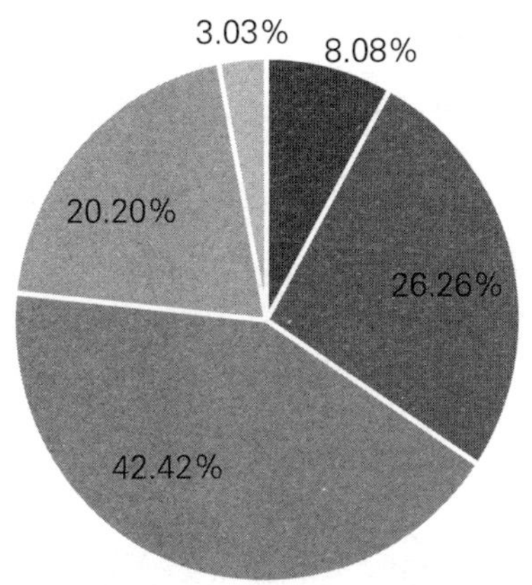

附图 9-7　农户中红白事等陋俗现象的评价

8. 求神拜佛现象较少

对于当前农村“求神拜佛现象突出”是否严重的问题，有 99 户农户进行了回答。其中，有 69 户农户认为没有求神拜佛突出现象，占 99 户农户的 69.69%；有 20.20% 的农户认为该问题严重程度一般；有 9.09% 的农户认为该问题较严重。

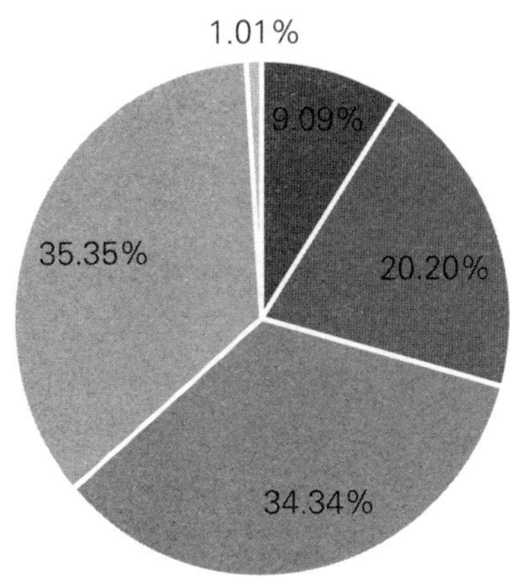

附图 9-8　农户中求神拜佛现象的评价

9. 酗酒赌博问题较少

对于当前农村“酗酒赌博问题”是否严重的问题，有 99 户农户进行了回答。其中，有 71 户农户认为没有酗酒赌博现象，占 99 户农户的 71.71%；有 21.22% 的农户认为该问题严重程度一般；有 3.03% 的农户认为该问题较严重。

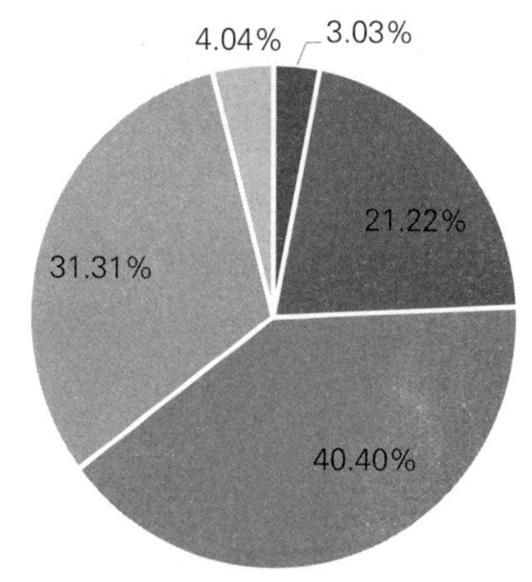

附图 9-9 农户中酗酒赌博问题的评价

10. 邻里不和睦现象较少

对于当前农村“邻里不和睦”是否严重的问题，有 98 户农户进行了回答。其中，有 75 户农户认为没有邻里不和睦现象，占 98 户农户的 76.53%；有 20.41% 的农户认为该问题严重程度一般；有 2.04% 的农户认为该问题较严重。

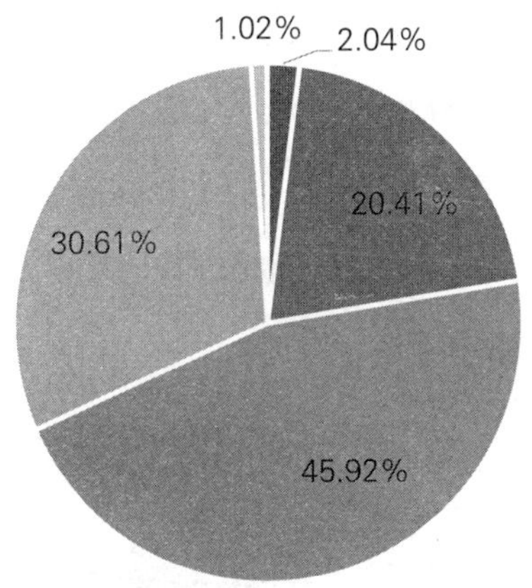

附图 9-10 龙州县抽样调查农户中邻里不和睦问题的评价

11. 偷鸡摸狗等治安问题基本不存在

对于当前农村“偷鸡摸狗等治安问题”是否严重的问题，有 99 户农户进行了回答。其中，有 89 户农户认为偷鸡摸狗等治安问题不突出，占 99 户农户的 89.90%；有 6.06% 的农户认为该问题严重程度一般；有 2.02% 的农户认为该问题严重。

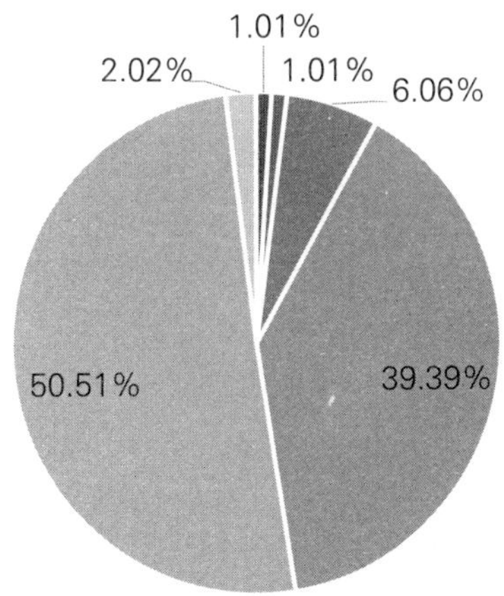

附图 9-11 农户中偷鸡摸狗等治安问题的评价

12. 村里资源分配不公平现象较少

对于当前“村里资源分配不公平”是否严重的问题，有 99 户农户进行了回答。其中，有 79 户农户认为村里资源分配不公平问题不突出，占 99 户农户的 80.61%；有 11.22% 的农户认为该问题严重程度一般；有 2.04% 的农户认为该问题较严重。

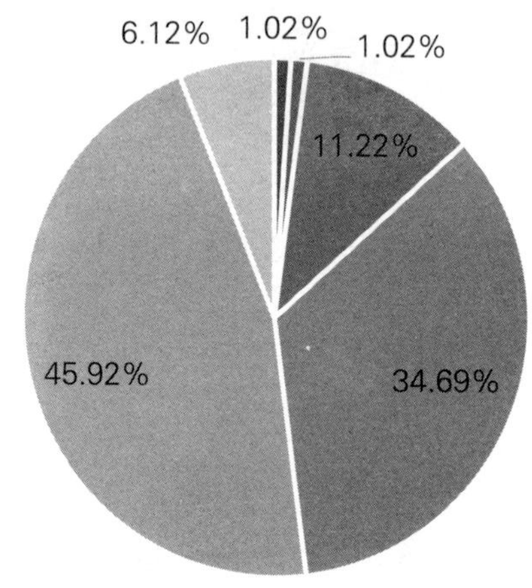

附图 9–12　农户中资源分配不公平问题的评价

13. 基本没有其他问题

对于当前农村是否存在其他的问题，有 23 户农户进行了回应。其中，有 18 户农户认为没有其他问题，占 23 户农户的 78.26%。

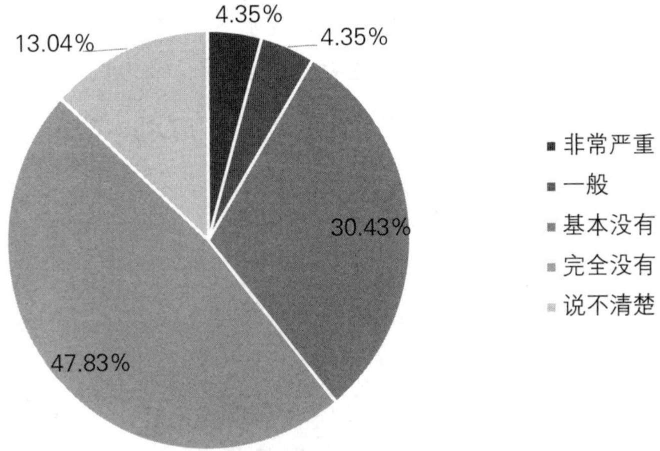

附图 9-13　农户中其他问题的评价

（二）农户价值观测量分析

1. 农户对增收的担心较多

对于“我总是担心收入减少”的问题，有 98 户农户作了回答。其中有 59.18% 的农户对该问题持肯定态度，有 13.27% 的农户不会经常担心收入的减少。

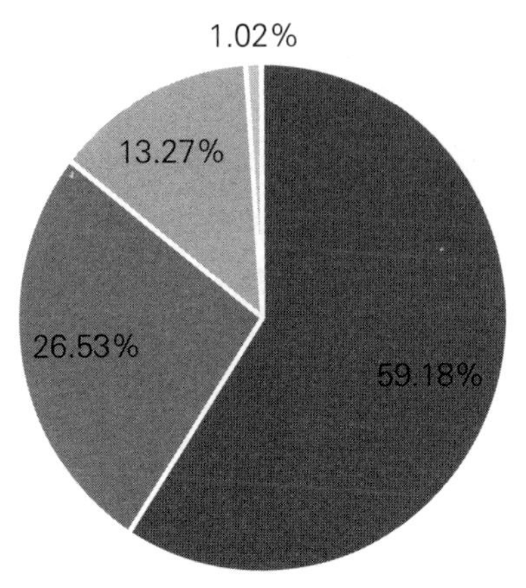

附图 9-14　农户中对增收的担心程度

2. 有超过一半的农户对自己的身体状况较为担心

对于“我总是担心自己身体变差”的问题，有 98 户农户作了回答。其中有 58.16% 的农户对该问题持肯定态度，有 22.45% 的农户不会经常担心自身健康状况。

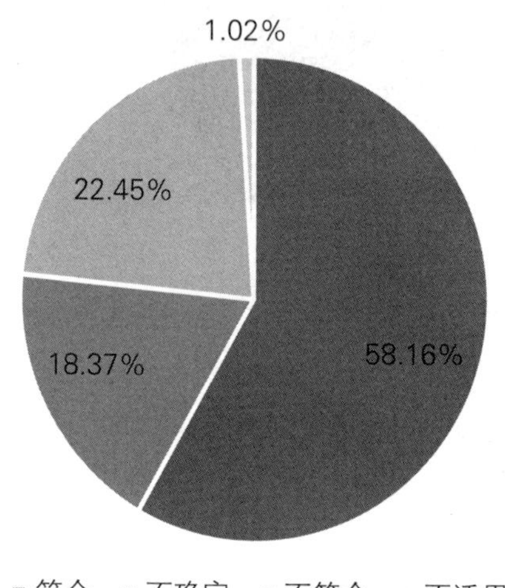

附图 9-15 龙州县抽样调查农户中对身体健康状况的担心程度

3. 大部分农户较为担心家人的身体状况

对于“我总是担心家人身体不好”的问题，有 98 户农户作了回答。其中有 73.47% 的农户对该问题持肯定态度，有 13.27% 的农户不会经常担心家人身体健康状况。

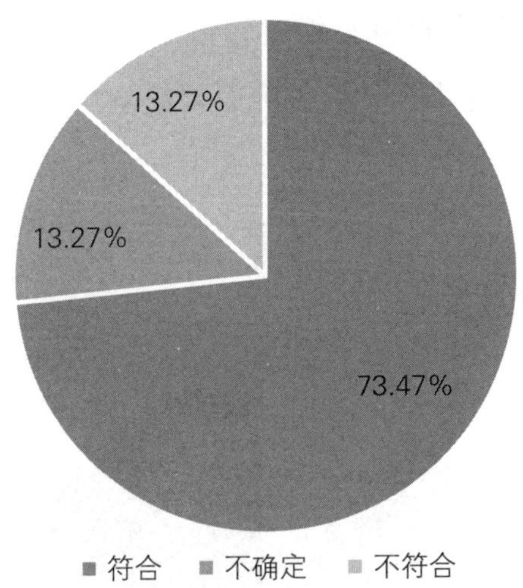

附图 9-16　农户中对家人身体健康状况的担心程度

4. 有约 6 成的农户害怕陷入贫困

对于“我害怕自己陷入贫困”的问题，有 98 户农户作了回答。其中有 59.18% 的农户对该问题持肯定态度，有 20.41% 的农户不会害怕自己陷入贫困。这说明部分农户对增收致富较有信心。

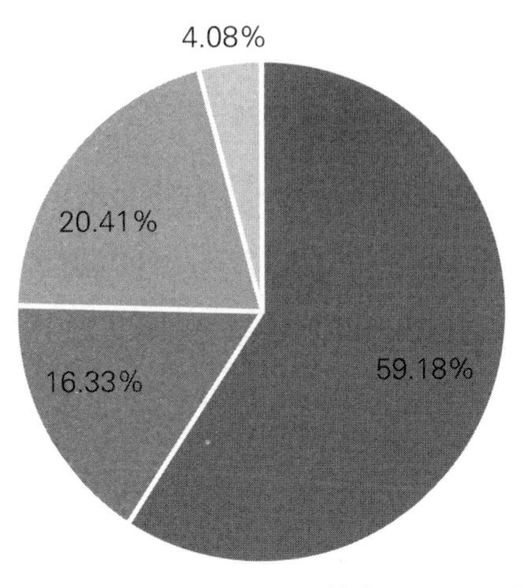

附图 9-17　农户中对陷入贫困的担心程度

5. 农户对种养增收的担心相对较低

对于“我特别害怕种养业受各种原因影响赚不到钱甚至赔钱”的问题，有98户农户对该问题作了回答。其中有48.98%的农户对该问题持肯定态度；有26.53%的农户不会担心种养赚不到钱甚至赔钱，这也说明部分农户对通过种养增收致富较有信心。

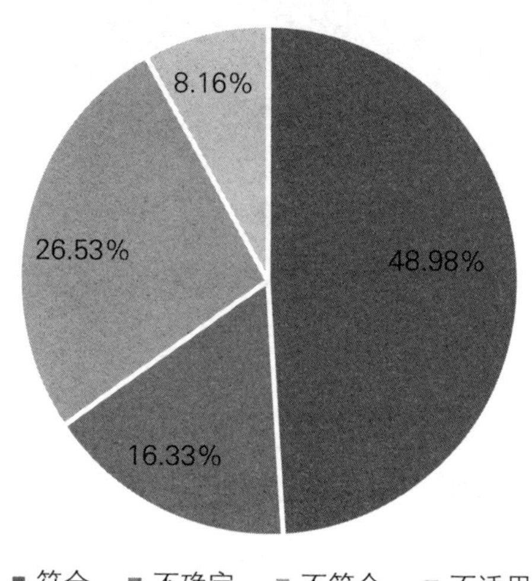

附图 9–18 龙州县抽样调查农户中对通过种养增收的担心程度

6. 我特别担心外出打工找不到工作

对于“我特别担心外出打工找不到工作”的问题，有97户农户对该问题作了回答。其中有43.30%的农户对该问题持肯定态度，有23.71%的农户不会担心外出打工找不到工作。这说明部分农户对外出务工较有信心。

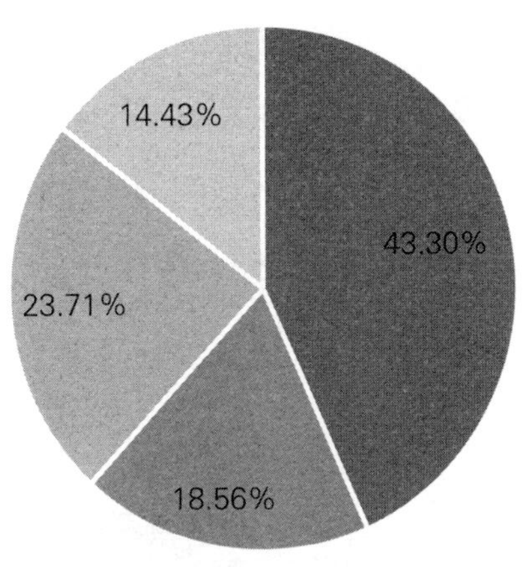

附图 9-19　农户中对外出务工找工作的担心程度

7. 农户对外出打工增收的信心相对较高

对于“我总是担心外出打工拿不到工资”的问题，有 97 户农户对该问题作了回答。其中有 31.96% 的农户对该问题持肯定态度，有 29.90% 的农户不会担心外出打工找不到工作。这说明部分农户对外出务工增收较有信心。

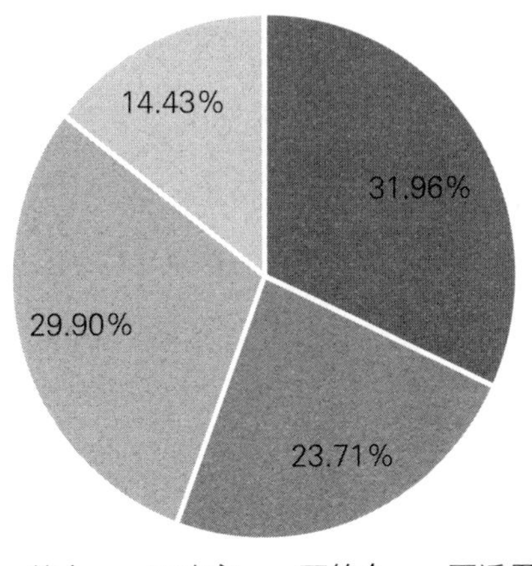

附图 9-20　农户中对外出务工增收的担心程度

8. 农户对产业发展项目风险的担心较低

对于“我认为产业发展项目风险太多”的问题，有 98 户农户对该问题作了回答。其中有 29.59% 的农户对该问题持肯定态度，有 31.63% 的农户不会担心产业发展项目风险太多。这说明部分农户对发展产业增收较有信心。

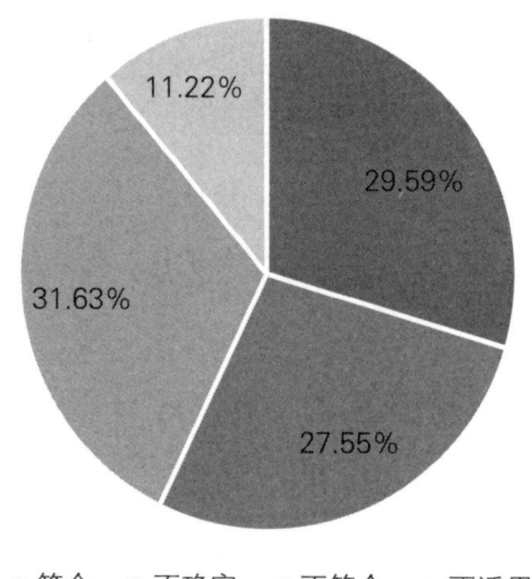

附图 9–21　龙州县抽样调查农户中对产业发展项目风险的担心程度

9. 农户对自然灾害有一定程度的担心

对于“我常为一些自然灾害（如旱灾、水灾）而担心”的问题，有 97 户农户对该问题作了回答。其中有 41.24% 的农户对该问题持肯定态度，有 32.99% 的农户不会担心。

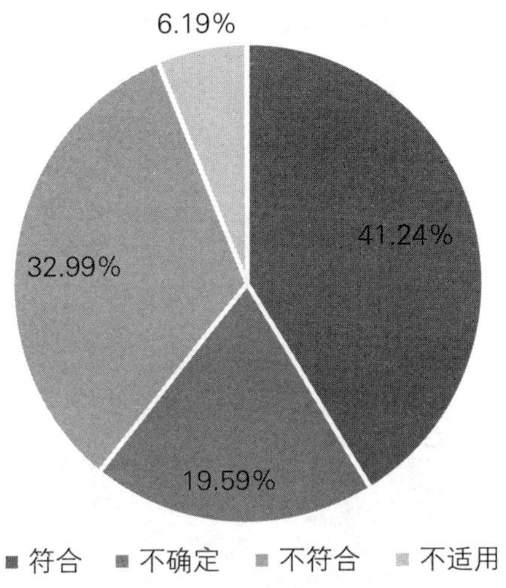

附图 9-22　农户中对自然灾害的担心程度

10. 部分农户因担心害怕而丧失致富机会

对于“我常因担心害怕丧失致富机会”的问题，有 96 户农户对该问题作了回答。其中有 42.71% 的农户对该问题持肯定态度，有 27.08% 的农户对该问题持否定态度。

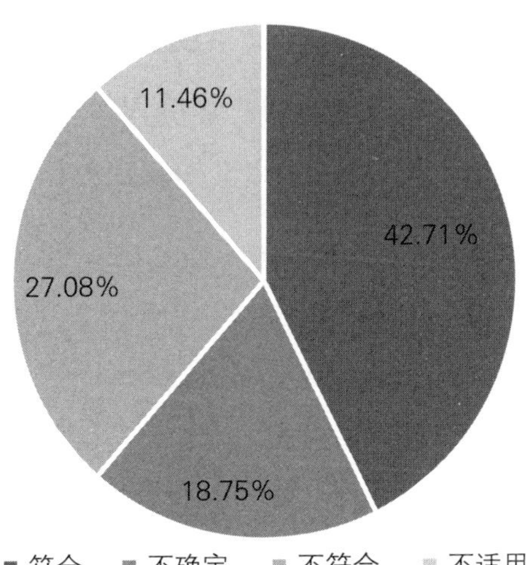

附图 9-23　农户中因担心害怕而丧失致富机会的程度

11. 农户对获得扶贫项目信息的公平度认可较高

对于“在获得扶贫项目信息方面，我认为公平的”的问题，有 98 户农户对该问题作了回答。其中有 88.78% 的农户对该问题持肯定态度，有 3.06% 的农户对该问题持否定态度。

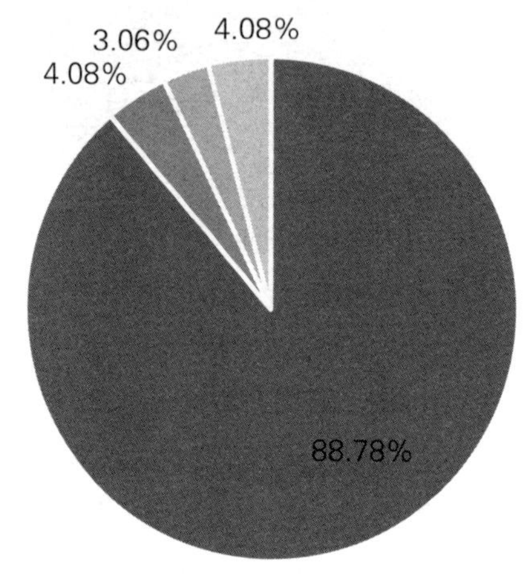

附图 9-24　农户中对扶贫项目信息公平性的认可程度

12. 农户对参与扶贫项目机会公平度认可较高

对于“在参与扶贫项目机会方面，我认为公平的”的问题，有 96 户农户对该问题作了回答。其中有 85.42% 的农户对该问题持肯定态度，有 2.08% 的农户对该问题持否定态度。

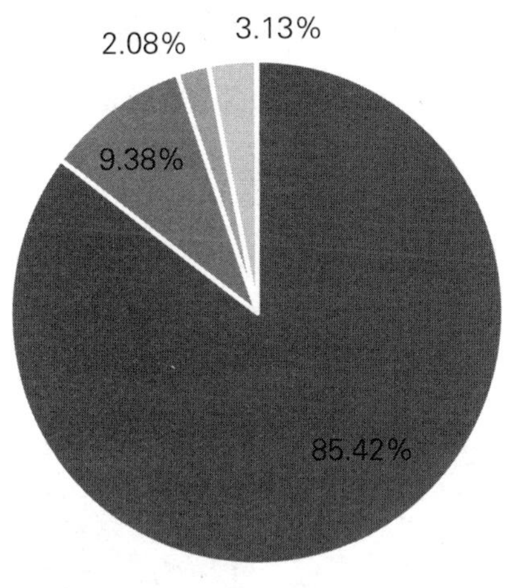

附图 9-25 农户对参与扶贫项目公平性的认可程度

13. 本村获得扶贫项目的机会相对较多

对于“与别的村相比，我们村获得扶贫开发项目、资金的机会更多”的问题，有 97 户农户对该问题作了回答。其中有 54.64% 的农户对该问题持肯定态度，有 7.22% 的农户对该问题持否定态度。

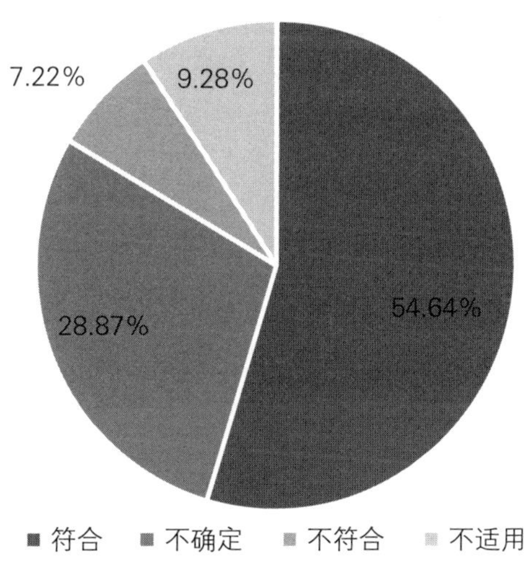

附图 9-26 农户对本村获得扶贫项目数量较多的认可程度

14. 村民之间获得扶贫项目及资金的机会相对公平

对于“与别的农户相比，我家在获得扶贫开发项目、资金的机会更多”的问题，有 96 户农户对该问题作了回答。其中有 38.54% 的农户对该问题持肯定态度，有 14.58% 的农户对该问题持否定态度。

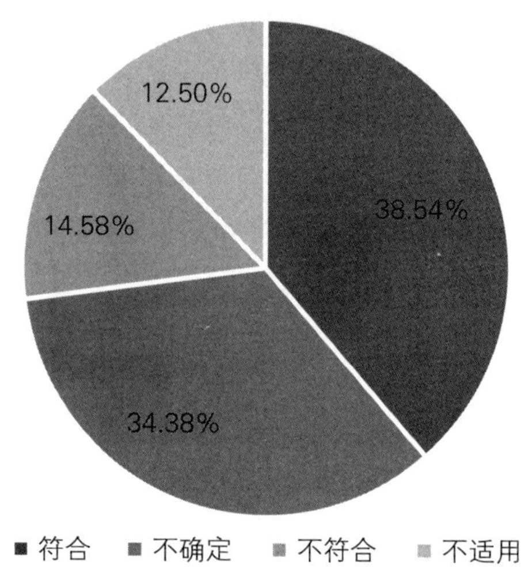

附图 9–27　农户对自己获得扶贫项目及资金数量较多的认可程度

15. 农户对本村扶贫项目实施制度较为公平的认可度较高

对于“我们村扶贫项目实施制度较为公平”的问题，有 97 户农户对该问题作了回答。其中有 83.51% 的农户对该问题持肯定态度，有 1.03% 的农户对该问题持否定态度。

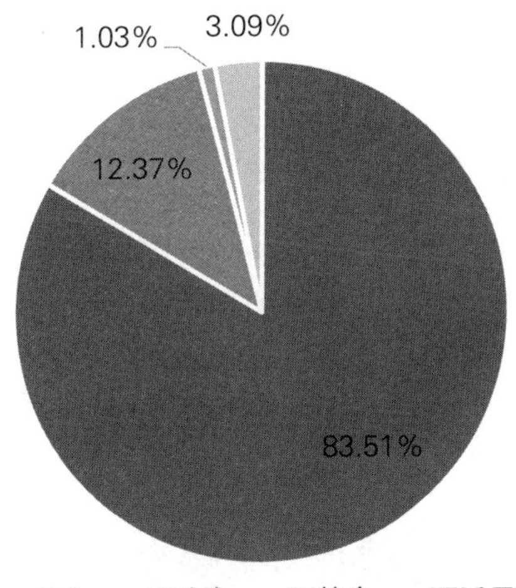

附图 9-28　农户对本村扶贫项目实施制度公平性的认可程度

16. 超过 6 成的农户认为自己获得政府的照顾较多

对于“我们家获得了较多的政府照顾”的问题，有 97 户农户对该问题作了回答。其中有 67.01% 的农户对该问题持肯定态度，有 14.43% 的农户对该问题持否定态度。

17. 有超过一半的农户认为自家获得较多的技术支持

对于“我们家获得了较多的技术支持”的问题，有 97 户农户对该问题作了回答。其中有 53.61% 的农户对该问题持肯定态度，有 15.46% 的农户对该问题持否定态度。

18. 有超过一半的农户认为互助基金的参与公平

对于“在互助基金参与方面，我认为是公平的”的问题，有 95 户农户对该问题作了回答。其中有 54.74% 的农户对该问题持肯定态度，有 9.47% 的农户对该问题持否定态度。

19. 农户对贷款的公平度认可较高

对于“在获得贷款上，我认为是公平的”的问题，有 97 户农户对该问题作了回答。其中有 72.16% 的农户对该问题持肯定态度，有 6.19% 的农户对该问题持否定态度。

20. 农户对未来扶贫的公平性的认可度较高

对于“我认为以后扶贫会越来越公平”的问题，有 95 户农户对该问题作了回答。其中有 87.37% 的农户对该问题持肯定态度，有 4.21% 的农户对该问题持否定态度。

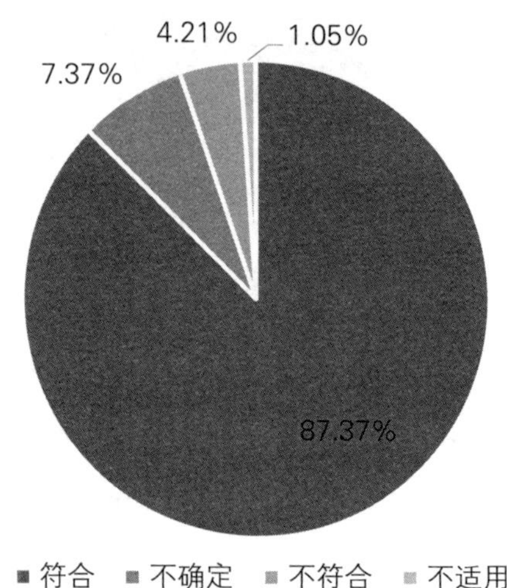

附图 9-29 龙州县抽样调查农户对未来扶贫的公平性的认可度

21. 农户对摆脱贫困的渴望值特别高

对于“我特别渴望摆脱贫困”的问题，有 95 户农户作了回答。其中有 90.53% 的农户对该问题持肯定态度，有 2.11% 的农户对该问题持否定态度。

22. 农户特别希望自己能挣更多的钱

对于“我希望能挣更多的钱”的问题，有 95 户农户对该问题作了回答。其中有 96.84% 的农户对该问题持肯定态度，有 1.05% 的农户对该问题持否定态度。

23. 农户对通过自身劳动来改变现状的信心特别高

对于“我认为通过种养殖、做生意、务工等可以改变现状”的问题，有 97 户农户对该问题作了回答。其中有 92.78% 的农户对该问题持肯定态度，有 1.03% 的农户对该问题持否定态度。

24. 农户普遍认为没有投入就没有产出

对于“我认为没有投入就没有产出”的问题，有 97 户农户对该问题作了回答。其中有 90.72% 的农户对该问题持肯定态度，有 1.03% 的农户对该问题持否定态度。

25. 有近 8 成的农户认为孩子上学能摆脱贫困

对于“我认为孩子上学能摆脱贫困”的问题，有 95 户农户对该问题作了回答。其中有 77.89% 的农户对该问题持肯定态度，有 5.26% 的农户对该问题持否定态度。

26. 农户对通过创业来改变现状仍持观望态度

对于“我打算创业改变现状”的问题，有 93 户农户对该问题作了回答。其中有 48.39% 的农户对该问题持肯定态度，有 15.05% 的农户对该问题持否定态度。

27. 农户普遍希望国家采取更多办法减轻医疗、养老等方面的压力

对于“我希望国家采取更多的办法减轻医疗、养老等方面的压力”的问题，有 96 户农户对该问题作了回答。其中有 98.96% 的农户对该问题持肯定态度，有 1.04% 的农户对该问题持否定态度。

28. 有超过一半的农户希望通过兜底可以摆脱贫困

对于“我认为通过兜底可以摆脱贫困”的问题，有 91 户农户对该问题作了回答。其中有 54.95% 的农户对该问题持肯定态度，有 23.08% 的农户对该问题持否定态度。

29. 农户普遍认为国家应出台更多政策帮助穷人发展

对于“我认为国家应出台更多政策等帮助穷人发展”的问题，有93户农户对该问题作了回答。其中有94.62%的农户对该问题持肯定态度，有3.23%的农户对该问题持否定态度。

30. 约3成的农户认为无法依靠自己来改变现状

对于“我无法靠自己来改变现状”的问题，有94户农户对该问题作了回答。其中有29.79%的农户对该问题持肯定态度，有42.55%的农户对该问题持否定态度。

31. 有超过7成的农户觉得自己的日子过得很幸福

对于“你觉得日子过得很幸福”的问题，有96户农户对该问题作了回答。其中有76.04%的农户对该问题持肯定态度，有8.33%的农户对该问题持否定态度。

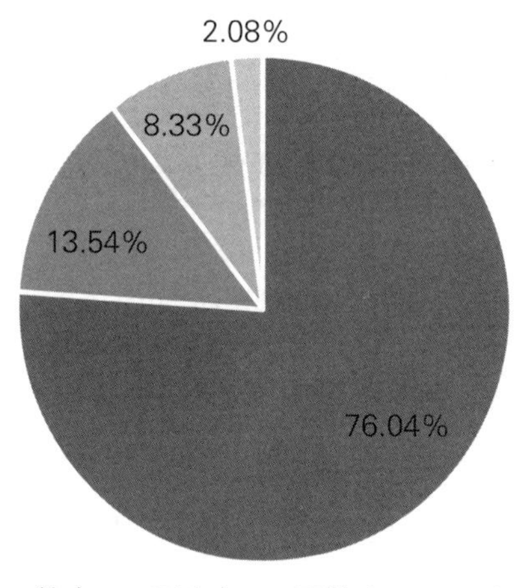

附图9–30　农户中认为自己日子过得幸福的程度

后　记

《龙州：红色边关治贫要略》一书，以习近平总书记关于扶贫工作的重要论述为指导，通过对集“老、少、边、山、穷”于一身的广西壮族自治区首个脱贫摘帽的国家扶贫开发工作重点县——龙州县脱贫攻坚案例的研究，丰富了中国共产党带领人民决战决胜脱贫攻坚，摆脱绝对贫困，迈向全面小康社会的光辉实践。在举国上下以昂扬的斗志、喜悦的心情庆祝中华人民共和国成立70周年之际，本书的成稿作为一份献礼，其意义之大不言而喻。

本书是在国务院扶贫办全国扶贫宣传教育中心的具体指导和众多同行专家学者的帮助下完成写作任务的，可以说这是集体智慧的结晶。本书提纲经研究团队反复讨论后由主编审定。各章的写作分工如下：导论凌经球（中共广西壮族自治区委员会党校教授），第一章朱秋婷、黄丽珠（广西大学硕士研究生），第二章黄启学（中共百色市委党校教授），第三章陆鹏（中共广西壮族自治区委员会党校副研究员），第四章王造兰（中共南宁市委党校副教授），第五章覃志敏（广西大学讲师、博士），第六章农辉锋（中共广西壮族自治区委员会党校副教授、博士），第七章刘东燕（广西社会科学院农村发展研究所所长、副研究员）、覃海珊（广西社会科学院助理研究员），第八章何玲玲（南宁师范大学教授、博士），第九章邓莉莉（广西社会科学院副研究员），第十章凌经球（中共广西壮族自治区委员会党校教授、研究员）。全书最后由主编凌经球修改定稿。

在本书出版之际，我们由衷地感谢国务院扶贫办对我们的信任和支持！衷心感谢龙州县四大班子领导、各部门领导给予的大力支持和帮助！感谢龙州县扶贫办的积极配合！感谢中国社科院王晓毅教授以及其他专家提出的宝贵意见！特别感谢中国出版集团研究出版社编辑同志的辛勤付出！

由于本书调研和写作时间紧、任务重，疏漏之处在所难免，恳请读者多提宝贵意见，我们表示诚挚的感谢！

本书编写组

2019年7月